JN442609

림인식 목사 방송설교집

지금 알았더라면

쿰란출판사

지금 알았더라면

1판 1쇄 인쇄 _ 2025년 12월 10일
1판 1쇄 발행 _ 2025년 12월 25일

지은이 _ 림인식
펴낸이 _ 이형규
펴낸곳 _ 쿰란출판사

주소 _ 서울특별시 종로구 이화장길 6
편집부 _ 745-1007, 745-1301-2, 747-1212, 743-1300
영업부 _ 747-1004 FAX 745-8490
본사평생전화번호 _ 0502-756-1004
홈페이지 _ http://www.qumran.co.kr
E-mail _ qrbooks@daum.net / qrbooks@gmail.com
한글인터넷주소 _ 쿰란, 쿰란출판사
등록 _ 제1-670호(1988.2.27)
책임교열 _ 김영미 · 최진희

© 림인식 2025 ISBN 979-11-24013-45-8 93230

책값은 뒤표지에 있습니다.
이 출판물은 저작권법에 의해 보호를 받는 저작물이므로 무단 복제할 수 없습니다.
파본(破本)은 구입처에서 교환해 드립니다.

림인식 목사 방송설교집

지금 알았더라면

축/하/의/말/씀

三代 목사의 성서적 메시지

림인식 목사님은 삼대(三代) 목사입니다.

저는 일찍이 이북 남시에서 그 조부 되시는 림 목사님을 뵌 적이 있습니다. 요사이 '뿌리를 찾자'는 말이 종종 들립니다. 림 목사님의 신앙의 뿌리는 실로 깊습니다. 이미 그 가정은 삼대에 걸쳐 한국 교회를 봉사하였을 뿐만 아니라 그분의 장남도 또한 목사가 되었으니 실로 한국교계의 모범 가정입니다.

림 목사님은 목회자로서의 자질이 구비된 분입니다. 명랑하고 성품이 온유 겸손하며 두뇌가 명석하고 인품이 고결합니다. 그리하여 어떤 교회에서든지 교회 행정에 밝고 성실 근면하여 교우를 심방하며, 또한 언제나 양들에게 좋은 생명의 양식을 먹이는 목회자입니다. 그의 설교는 언제나 성서적이요 실존적이어서 현대인이 이해하기 쉽고, 또 현대인에게 적절한 메시지를 전하여 줍니다.

노량진교회가 세워진 지는 이미 오래된 줄 생각되나, 한 작은 교회로 본래 유지되어왔는데, 이러한 목회자가 부임한 이래 그 교회는 새로운 활기를 띠게 되었고, 계속 성장하여 한강 이남에 큰 교회로 성장한 모습을 봅니다.

이 책은 그 교회 성장기에 있어서 양들에게 먹인 생명 양식의 일부인 줄 생각합니다.

믿는 이에게는 말할 것도 없고 안 믿는 이들이 이 책을 읽으면 삶의 길이 되시고 진리가 되시며 생명이 되시는 구주를 찾을 것입니다.

영락교회 원로목사

한경직 목사

축/하/의/말/씀

방송설교집 발간에 부쳐

오랜 가뭄 속에 모두가 애타게 비를 기다린다. 땅 위의 생물이 하늘에서 떨어지는 빗방울에 적셔질 때까지, 이 목마름은 다른 것으로 채울 길이 없다.

우리의 정신 풍토도 마찬가지이다. 우리의 정신생활도 너무 메말랐다. 삶의 현장이 나날이 각박해져 간다. 양심의 소리는 생존 경쟁의 아우성에 상쇄되어 버리고, 오직 허황하고 거짓된 위로의 말이 함부로 쏟아져 나올 뿐이다.

이 설교집 속에 담긴 림 목사님의 말씀은 이러한 우리의 정신 풍토에 던진 '광야의 소리'이다. 사람의 심령을 깨우치고, 연약한 자들에게 위로를 주고, 소망을 잃은 자들에게는 '하늘나라'의 환상을 보여준다. 낙심한 자들에게는 간곡한 권면을 해주고, 인생의 낙오자들에게는 격려의 말씀을 주신다.

방송 설교는 전파라는 성령 매체를 이용해서, 개인의 안방에 스며들어 가는가 하면, 요란한 시정의 직장, 버스, 택시 안에서도 메아리친다. 참으로 무서운 힘으로 우리에게 다가오는 말씀이다.

이제 이 성령 매체를 통해서 전해진 림 목사님의 선교 말씀이 한 권의 책으로 엮어졌다. 우리 모두가 떡과 포도주를 나누어 먹듯이, 이 한 권에 실린 하나님의 말씀을 서로 나누어 먹고자 한다. 그래서 그것이 우리의 살과 피가 되어서 우리 삶의 원동력이 될 것으로 확신한다.

기독교방송 사장

김관석 목사

축/하/의/말/씀

생명을 건 설교의 진수

노량진 언덕에 강북 지역을 제압하듯 우뚝 서서 강남 지방의 수문장 역을 담당하고 있는 노량진교회의 저력과 패기는 어디에 근거를 두고 있는 것일까? 두말할 필요 없이 당회장인 림인식 목사의 충일한 영력(靈力)과 탁월한 지도력에 있다고 해야 할 것이다.

림 목사는 언젠가 설교에서 "6.25 사변 때는 10의 10조를 바치면서, 갈 곳이 없으면서도 집을 달라고 기도하지 않고 이 민족을 구원해 달라고 기도했고, 굶으면서도 먹을 것을 달라고 기도하지 않고 나의 조국 대한민국을 보존하여 달라고 간구하였는데, 지금은 그러지 못하는 것을 부끄럽게 생각한다"라고 말한 일이 있다. 그러나 림 목사를 아는 분들은 이분이 지금도 6.25 사변 때의 그 자세 그대로 양 떼들을 위해, 국가와 민족을 위해 헌신하고 있는 것을 잘 알고 있을 것이다.

이 설교집에는 이분의 영력, 지도력, 그리고 신앙이 남김없이 담겨 있다. 언젠가 림 목사는 잡지사 기자와 인터뷰에서 목회자는 설교에 생명을 걸어야 한다고 소신을 밝힌 일이 있다. 그 기사를 읽으면서 전율(戰慄) 비슷한 감정을 가졌던 일이 기억에 새롭다. 나는 방송국의 경영 책임자이면서 순수한 청취자 입장으로 림 목사의 설교 프로그램을 애써 청취하며 은혜를 받고 있는 처지인데, 이번에 그 설교들이 이렇게 활자화되어서 나온 것을 실로 기쁘게 생각한다. 동역자와 성도들에게 생명을 건 설교의 진수를 맛보는 기쁨을 널리 권하고 싶다.

극동 아세아방송 사장
김장환 목사

초/판/머/리/말

하나님께서 죄 많고 부족한 것을 버리지 않으시고 도리어 택하여 하나님의 말씀을 전하게 해주신 것을 생각할 때 황송하고 감사할 뿐입니다. 그리고 그리스도의 몸 된 교회를 섬기게 해주신 것은 무상의 영광이고 최상의 행복입니다. 소원이 있다면 오로지 하나님께서 명하시는 대로, 그리고 뭇 심령이 기대하는 이상으로 능력 있게, 필요한 말씀을 전하며 섬기는 일뿐입니다. 솔직하게 고백한다면, 말씀을 전하고 강단 뒤에서 "저를 죽여주소서. 말씀을 제대로 전하지 못하였습니다!" 하고 흐느낀 때가 한두 번이 아닙니다.

지금은 이런 기도마저 없어지게 되었습니다. 그야말로 남은 생애의 전 생명력을 걸고, 이 사명을 다하도록 새롭게 다짐하고 싶습니다.

여기 기독교방송, 극동방송, 혹은 KBS TV를 통하여 전한 말씀 중 몇 편을 문자로 엮어 내어놓게 되었습니다.

한경직 목사님과 극동방송 국장이신 김장환 목사님, 그리고 기독교방송 사장이신 김관석 목사님의 격려의 말씀에 감사드립니다.

원고를 정리해 주신 노량진교회 여러 동역자들과 경비를 담당해 주신 노량진교회에도 감사드립니다.

이 말씀을 읽으시는 모든 분들에게 하나님의 기적적인 충만한 은총이 넘치시기를 기도드립니다.

1982년 4월 1일

노량진교회 목사실에서

목사 림인식

¶ "하나님께서 사용하시는 설교"가 되기를 간구드리며

대 설교자 C. H. 스펄전 목사가 어느 주일 낮 예배 설교를 크게 실패한 일이 있었습니다. 말도 많이 더듬었고 준비한 원고대로도 아닌 방향에서 허둥대었으며 마음으로 초조하여 당황하며 그렇게 많이 모인 교우들에게 불안감만 주었고 아무런 감동을 주지 못하였습니다. 끝나고 나니 설교가 완전히 실패였다는 좌절감 때문에 너무도 낙심되어 성도들과 제대로 인사도 나눌 수 없었습니다.

집으로 돌아와서는 무릎을 꿇고 "주님, 오늘 저는 설교를 완전히 망쳤습니다. 지금 저는 죽고 싶을 만큼 부끄럽고 낙심되어 어떻게 할 바를 모르겠습니다, 불쌍히 여겨 주시옵소서."

그 주간 내내 그런 기도를 드릴 수밖에 없었습니다. 그리고 다음 주일에는 정말 깜짝 놀랄 만한 설교로 실추된 명예를 회복하리라고 굳게 마음먹었습니다.

과연, 다음 주일 설교는 성공적이었습니다. 예배가 끝나자 성도들이 그에게 몰려와 설교를 입이 마르도록 칭찬하였습니다. 그는 너무도 흐뭇하여 천하에 부러울 것이 하나도 없는 기쁨과 만족감으로 "하나님 아버지 감사합니다. 오늘은 은혜 주셔서 설교를 제대로 하여 교우들이 기뻐 받았습니다. 감사합니다." 하며 가벼운 발걸음으로 집에 돌아왔습니다.

그런데 스펄전은 놀라운 것을 발견하였습니다. 설교를 실패했다고 생각한

주일에는 41명의 회심자 등록이 있었는데 설교에 크게 성공했다고 생각한 주일에는 단 한 명의 회심 등록자도 없었습니다. 스펄전 목사는 깨달았습니다. 하나님께서 나의 그 형편없었던 실패한 설교는 들어 쓰셨구나, 그 성공하였다고 생각한 훌륭한 설교는 버리셨구나, 즉 설교는 설교자나 듣는 자의 반응이 성공의 기준이 아니라 하나님께서 그 설교를 쓰시느냐, 안 쓰시느냐에 따라 구령의 열매가 맺는다는 것을 알게 되었습니다.

대부분의 설교자와 교우들은 예배와 설교의 분위기와 반응이 좋으면 성공했다고 기뻐하고 은혜받았다고 합니다. 그와 반대로 설교가 제대로 안 되고 반응이 냉담하면 예배도 실패했고 은혜도 못 받았다고 단정합니다.

그런데 스펄전이 깨달은 것은 그렇게 만족할 만한 설교였는데도 그 설교가 죄인을 회개시키지 못했다는 증거이고, 비록 설교자가 실패하였다고 절망한 설교였지만, 하나님께서 그 설교를 받아 은혜를 주셨기 때문에 회개의 구령자가 많이 나오고 성공이 됐다는 것을 알았습니다. 그러니까 예배의 주체가 설교자나 많이 모인 회중 즉 인간이 아니라는 것입니다.

인간들만으로는 은혜도 구원도 없습니다. 다만 예배를 받으시는, 예배의 대상자이신 하나님께서 받으실 때만 참 예배가 되는 것입니다. 비단 설교뿐 아니라, 찬양도 기도도 헌금도 특별순서도, 모든 예배 순서가 영과 진리(요 4:23-24)로 하나님께 드려 하나님께서 받아 은혜를 주셔야 참 예배가 되는 것

서/문

입니다.

얼마 전, 다 낡아진 40여 년 전에 방송과 출판으로 전해졌던 〈지금 알았더라면〉 제목의 제 설교집을 읽게 되었는데 너무나 많은 오자(誤字)가 눈에 들어왔습니다. 물론 절판된 지 오랜 책이지만 이런 "오자 설교집"을 내었던가 하는 생각으로 얼굴이 뜨거워질 정도로 죄책감을 느끼게 되었습니다. 스펄전이 설교 실패한 날 죽고 싶을 정도로 부끄럽고 낙심되어 어떻게 할 바를 몰랐던 심정 이상으로 충격이 왔습니다.

그 순간, 문득 하나님께서 100세 나이까지 살려주신 것은 지난날 미흡했던 것이 발견되면 고치라고 하시는 뜻이 아닐까 하는 생각이 들어, 비록 많이 부족한 설교일지라도 하나님께서 이 설교들을 써주시면 구령의 열매를 맺게 된다는 믿음으로 과거의 실수를 만회하려는 뜻에서 초판의 분위기를 가급적 살려 수정, 재편집, 재판으로 세상에 내보내는 것을 너그럽게 용서하며 받아주시기를 바랍니다.

하나님께서 초판의 큰 결점을 고치도록 오래 살려주신 은혜를 또 한 번 거듭 영광과 감사를 드리며, 이미 가셨지만 신실, 온유 겸손하신 참 목회자 한경직(韓景職) 목사님과 수난 중의 지도자 김관석(金觀錫) 목사님의 추천과 지금까지 활발하게 한국 교계와 세계 교회에 힘과 영향을 끼치고 있는 김장환(金章煥) 목사님의 당시 추천의 말씀을 그대로 실어두었고 초판 때 수고하셨던 강신원 목사, 이번 개정판의 편집 실무한 양길영 목사와 노량진교회 현 담임 여충호 목사를 위시하여 저와 동역하였던 여러 목사님들과 제 식구 형석(亨錫) 목사, 형천(亨泉) 목사, 형진(亨璡) 장로 그리고 노량진교회 여러분들께 진심으로 감사드립니다.

2025년 12월

저자 목사, 림林 인 寅 식植

목 차

2부 하나님의 사랑과

3부 성령의 교통하심이

제1부

주 예수 그리스도의 은혜와

구원의 길
행복의 요소
탕자의 구원
하나님의 신실하심과 인간의 죄악
도덕 이상의 종교
예수님의 3대 물음
변화산에서
저 뵈는 본향 집
기도의 능력
믿음, 소망, 사랑의 세계
거저 주라
큰 광풍
강도 만난 자의 이웃
그리스도인의 시간 설계
손님

구원의 길

사도행전 16:30-31

이 세상을 슬프게 만드는 이유를 크게 12종류로 생각할 수 있습니다. 천재지변, 가난, 극심한 생존경쟁, 그리고 비참한 질병, 노쇠, 죽음, 염려와 근심, 청년기의 비애, 온갖 참혹한 고통, 그리고 추한 모습들, 인간의 불완전, 그리고 죄 문제라 할 수 있습니다.

그런데 이중에 6가지는 생리적인 느낌에서 일어나는 것들이고, 나중의 5가지는 심리적인 면에서 일어나는 것들이라고 할 수 있습니다. 그러므로 어떤 외부에서의 힘이나 초월적인 힘에 의하여 보충되게 되어 있습니다. 그러나 마지막 죄 문제만은 어디까지나 자기 책임입니다. 이 죄 문제는 남의 책임으로 돌리거나 하나님의 책임이라고 잘못 생각해서도 안 됩니다.

하나님께서는 술에 인이 박이고 만취하여 매독 때문에 코가 떨어지라고 사람으로 지어주시지는 않았습니다. 죄를 지으면서 그 책임을 피하려고 생각하는 것처럼 어리석은 일도 없을 것입니다.

그리고 자연적이거나 사회적 모든 직책의 대부분은 인간의 죄와 관련되어 있습니다. 인류 속에 죄가 스며들어서 시기 질투하고, 빼앗고, 훔치고 혹은 방탕하고, 타락하고, 구원받을 희망도 없을 정도로 침륜되고 말았습니다.

몇 번씩 혁명을 되풀이해 보고, 감옥을 더 넓히고 재판소를 확장해 보아도, 인간의 죄가 해결되기 전까지는 세계는 조금도 나아지지 않고 오히려 더 비참해지고 만 것입니다.

물에 빠진 자에게 급선무는 물에서 구출 받는 것 외에 더 긴급한 문제가 없는 것처럼, 멸망의 죄에 빠진 인류에게 있어서 죄의 문제 해결, 즉 구원 문제 이상으로 더 급하고 중한 문제는 없습니다.

그런데 세상 사람들은 이 구원이 필요한 것을 느끼고 있고, 간절한 마음이 없는 것도 아니면서 그 길을 바로 찾지 못하고 있는 것 같습니다.

어떤 사람들은 교육을 철저하게 시행하면 죄악을 없이 할 수 있다고 합니다.

"사람이 악한 일을 하는 것은 그 사람에게 지혜가 없기 때문이다. 또한 무지는 죄악과 허물의 근본이다"라고 합니다. 그러므로 모든 인간들에게 교육을 철저히 시행해서 지혜를 주면 죄악도 자연히 없어질 것이라고 주장을 해봅니다.

저 유명한 철인 플라톤도 "교육을 받지 않으면 출생하지 않은 것만 같지 못하다. 왜냐하면 무식은 불행인 까닭이다"라고 말했습니다.

우리 인생에게 있어서 교육이나 지혜가 참으로 중요하다고 하는 것은 누구나 다 알고 있는 사실입니다.

교육받은 지혜의 사람을 가리켜 훌륭한 사람이라고 하고, 지도급이라고 하고, 무교육, 무지인을 가리켜서 천인이라고 하고, 피지배적인 위치에 있다고 보는 것입니다. 지혜의 사람이 많은 나라를 문명국이라고 부르고, 무지의 사람이 많은 나라를 야만국이라고 말하고 있는 것입니다.

그러나 우리가 분명히 알아야 하는 것은 "교육은 사람의 본성을 변경하는 것이 아니라, 다만 이를 조금 보수할 뿐이다"라고 한 아리스토텔레스의 말입니다. "이성은 그 누구도 경건하게 하지 않는다"라고 크리스토프 레만은 말했습니다.

이 교육을 통한 지혜 그 자체가 우리 인생을 거룩하게 성화하지는 않습니다. 도리어 세상 형편을 살펴보면 어리석은 사람보다 오히려 지식이 있는 사람들이 더 많이 악을 행하는 것을 볼 수 있습니다.

동서양을 막론하고 악행하는 자는 지식층에 더 많이 있으며, 또 이 지혜의 사람들의 악이야말로 기기묘묘해서 도리어 더 무시무시한 것입니다. 이에 문명한 영국이나 미국이 술, 담배는 세계에서 제일 많이 먹고 마시며, 다른 나라에서 볼 수 없는 어마어마한 범죄 사건이 일어나고 있다는 것도 잘 알려진 사실입니다.

세계 무대에 발전 국가로 등장하려고 온갖 힘을 기울이고 있는 우리 한국이 초등학교, 중학교, 고등학교, 대학을 방방곡곡에 더 많이 증설해서 국민 전체가 고등 교육을 받도록 힘쓰는 것도 바람직한 일이고, 앞으로 더 활발하게 계속해야 할 것입니다.

그러나 이것이 곧 나라와 민족을 거룩하고 깨끗하게 성화하는 구원을 이루는 길이라고는 착각하지 말아야 합니다.

또 어떤 이는 물질을 균등하게 많이 주면 범죄를 없이 할 수 있다고 합니다.

세 끼만 굶으면 도적질하지 않는 자가 없다는 식으로 "결국 가난하기 때문에 범죄하게 되는 것이 아니겠느냐? 한편은 배불러 죽고 한편은 배고파 죽으니 온갖 죄악이 발생하지 않을 수 없다. 물질을 균등하게 많이 배급해 주면 먹고 입고 남는데 무슨 범죄가 있겠느냐"라고 역설하기도 합니다.

일리 있는 말입니다. 극도의 생활난 때문에 과부 엄마가 어린 자식과 함께 음독자살하였다고 하는 뉴스를 접할 때 동정을 금할 길이 없습니다.

노력하고, 땀 흘리고 애써도 수입 부족으로 극도의 생활난을 만나게 될 때에 별별 생각이 다 일어나서 범죄하기 쉬운 것도 사실입니다.

그러나 반대로 물질이 풍부한 사람은 범죄하지 않는가 하면, 실상 부자는 가난한 사람이 생각지도 못하는 더 큰 범죄를 저지르고 사는 것입니다. 대다수의 물질로 말미암은 큰 범죄는 빈곤자가 범하는 것도 있지만, 그보다 먹고 쓰고 남는 부자들이 범하는 비율이 훨씬 더 많고 더 높습니다.

"돈이 행사할 때에 진리는 입을 다문다"는 속담이 있습니다. 도리어 먹을 것, 입을 것이 쪼들리는 가난한 사람들은 청렴결백하고 깨끗하게 사는 데 비해서, 넘치게 가지고 있는 부자들의 생활 내면이야말로 추하고 더럽고 냄새나도록 죄악화되어 있을 수 있습니다.

이에 예수님께서도 "부자가 하늘나라에 들어가는 것은 약대가 바늘구멍으로 들어가는 것보다 더 어렵다"라고 말씀하셨습니다. 인류의 참혹한 범죄가 물질 결핍이나 불균등 때문이 아니라고 하는 것도 알 수 있습니다.

어떤 이는 **"법률을 강화해서 악행하는 자마다 보다 엄중하게 그 목을 모두 잘라 버리고 엄벌 처단하면 범죄할 사람이 없을 것 아니겠느냐"**라고 말하기도 합니다.

그러나 형무소 죄수의 70퍼센트 내지 80퍼센트가 모두 두 번 이상의 전과자들인 것을 보면, 법률의 제재만으로 악을 행치 못하게 할 수 없다는 것입니다.

또 어떤 이는 **"여론을 강화해서 인심을 개량할 수 있다"**라고 주장하면서, 미국과 같이 신문, 잡지, 영화, 라디오, TV 등에서 작은 일로부터 큰일까지 삽시간에 전 세계에 알려 잘한 것은 칭찬하고, 못하는 것은 혹평해서 점점 개인과 사회를 변하게 만들 수 있지 않을까 하고 말합니다.

그러나 물은 샘터보다 더 올라갈 수 없는 것처럼, 혹독하게 비평하는 사람이나 비판을 받는 사람 모두 타락한 죄인들이기 때문에 비평을 많이 할수록 시끄러운 소리만 나지 그것으로 옳은 사람이 되거나 옳은 사회가 되는 예는 없습니다. 가장 혹독하고 무섭게 비판하는 공산사회일수록 더 끔찍한, 상상할 수 없는 죄를 저지르고 있는 것입니다.

성경 말씀에 귀를 기울입시다. "천하 인간에 구원을 얻을 만한 다른 이름을 우리에게 주신 일이 없다"라고 단정해 주셨습니다.

그러면 어떻게 해서 구원을 얻을 수 있습니까?

오늘 본문 말씀을 보니까 "주 예수를 믿으라 그리하면 너와 네 집이 구원을 얻으리라"고 말씀하였습니다.

예수 그리스도를 믿는 것이 유일한 구원의 길입니다.

우리 각 개인뿐만 아니라 우리 가정과 사회, 더 나아가서 전 인류의 구원의 길은 오로지 예수 그리스도뿐이라고 하는 것을 생각하셔야 합니다.

사람이 악행하는 것은 그 마음이 행하는 것입니다. 손으로 죄를 범하고 있지만 손이 하는 것이 아니라 마음이 손에게 시키고 있는 것입니다. 입으로 속이는 말을 하고, 악한 말로 범죄의 길을 부지런히 가고 있지만 입이 하고 있는 것이 아니라 마음이 입을 사용하고 있는 것입니다. 그러므로 모든 죄악의 근본은 마음입니다.

예수님께서는 죄에 대하여 말씀하실 때 "여인이나 혹은 이성을 보고 음욕을 품어도 간음죄를 범한 것이다", "남의 소유에 대해 탐심을 품게 되면 벌써 도적질한 것이다", "남을 미워해도 살인하는 죄가 된다"라고 말씀하셨습니다. 모든 죄의 근본은 그 마음이기 때문입니다.

마르틴 루터는 말하기를 "사람은 왼손의 부는 혹시 남에게 베풀어 줄 수 있을지 모르지만, 오른손의 부는 결코 버리거나 줄 수 없는 것이 인생이다"라고 하였습니다.

이 왼손의 부(富)라고 하는 것은 재산이나 금전이나 혹은 소유를 의미합니다. 그리고 오른손의 부(富)라고 하는 것은 이것만은 절대로 버릴 수 없다는 눈에 보이지 않는 자기 자랑 혹은 자존심, 자기주장을 의미하는데, 모든 사람들이 이 자아가 강해서 모든 일에 내가 하는 것을 기준으로 하며, 하나님을 부정하고 이웃을 해치는 결과가 여기에서부터 온다고 하는 뜻입니다.

문제는 이 속마음입니다. 그런데 이것은 외부로부터 지식을 넣는다고 그 마음이 개조되지는 않습니다.

가난하다고 돈을 주고, 손발이 잘못했다고 손발을 쇠사슬로 묶고 감옥에 넣는다고 그 마음이 달라지는 것이 아닙니다. '잘했다, 못했다'는 비난과 평가만으로 그 마음이 변화되지 않는다는 말입니다. 사람의 마음을 갈아 넣기 전에는 죄인이 결코 선인이 될 수는 없습니다.

옛날 고행을 하는 극기 수행자들은 일체 죄악을 보지 않고, 듣지 않고, 말하지 않았습니다. 깨끗하게 살아가려고 힘썼다고 합니다.

그러나 속마음이 변화되지 않는 한 안 보고, 안 듣고, 말을 안 해도 죄악 생활은 그대로 하게 됩니다. 아무리 새것이고 좋은 고급차일지라도 운전사가 불량하면 사람도 치고 남의 집도 들이박습니다. 미모, 건강, 지혜, 좋은 직장 등 온갖 것을 다 갖추고 있어도 마음이 죄악의 지배에 있는 한 범죄 생활을 버릴 수 없습니다.

우리 인생의 마음을 개조해 주시는 분은 오직 예수 그리스도뿐입니다.

우리가 예수 그리스도를 믿으면 이 겉모양이 문제가 아닙니다. 근본 중심, 즉 우리 속마음이 새로워지는 것입니다.

먼저 사죄가 옵니다. 영원 전부터 영원 후까지 절대로 하나님과 합할 수 없는 것은 죄입니다. 우리 중에 생각하기를 '이것쯤이야 괜찮겠지' 하면서 '설마 이것도 죄로 다스릴까?' 하는 그것마저 포함해서 우리 일생의 모든 죄악은 반드시 하나님께서 형벌하십니다.

하나님이 자신의 형상대로 영을 불어 넣어 창조하신 아담 부부도 범죄하자 에덴 동산에서 내어 쫓으셨습니다.

노아 시대 모든 사람들이 범죄했을 때에는 홍수로 심판하셨습니다. 아무리 선민 아브라함의 후손일지라도 이스라엘 민족이 범죄할 때에는 나라가 깨지고, 가정이 무너지고, 불신의 우상 국가 천한 사람들에게 끌려다니며 이곳 저곳으로 떠돌아다니도록 그대로 버려두셨습니다.

전 인류의 죄의 대가로 심지어 독생자 예수 그리스도라도 십자가에 희생하시도록 했습니다.

하나님께서는 죄를 그대로 버려두지 않으십니다. 그런데 예수 그리스도의 십자가는 우리 전 인류의 죄를 위한 형벌의 대가이지만 동시에 전체 인류의 구원의 표가 되는 것입니다.

우리를 살리기 위한 하나님의 사랑입니다. 슬픔보다, 눈물보다, 불완전보다, 죄악보다 더 강한 것은 사랑입니다. 죄인을 구원하기 위해서는 목숨도 아끼지 아니하는 것이 그리스도의 사랑이요, 하나님의 사랑입니다. 이 위대한 사랑이 죄로 인해 멸망 받아야 할 우리의 생명과 영을 구원해 낸 것입니다.

헤라클레스 시대의 예술, 소크라테스의 지혜, 플라톤의 철학, 아리스토텔레스의 과학으로 이어져 내려온 헬라 문명도, 죄 문제를 해결하기는커녕 오히려 증식시켰습니다 그런데 독생자를 아낌없이 주시고 목숨까지 지불해 주신 그리스도의 참사랑, 그 십자가가 우리를 죄에서 구원해 주시고 우리를 근본적으로 개조하는 놀라운 은혜를 입게 해 주신 것입니다.

이제 만약 우리가 죄로 인한 형벌로 넘어진다면, 이는 죗값 때문이 아니라 위대한 속죄의 은혜를 주신 그리스도를 믿지 않는 죄 때문일 뿐입니다. 그리스도 안에는 정죄함이 없습니다. 사탄이 우리를 정죄하려고 할지라도 그리스도의 피의 사인으로 완전 구속을 받게 된 것입니다.

죄의 지배 속에서 벗어날 줄 모르던 우리들의 심령과 모든 생활은 그리스도 안에서 깨끗이 해결을 받게 된 것입니다.

그런데 이렇게 옛 죄를 사하여 주시는 것뿐만 아니라 다시 태어나게 해 주십니다. 거듭난다고도 하고, 중생한다고도 하고, 신생이라고도 합니다만, 다시 태어나게 해 주십니다.

만약 아담 이래로 우리가 지은 모든 죄를 용서해 주시는 것만으로 멈추어진다면, 과거는 다행히 해결이 되었습니다만 현재와 미래는 어떻게 할 것입니까? 여전히 되풀이되는 죄 가운데 빠질 수밖에 없는 것입니다.

그러나 예수 그리스도의 이 속죄의 뜨거운 사랑은 우리의 심령을 새롭게 해 주시며 변화를 일으켜 주시는 것입니다. 그래서 옛사람이 아닌 새 사람으로 지음을 받습니다. 전에는 고민하던 사람이었는데, 이제는 세상이 빼앗아 갈 수 없는 평안이 가득합니다. 전에는 범사를 슬프게 살던 사람이었는데, 이제는 환희와 감격 속에 기쁨이 넘치는 생활을 하게 됩니다.

전에는 이기심 때문에 온갖 일을 저질렀는데, 이제는 사랑이라고 하는 넓은 평야 속에서 탄탄대로로 걸어가는 사람이 되었습니다. 전에는 교만으로 마음이 굳어져서 어디를 가든지 실패뿐이었는데, 이제는 한없이 부드러운 겸손으로 누구에게든지 덕을 끼칠 수 있게 되었습니다.

전에는 악마에게 끌려다니며 악마의 심부름뿐이었는데, 이제는 하나님과 동행하는 사람이 되어서 범사에 하나님의 영광을 나타내며 그 뜻을 실천하는 사람이 되었습니다.

전에는 한마디로 무능하고 약한 존재였습니다. 환경이 그러라면 그러고, 저러라면 저러고 주변이 하자는 대로 끌려다니던 사람이었는데, 이제는 능력의 사람이 되어서 환경을 개조해 가면서 하나님의 뜻을 하늘에서 이룬 것처럼 땅에서도 이루게 하는 위대한 존재가 된 것입니다.

그리스도 안에서는 위대한 놀라운 사죄뿐만 아니라, 어떤 환경 속에서도 위대한 역사를 이루어 갈 수 있는 새로 지음 받은 개조된 인격적인 삶을 가지게 된 것입니다.

천하의 인간이 다른 이름으로는 구원을 얻을 수 없습니다. "주 예수를 믿으라 그리하면 너와 네 집이 구원을 얻으리라."

이 이상의 위대한 놀라운 복음은 없습니다.

우리 개인에게 있어서 우리 가정과 국가, 사회, 전 인류에게 있어서 여러 가지 중대한 문제들이 많습니다. 그러나 순서를 바꾸지 마십시다. 잘못 생각하지 마십시다. 먼저 그리스도를 믿음으로 말미암아 사죄를 받고, 우리 자신의 내적인 인격과 생활에 새로운 개조를 받아서 속죄 구원 속에 사는 새 능력을 힘입는 이것이 가장 먼저 꼭 하셔야 할 중대한 문제입니다.

나라의 행복, 인류의 평화, 그리고 우리 미래의 위대한 약속은 먼저 그리스도를 믿는 사죄 구원과 신생의 은총에서부터 출발한다는 것을 확신합시다.

이 위대한 구원은 우리만으로 족하지 않습니다. 아직 북한에 있는 우리 겨레에게도 필요합니다. 아니 우리 주변에 있는 이 사회의 모든 동족들에게 꼭 필요한 복음입니다.

우리가 먼저 이 구원을 얻게 된 것은 때를 얻든지 못 얻든지 복음을 전하라고 하시는 주님의 명령입니다. 이 일이 급선무인 것을 알고 온 힘을 다해 복음을 전함으로 많은 생명을 구원으로 인도할 수 있어야 하겠습니다.

행복의 요소

요한복음 14:1-6

현대인들은 정치에다가 희망을 많이 둡니다. 그러나 모두 실망하고 맙니다.

혹은 과학의 발전에서 행복이 쏟아질 것을 기대해 보기도 합니다만 과학의 힘은 마침내 파멸과 불안감을 가져오는 결과를 낳았습니다. 또 잘살아 보자고 하는 표어로 경제 발전에 주력해 보았지만 사회 부조리와 타락을 도무지 막을 수 없습니다.

그렇다면 참된 행복의 길은 어디 있습니까? 요한복음 14장 1절을 보면 예수님께서 "너희는 마음에 근심하지 말라 하나님을 믿으니 또 나를 믿으라"고 말씀하셨습니다.

하나님을 믿고 예수 그리스도를 믿는 것이 행복의 길입니다.

많은 인생들이 마음에 근심하는 까닭은 하나님을 믿지 않기 때문입니다. 가령 여기 20세밖에 되지 않은 딸이 있다고 합시다. 인생의 꽃다운 아름다운 나이입니다. 그러나 마음에 근심이 많습니다. 잘 믿는 남편감이 있겠는지… 성격 좋고 인생을 맡길 만큼 역량을 가진 든든한 신랑감이 있겠는지… 미래 일을 생각하면 불안하고 근심이 많습니다.

인생은 장래일에 대해서 막연히 불행이 올 것에 대한 염려의 병이 있습니다. 결혼을 했을지라도 '남편이 변심하면 어떻게 하나? 다른 여자를 사랑하면 어떻게 하나? 문제아를 낳으면 어떻게 하나? 바보 자식을 낳으면 어떻게 하나? 또 남편이 교통사고로 세상을 떠나면 어떻게 하나? 암에 걸려서 오래 앓으면 어떻게 하나? 사업에 실패가 오면 어떻게 하나?' 하루 한 시간도 편안할 날이 없습니다. 그런데 이 모든 것을 모두 맡길 수 있는 분은 오로지 하나님뿐입니다.

우리 일생 중에 가장 편안하던 시절, 행복한 때가 언제입니까? "나는 초등학교 1학년 시절에 고민이 가장 많았다"라고 하는 사람은 하나도 없을 것입니다. 명랑한 아침에 책가방 메고 신주머니를 흔들며 학교로 가는 꼬마의 얼굴에는 인생에 대한 번뇌라고는 전혀 찾아볼 길이 없습니다. 무한히 맑고 경쾌한 발걸음입니다. 이 아이에겐 복잡한 이론과 사색 같은 건 없습니다. 다만 한 가지 진리를 붙잡고 있기 때문에 평안하고 기쁜 것입니다. 그것은 절대적으로 부모를 신뢰한다고 하는 사실 하나만으로 그렇게 행복한 것입니다.

불완전한 그리고 유한한 부모에 대해서도 그렇게 절대적 신뢰를 가지는 데서 평안과 행복을 누릴 수 있다면, 하물며 온전하신 참사랑이신 하나님 아버지를 신뢰하지 못한다고 하는 것은 죄악인 것입니다. 그런 삶은 불행할 수밖에 없는 것입니다.

한 목사가 택시를 탔는데 운전수가 담배를 내밀면서 한 대 피우시라고 권했습니다. "고맙습니다만 저는 담배를 피우지 않습니다"라고 말하니까 "아 참, 좋으시겠군요. 저는 담배를 끊고 싶지만 좀처럼 끊어지지 않아서 그저 이렇게 피웁니다"라고 말하면서 운전사가 담배를 피웁니다. "아, 그러세요? 그러면 교회를 나오세요. 그리스도인이 되면 담배를 끊을 수 있습니다"라고 권했습니다.

그때 운전사가 하는 말이 "아니오, 종교는 좋아하지 않습니다. 신앙이라고 하는 것은 의지가 빈약한 사람, 신념이 없는 사람이나 갖는 것 아니겠습니까?"라고 대답을 합니다.

그러자 그 목사가 권하기를 "그렇습니다. 당신이 이야기하는 그대로 저도

의지력이 약해서 하나님을 섬기고 있습니다. 그런데 당신도 한번은 생각해 봐야 되지 않겠어요. 아까 담배를 끊고 싶지만 끊지 못한다고 하지 않았습니까? 그건 저와 마찬가지로 의지가 약하다는 것을 의미하는 것 아닙니까?"라고 권했다는 것입니다.

담배에 영양이 있다고 생각하는 사람은 세계에 단 한 사람도 없습니다. 조금이라도 바로 생각하는 사람은 폐암, 후두암, 수명 단축에 원인이 된다고 하는 것쯤은 다 알고 있으면서도 끊지 못하고 있는 것 아닙니까? 비단 담배뿐만이 아닙니다. 술, 빠칭코, 도박 외에도 히스테리, 혈기 방탕, 모두 다 나쁜 줄 알면서도 끊지 못하고 있지 않습니까? 허약한 의지를 가진 인간들이 어떻게 생명 문제, 생활 문제, 자녀 문제, 그리고 장래 문제를 모두 맡아 감당할 수 있겠습니까?

그러니까 근심 걱정으로 살아가야 하며, 해결 없는 실패의 생활을 거듭할 수밖에 없는 것입니다. 이런 생활을 속히 벗어버리고 하나님 아버지 앞에 온전히 맡기는 생활을 해야 합니다. 일생 동안 하나님 앞에 오로지 한 가지 기도를 잊지 말도록 합시다.

"오, 하나님이시여! 저는 나약합니다. 오로지 하나님 앞에 온전히 맡기오니 섭리하여 주소서. 하나님 아버지시여! 세상을 떠날 때까지 단 한 번도 교만하지 아니하도록 지켜 주소서. 겸손한 자에게 주시는 은혜를 잊지 말게 하여 주소서."

이렇게 맡기고 기도하며 살아가야 할 것입니다. 부모를 신뢰하는 자식에게 온갖 것이 있듯이, 하나님 아버지만 신뢰하는 모든 자녀들에게는 말로 형용할 수 없는 복이 임하는 것입니다. "하나님을 믿으니 또 나를 믿으라"(요 14:1)는 예수님 말씀 그대로 하나님과 그리스도를 신앙하는 생활을 합시다.

무엇 때문에 사는가를 분명히 알 때 행복합니다.

미국 주 의원을 지낸 어느 인사가 하는 말이 "내 인생을 회고해 보니 항해는 무척 많이 하고 수고도 많이 했으나 방향이 없었다"라고 하였습니다.

사람이 무엇 때문에 사는지 의의를 모르면 행복은 없습니다. 초등학교 어린아이들에게 "이 양복은 왜 있는가?" 하고 물으면 "입기 위해서 있습니다"라고 대답할 것입니다.

발달한 인간들이 사는 문명사회에는 많은 기구를 만들어 놓고 삽니다. 비행기, 자동차, 기차, 컴퓨터, 요리 만드는 기구, 병 고치는 기구, 농사짓는 기구 등 온갖 것을 만들어 놓았습니다. 이 모든 것이 다 인간들이 만들어 놓은 것입니다. "왜 있습니까?" 오로지 인간을 위해서 존재하는 것입니다. 너무나도 자명한 일입니다.

그런데 우리 인간은 하나님께서 창조해 주시고 섭리하십니다. "왜 존재합니까?" 하나님을 위해서 존재하는 것입니다.

어느 목사에게 너무 심한 노이로제에 걸린 정신과 의사의 부인이 방문해 달라고 하는 요청을 받았습니다. 그 부인이 찾아온 목사에게 호소하기를 "목사님, 저는 무슨 인연으로 이런 병을 앓아야 합니까? 죽을 지경입니다. 도와주세요!"라고 요청을 했습니다. 목사님이 대답하기를 "부인, 기독교 안에는 인연이라고 하는 말은 없습니다. 인연은 없지만 사명이라고 하는 말이 있습니다. 부인은 부인이 아니면 안 되는 사명을 하나님께로부터 받았습니다. 그것을 행하셔야 합니다"라고 했습니다.

부인의 눈에 빛이 났습니다. 단 한 번도 자신에게 사명이 있는 줄 생각해 본 일이 없었기 때문입니다. 새로운 것을 깨닫게 된 것입니다. 그 부인은 신앙 안에서 참 사명의식을 느끼게 됐습니다. 그래서 노이로제가 없어졌을 뿐만 아니라 보람 있고 의미 있는 생활을 할 수 있게 되었습니다.

많은 사람들이 열등감에 사로잡혀 있습니다. "나는 머리가 나쁘다", "재능이 부족하다", "가문이 부끄럽다", "공부를 많이 못했다", "얼굴이 못생겼다", "돈이 없다"는 생각을 합니다. 그러나 분명히 기억하실 것은, 하나님께서는 큰 뜻이 계셔서 특별히 당신을 세상에 보내셨다고 하는 것과 지금까지 보호하시고 지켜주셨다고 하는 것을 잊지 말아야 합니다.

어느 초등학교 졸업반에 아버지를 일찍 여의고, 노동으로 4남매를 키우는 몸이 약한 어머니와 사는 학생이 있었는데, 하루는 엄마에게 "엄마, 난 중학교에 못 가?"라고 물었습니다.

엄마가 서글픈 얼굴로 "너는 중학교에 못 간다. 졸업하면 기술을 배워라. 제철소에 가서 직공이 되어서 동생들 좀 열심히 도와줘라"고 말씀했습니다.

이 아이는 제철소 직공이 되었습니다. 그런데 열등감을 이길 수가 없었습니다. '남들은 중학교 모자 쓰고 구두 신고 공부하는데, 난 기름칠이나 하고 공부도 못하고 그저 이 공장에서 일만 하다니…' 하는 아주 비참한 생각이 들었습니다.

다행히 제철소장이 그리스도인이었습니다. 소년을 보니까 인물도 잘 생기고, 재주도 있고, 마음씨도 좋았습니다. 장래가 유망한 소년인 것을 알았습니다.

어느 날 소장이 "나하고 예배당에 한번 가면 어떻겠느냐"라고 권했습니다. 그러자 "전 예배당에 안 가요" 하고 한마디로 거절했습니다. 공부도 못하고 가난한 내가 사람들 있는 틈에 가고 싶지 않다는 열등감 때문에 생각조차 않고 거절을 했습니다.

소장은 매우 지혜 있는 사람이었습니다. "아, 그래? 그러면 네가 예배당 한 번 가는데 내가 100원씩 줄게." 이렇게 해서 교회에 나가게 되었습니다. 그런데 이 소년의 마음속에 신앙이 자라게 되었습니다. 성경을 열심히 배우게 되었고 사명의식을 느끼게 되었습니다. 하나님 모시는 사람이 되겠다는 결심이 생겨났습니다. 그는 후일 유능한 목사가 됐습니다.

인생은 사는 목적과 사명을 발견하게 되었을 때 참된 행복과 보람이 생겨나는 것입니다. 그리스도인의 생활이란 무엇입니까? "내가 곧 길이요 진리요 생명이니 나로 말미암지 않고는 아버지께로 올 자가 없느니라"(요 14:6)고 예수님이 말씀하셨습니다. 그리스도 안에서 속죄 구원을 얻고 그리스도의 진리, 그리스도의 생명, 그리스도의 길을 가면서 그리스도적 사명에 충성을 다하는 것이 가장 위대한 생활이고, 그것이 행복한 삶이 되는 것입니다.

또 한 가지는, 갈 곳을 명확히 알 때 행복한 것입니다.

"사람이 죽으면 어디로 가느냐?"라고 물었을 때 아이들은 "무덤으로 간다"

라고 대답할 것입니다. 어른들도 그렇게 생각하는 이들이 있습니다. 이는 무엇 때문에 공부하는가?" "무덤으로 가기 위해 공부한다.", "무엇 때문에 일하느냐?" "무덤으로 가기 위해서.", "무엇 때문에 돈 버는가?" "무덤으로 가기 위해서 돈을 번다" 하는 대답과 같습니다.

예수님은 우리에게 "너희는 마음에 근심하지 말라 하나님을 믿으니 또 나를 믿으라 내 아버지 집에 거할 곳이 많도다"(요 14:1-2)라고 말씀하셨습니다. 우리 인생은 내 아버지 집에 가기 위해서 사는 것입니다. 만약 내 심령의 병든 상태를 내가 그대로 알게 된다면, 무엇보다 먼저 그 병을 고치려고 애를 쓸 것입니다.

하나님께서는 우리의 과거와 현재를 다 알고 계십니다. 그런데 왜 심판하지 않고 남겨 두셨는지 아십니까? 오늘은 부족하지만 내일은 더 아름답고 보람 있게 살게 하기 위해서, 또 영원한 아버지 집으로 들어가게 하시려고 우리를 참아주시는 것입니다. 이것이 하나님의 사랑입니다.

사람은 영원한 나라를 바라볼 때 보람이 있습니다. 아름답게 살아갈 수가 있습니다. 그런데 지금이야말로 내세를 위해서 분명한 소망을 가지고 준비할 때입니다.

어떤 학자는 말하기를 "20년 후면 석유가 고갈되어 지구는 큰 곤란에 빠질 것이다"라고 했습니다.

미국의 닉슨 대통령은 "내가 만약 소련을 향해서 선전 포고를 한다고 하면 순식간에 7,000만 소련 사람들이 피살될 것이다"라고 말했습니다.

케네디 대통령은 1961년 6월 연설에서 "만약 인류가 전쟁을 멸망시키지 않으면 전쟁이 인류를 멸망시킬 것이다"라고 말했습니다.

과학자이거나 정치인이거나 지도자들이 모두 지구의 종말을 경고하고 있습니다. 세계는 그 어느 때보다도 긴장하고 있습니다. 이것이 바로 말세를 증거하고 있습니다.

독일의 수상이었던 아데나워 씨도 "나의 일생에도 당신의 일생에도 마지막 시간이 다가오고 있다. 하나님께서 말씀하신다. 나는 새 시대를 시작하지 않으면 안 된다. 그러므로 인류에게 종말을 내린다" 하고 경고했습니다.

그렇습니다. 지금이야말로 회개하고, 경건하게 헌신하며 충성하되 영원한 나라에 가기에 부족함이 없도록 준비된 생활을 할 때입니다. 하나님을 믿고 그리스도를 믿는 신앙을 가집시다. 그리고 왜 사느냐는 목적과 그리스도를 위한 사명의식을 가지고 영원한 나라를 바라보는 안목으로 준비된 생활을 합시다. 이것이 행복의 요소입니다.

탕자의 구원

누가복음 15:11-24

유대 사람들의 법률에 따르면 아버지는 자기 재산을 마음대로 분배하는 것이 아니라 장남에게는 3분의 2를 주고 차남에게 3분의 1를 주게 되어 있습니다(신 21:17). 물론 아버지가 세상을 떠나게 될 경우라든지 실제 운영에서 손을 뗄 때에 그렇게 나누어 주는 것입니다.

그런데 여기 본문에는 둘째 아들이 "당신이 세상 떠날 때까지 기다릴 수가 없으니 내게 돌아올 분깃을 지금 미리 주십시오. 나는 집을 나가겠습니다" 하고 요청을 했습니다.

아버지는 냉혹하기 그지없는 고약한 그 청구를 그대로 들어주었습니다. 둘째 아들은 받을 것을 받자마자 서슴지 않고 즉각 집을 나가 버렸습니다. 돈을 물 쓰듯 뿌리고 돌아다녔습니다. 얼마 못 가서 돈은 바닥이 나고 말았습니다. 그는 마침내 돼지 치는 일까지 하게 되었습니다. 인생이 완전히 밑바닥까지 내려가 버린 것입니다.

유대 나라에서는 돼지 치는 자는 저주를 받은 자로 되어 있습니다. 아주 버림을 받은 존재가 된 것입니다. 그제서야 비로소 아버지의 사랑을 깨닫고 창피한 것을 무릅쓰고 돌아가 용서를 구하였습니다. 그것도 아들로 삼아달라는 것이 아니라 "품꾼의 하나로 삼아 주어도 좋습니다"라고 요청했습니다.

그런데 부친은 큰 잔치를 베풀고 "내 자식은 죽었다가 살아왔으며 잃었다가 다시 찾았노라" 하면서 가장 좋은 것으로 모든 것을 베풀어 주었습니다.

버클레이 목사는 "이 비유야말로 탕자의 비유라기보다는 자애 깊은 아버지의 비유라고 해야 할 것이다"라고 말했습니다.

탕자의 모습보다도 아버지의 사랑을 더 많이 말하고 있기 때문입니다. 여하튼 예수님께서 우리에게 주신 이 말씀은 우리 인생들에게 없어서는 안 될 생명의 말씀인 것이 분명합니다.

이미 이 본문에 대해서는 여러 차례 다각도로 말씀을 전했습니다만, 오늘은 또 몇 가지로 생각해 보겠습니다.

첫 번째로, 자기주장을 내세우는 자식의 모습을 보게 됩니다.

둘째 아들이 아버지 앞에 그렇게 당돌하게 행동한 주요 골자는 "이제는 나 혼자도 살아갈 만큼 성장했으니 내 권리를 찾겠소. 지배를 받는 생활은 죽은 것이나 마찬가지이니 나에게 자유를 주시오" 하는 주장인 것입니다.

어떻게 보면 자기 혼자서도 무엇을 할 수 있다는 자립심, 또 언제까지나 누군가의 지배하에 무능하게 사는 것보다는 새로운 세계를 뚫고 전진해 보겠다고 하는 모험심과 진취성을 가진 탕자를 칭찬할 수도 있습니다. 하지만 이것이 바로 하나님 아버지의 품을 떠나서 인간만의 본위에 완전 자기중심 생활을 해보고자 하는 현대인들의 모습이요, 비극인 것입니다.

흔히 자기 권리를 주장하고 자기 자유만을 찾는다는 근거에는 언제나 자기중심이라고 하는 죄악이 깔려 있는 법입니다. 자기중심이 작용할 때에는 눈이 어두워져서 멀리 내다보는 통찰력이 없어지고 지극히 찰나적인 행동을 하게 되는 것입니다.

그 결과는 바로 탕자의 모습처럼 건잡을 수 없는 비참한 결과를 가져오게 됩니다.

현대 사회에서는 어느 나라, 어느 사회에서나 모두 경제성장에 힘쓰고 있습니다. 잘사는 나라, 풍요한 나라를 만든다고 외치고 있습니다. 사실 문명은 날로 발달하고 물질은 더 풍성해지는데 사람들의 사는 모습은 날로 비참해지기만 하고 있습니다.

우리 사람들이 사는 사회야말로 전쟁, 소란, 횡령, 질병, 죽음, 파괴, 그리고 불의, 폭력, 온갖 죄악, 거짓, 다툼, 살인, 강도, 약탈, 교만, 불경건, 반역, 성적 타락, 간음, 자살 등 온갖 죄악이 더욱 극심해져 가고 있습니다.

가까운 일본에서는 동기 없는 자살이 늘어난다고 하는 신문기사를 볼 수 있었습니다. 39세의 일류 상사 과장이 전차에 뛰어들어 자살을 하는가 하면, 40세의 대학 조교수가 빌딩 높은 데서 떨어져 자살하기도 합니다.

초등학교 교장을 지낸 55세의 아주 점잖은 신사가 다리에서 투신자살하기도 하고, 일류 건설회사 공사 사무장이 지하철 홈에서 전차에 달려들어 42세로 목숨을 스스로 끊기도 하고, 어떤 젊은 대학생이 수만 볼트의 고압선에 "나는 죽는다"라고 소리를 지르며 많은 사람들 앞에서 자살하는 소동이 나기도 했습니다.

"나는 어떻게 하면 좋아. 나는 어디로 가는지도 몰라. 그러나 나는 가요. 엄마, 학교에 240원 좀 물어줘."

어린 고등학교 여학생은 그렇게 유서를 남기고 자살하기도 했습니다.

일 년 평균 46명꼴로 자살을 하고 있다고 하는 기사였습니다.

어느 회사 사원들의 앙케이트에 의하면, 사원 90퍼센트가 "지금 하고 있는 일이 만족하지 못하다"라고 하는 얘기입니다. 그 원인 때문에 생산량이 줄어들고 있다고 합니다.

현대인들이야말로 불면증에 걸려서 잠을 잘 수가 없습니다. 초조와 불안 때문에 안정을 취하지 못하고 있습니다. 공연히 화를 벌컥 내고, 흥분하며 좌충우돌하고, 까닭 없는 창상을 내며, 이름 모를 병 때문에 근심해야만 하는 생활에 눌리고 있습니다.

세계적인 한 정신병리학자는 "현대인의 근본적인 병근(病根)은 공허다"라고 말했습니다. 그렇습니다. 인간이 자기 인생의 의미를 찾지 못하게 된 것입니다. 이 우주 안에 다른 모든 동물은 전혀 가지고 있지 않은 인간만의 특성이 바로 '의미에 대한 의지'입니다. 세상 만물 중에 우리 사람만 의미를 추구하고 의미를 알게 될 때에 사는 보람을 갖게 되는 것입니다.

그런데 현대인들은 사는 의미를 잃어 가고 있습니다.

미국 나사항공우주국에 전자계산기 부문을 책임진 H. 미첼 박사는 "미국은 우주 개발 면에서 앞서 있을지 모른다. 그러나 사람들의 영혼 문제는 해결되어 있지 않다. 얼마 전에 흑인 지도자로 노벨 평화상까지 탄 킹 목사가 암살되었다. 이 사건이 말해 주듯이 기술의 진보만으로는 사람들이 바로 살아갈 길을 발견할 수가 없다. 나는 과학자다. 동시에 그리스도인이다. 그러나 나에게 있어서 과학자이기보다 그리스도인인 것이 중요하다. 나는 자기 힘으로 여러 가지 일을 하고자 하였으나 인간의 노력에서는 영혼의 참된 만족을 얻을 수가 없었다. 하나님을 위해서 일한다는 것을 알게 되었을 때에 비로소 참된 보람을 찾게 되었다. 나는 그리스도인으로서 천지 만물을 지으신 하나님을 위해서 일하고 있다. 부디 여러분들도 이 우주를 지으신 분을 알고 그분에 의해서 진정한 만족과 기쁨을 맛보시기 바란다"라고 말한 적이 있습니다.

하나님을 떠난 문명은 탕자 문명입니다.

하나님을 떠난 정치는 탕자 정치입니다.

하나님을 떠난 경제는 탕자 경제입니다.

하나님을 떠난 학문은 탕자 학문, 하나님을 떠난 과학은 탕자 과학, 하나님을 떠난 자유는 탕자 자유이며, 하나님을 떠난 자립은 탕자 자립입니다.

하나님을 떠난 가정도 탕자 가정입니다.

이런 것으로는 인생의 살길이 열리는 것이 아니라 노력해 갈수록 점점 더 비참해질 수밖에 없습니다.

오늘의 비극은 바로 하나님을 떠났다고 하는 데 있는 것입니다.

우리 인생에게 오는 불행의 원인은 대략 서너 가지로 꼽을 수 있습니다.

첫째는, 자연적 원인이 있습니다.

천재지변으로 인해 불행이 오는 것입니다. 지진이 일어난다든지 홍수가 덮쳤다든지 폭풍이 몰아친다든지 해서 큰 해를 입게 되는 것입니다.

여기 본문을 보니까 흉년이 들어서 기근이 심해졌다고 했습니다.

이런 것은 어느 시대든지 사람의 힘으로 막아 내기가 어렵습니다.

둘째는, 사회적 원인이 있습니다.

정치적인 실정을 한다든지, 교육에 맹점이 있다든지, 사회 경제의 불행 같은 것이 몰아닥칠 때에 사람들은 말할 수 없는 피해를 입게 됩니다.

본문을 보면 "허랑방탕하여 그 재산을 허비하였다"라고 하였고, 맏아들은 "아버지의 살림을 창기와 함께 먹어버렸다"라고 불평하였습니다. 이것을 보면 당시 사회가 극히 세속화되었고 공공연하게 창기가 날뛰는 부패한 사회였던 것을 알 수가 있습니다.

어느 시대나 나라가 망하게 되는 것은 술과 매독이라고 해도 과언이 아닙니다. 대바벨론, 대로마가 모두 이것으로 망해 버린 것입니다. 이 탕자도 그 무서운 사회악의 물결 속에 휩쓸려 들어갔던 것입니다.

셋째는, 개인적 원인이 있습니다.

나쁜 유전, 불우한 환경, 좋지 못한 성격, 잘못된 사상, 게으름 등 이런 것들로 인해서 죄악에 빠질 수가 있습니다.

본문을 보면 이 아들은 경솔한 판단, 무분별한 가치관, 방탕을 좋아하는 기질 때문에 오히려 아버지 품을 떠나서 죄악의 길을 선택한 것입니다. 아무리 자연적 원인과 사회적 원인이 있어도 자신이 바른길에 서 있으면 그릇되지 않을 수 있습니다.

그런데 이 아들은 아버지를 반역하고 자력으로 멀리 떠나가서 살려고 한 데서부터 마침내 이 세 가지 원인을 하나도 이겨낼 수 없는 실패에 빠지고 말았던 것입니다.

오늘 우리 인생들의 불행은 우주를 지으신 하나님 아버지를 떠났고, 하나님을 위하여 일한다고 하는 차원이 전혀 없는 방탕과 타락을 목적으로 하는 데서 오고 있는 것입니다.

두 번째로 발견할 수 있는 것은, 회개하는 아들의 모습입니다.

이 탕자는 자신이 가졌던 모든 것을 다 잃어버렸습니다. 건강을 잃어버렸고, 물론 가지고 나갔던 재산과 돈도 잃어버렸고, 명예도, 친구도, 사업도, 희망도 다 잃어버렸습니다.

그러나 한 가지 중요한 것을 잃지 않았습니다.

그것은 바로 아버지의 사랑이었습니다.

"내가 하늘과 아버지께 죄를 지었사오니 지금부터는 아버지의 아들이라 일컬음을 감당하지 못하겠나이다 나를 품꾼의 하나로 보소서 하리라 하고 이에 일어나서 아버지께로 돌아가니라"(눅 15:18-20)고 기록되어 있습니다.

사람은 깊은 내면에 자존심, 우월감, 지배욕이 있기 때문에 자기의 가련한 모습을 그대로 드러내거나 발견하기가 매우 어렵습니다. 그리고 자기중심적으로 살게 될 때에 자기를 객관적으로 보기가 매우 어렵습니다. 그러므로 자기 죄를 누구에게 고백하기는 거의 불가능한 것입니다. 그런데 이 탕자는 자기 죄를 깨달아 알았습니다. 그리고 그 죄를 솔직하게 시인하고 고백했다는 것입니다.

그런데 여기서 꼭 한 가지 잊지 말아야 할 것은, 이 회개의 귀중한 깨달음, 다시 사는 길의 음성이 어디서부터 일어났느냐 하는 점입니다.

자기 죄의 결과로 마침내 막다른 곤경에 빠지게 되니까 이런 회개의 음성이 나왔을 것 같습니까? 가령 이 젊은이가 아버지 집을 떠날 때 누가 옆에서 "네가 가는 길은 잘못된 길이다. 장래에 불행이 올 것이다" 하고 충고를 했다고 가정을 해봅시다.

그러면 그는 "어리석은 사람아, 잠꼬대하지 마시오. 이제부터 자유요. 생의 쾌락이 올 것이요. 자유 독립의 생활이 비로소 시작이 된 것이오. 성공이 눈앞에 확실하오" 하고 일소에 붙였을 것입니다.

한참 쾌락을 즐길 때에 누가 묻지 않았다고 하더라도 "벌써부터 이렇게 할 것을…. 공연히 아버지 밑에서 딱딱한 생활, 답답한 제재만을 받아 왔었잖아? 아버지는 항상 악한 친구를 사귀지 말라고 했지만 세상에 악한 벗이 어디 있단 말인가? 내 옆에 있는 사람은 다 다정한 사람이고 없으면 클클한 사람뿐이 아닌가? 아버지는 입버릇처럼 방탕하지 말라고 늘 말했지만, 이렇게 좋은 생활을 무엇이 방탕이라고 경계하겠는가? 나는 이 이상 더 만족이 없다"라고 말했을지 모르겠습니다.

만약 이런 경우에 “당신은 이제라도 교회에 나가고 예수 그리스도를 믿도록 하시오”라고 권했다고 가정을 해보십시오.

“그리스도가 무엇이오? 구원이 무슨 필요가 있소?” 하며 분노했을 것 같습니다.

자, 이렇게 ‘들어도 듣지 못하고 보아도 보지 못하는’ 캄캄한 상태의 심령이 ‘내가 죄인이구나! 아버지께로 돌아가자’는 생각을 했다는 것은 환경이 준 영향이 아닙니다.

오히려 이런 환경에 빠질수록 사람들은 완전 절망에 빠져서 스스로 더 자포자기하게 됩니다.

그렇다면 이 회개의 고귀한 음성이 자기 자신의 노력과 추구에서 얻어진 소리라고 생각이 되십니까?

그렇지 않습니다. 그는 있는 힘을 다하여 행복을 추구했습니다. 불행과는 멀리 떨어지려고 노력을 했습니다.

그런데 마침내 이런 함정에 빠지게 되고 말았습니다. “나는 죄인이다. 이제라도 아버지께 돌아가자”라고 하는 이 음성은 분명히 그가 노력하지 않은 방향에서 온 것이 확실합니다.

여기서 한 가지 놀라운 점은, 부끄러움을 무릅쓰고 집으로 돌아오는 아들을 멀리서 보고 아버지가 달려 나와 입을 맞추며 환영해 주었다는 것입니다. 기다리고 기다려주시는 아버지를 발견하게 되었다는 사실입니다.

죄인이 구원 얻는 가장 중요한 여건은, 본인이 진정으로 죄인임을 깨닫고 회개하여 돌아가는 데서부터 시작되는 것입니다.

아버지는 그것을 기다렸습니다. 그것이 분명할 때에 영접하시는 것입니다. 그때까지는 아픈 마음으로 기다리고 눈물을 흘리며 기도하시는 것입니다.

탕자에게 들려온 이 회개의 음성, 즉 “삶의 유일한 희망은 이제라도 아버지에게로 돌아가는 것이다. 이것이 사는 길이다”라는 음성은 바로 성령의 권고였다는 사실입니다. 이것을 보통 사람들은 양심의 소리라고도 말하고 있습니다.

그렇습니다. 성령께서는 언제나 죄인 된 모든 인생들에게 "이제라도 돌아가라. 아버지 품으로 가는 것이 사는 길이라"고 들려주고 있습니다. 이 음성을 듣고 곧 순종해서 하나님께로 돌아가면 그것이 곧 인생의 전환점이 되고 구원의 길이 되는 것입니다.

그런데 이런 경우에 반드시 또 다른 음성이 들려온다는 사실을 유의해야 합니다.

"내가 이제 돌아가면 무슨 꼴이 되겠는가? 세상 사람들이 얼마나 비웃겠는가?"

"네 아버지인들 너를 맞아 주겠는가?" 길을 막는 강한 음성이 들리기도 하는 것입니다.

이것은 죄악의 소리인 동시에 마귀의 소리입니다. "돌아가자", "안 된다"는 세상에서 가장 크고 치열한 전쟁이라고 할 수 있습니다.

무수한 인생들이 자기 부족을 깨달으면서도 이 전쟁에 패하여 다시 돌이킬 수 없는 세상의 죄악길로 되돌아가고 말았습니다.

회개라고 하는 것은 죄를 깨닫기만 하는 것이 아니라 깨닫는 대로 곧 일어나서 아버지께로 돌아가는 것입니다. 즉 행동화하는 것입니다.

본문의 돌아오는 아들의 심중을 생각해 보십시오. 내 자력으로 행복을 추구할 수 있다고 하던 자부심은 다 없어졌습니다. 방탕하는 것이 인생이라고 구가하던 헛된 착각도 다 사라졌습니다.

금전만 낭비한 것이 아니라 시간과 정력, 그리고 선행할 수 있는 기회와 생명 모두를 다 낭비했다고 하는 것을 아프게 깨닫고 후회하면서 이제는 자존심, 우월감, 지배욕, 자기 중심욕 이런 것들은 다 포기해서 죽은 상태가 되었습니다. 그는 오로지 아버지의 따뜻한 사랑이 그리워졌습니다.

"나의 사는 길은 아버지 품으로 돌아가는 것이다. 그 사랑 안에 사는 것뿐이다."

이것이 아버지께로 돌아오는 탕자의 마음 중심입니다.

현세야말로 피로 물들었고, 썩은 냄새가 나고, 불구자처럼 기형아가 되었으며, 생명이 고갈되어 빈사 상태에 이른 시대입니다.

개인, 전체, 아니 전 인류가 사는 유일한 길은 하나님의 따뜻한 사랑의 품이라고 하는 것을 발견하고, 인간 자력의 노력으로 쌓고자 하는 어떤 이상적인 꿈에 도취하던 것을 포기해야 할 것입니다.

이 비유 속에서 한 가지 귀중한 것은 구원받은 탕자의 모습입니다.

어느 정신과 전문 의사가 이런 말을 했습니다.

"오늘날 모든 인간들에게 필요한 것은 두 가지이다. 이 두 가지가 없으면 살 수도 없고, 정신적 안정을 취할 수가 없다. 이 두 가지만 있으면 인간 문제는 다 해결이 된다. 그것은 바로 사랑을 받는 것과 사랑하는 일이다"라고 말하고 있습니다.

그렇습니다.

오늘 우리 사회 속에서 수많은 사람들이 비참한 생활을 하고 있는 것은 바로 이 사랑에 상처를 입었기 때문입니다.

참된 사랑을 찾지 못해서 변태 성격적인 생활을 할 수밖에 없게 되었고, 참으로 사랑할 만한 대상을 몰라서 술이나 도박을 사랑하고 유흥과 쾌락, 그리고 오락을 사랑하는 사람들로 붐비고 있는 것입니다.

인간의 생명은 영원히 변치 않는 참된 사랑으로만 살아갈 수가 있고, 나아가서 가장 의의 있는 일을 할 수 있는 것입니다.

탕자는 이런 사랑의 굶주림 속에서 돌아갔는데, 가자마자 용서하시고 영접하시고 상상외로 따뜻이 맞아 주시고 온갖 것을 희생하시는 사랑의 아버지와 만나게 되었습니다. 새 옷을 입게 되었는데, 말하자면 죄인이 아닌 의의 성품을 받게 되었고, 화해의 가락지를 끼게 되었으며, 깨끗하고 거룩한 걸음을 걷게 하는 힘 있는 신을 신게 되었습니다.

그리고 새 생명과 능력을 얻는 살진 소를 먹게 되었고, 상상외로 많은 사람들과 사랑의 사귐을 가지는 축하연에 참석하게 되었습니다.

성경 주해가로서 유명한 아담 클락 박사가 어느 날 보트 난파로 인해서 다 죽게 된 젊은이를 집에까지 데려가 잘 치료해 주었습니다.

정신이 든 젊은이가 놀라는 눈초리로 "당신은 누구십니까? 여기는 어디입니까?" 하고 당황하면서 물었습니다.

클락 목사는 조용한 음성으로 "여기는 피곤한 사람이 쉬어가는 곳이오. 하나님의 집이오. 나는 사랑의 하나님 아버지의 심부름꾼이오" 하고 말했습니다.

이 청년은 한참 두리번거리더니 "저는 샘 도류입니다. 저는 형편없는 생활을 한 무뢰한입니다"라고 말했습니다.

클락 목사는 다정한 음성으로 "하나님 앞에는 당신이나 나나 아니 모든 사람이 다 죄인이오. 하나님께서는 모르시는 것이 없으시오. 다만 부족한 것을 깨닫고 하나님 앞에 나오면 하나님께서는 어떤 죄도 다 용서해 주시고 새로운 사람으로, 놀라운 사람으로 변화시켜 주실 것이오" 하고 다정하게 설명을 해주었습니다.

밀수범으로 유명하던 샘 도류는 마침내 예수 그리스도를 믿게 되었고, 클락 박사 밑에서 열심히 공부하다가 《영혼 불멸론》이라고 하는 거대한 저서를 내고 클락 박사를 이어서 훌륭한 주석가, 훌륭한 목사로서 놀라운 인격자로 변했다고 합니다.

기독교는 밀수범처럼 유해무익하고 파산된 모든 사람들을 자신도 놀라고 남도 놀랄 수밖에 없을 만큼 개조해서 가장 유익하고 놀라운 변화를 일으키는 종교입니다.

죄의 상흔 때문에 상한 개인과 인격, 죄의 상흔으로 고민하는 가정, 죄 때문에 번뇌하는 사회, 모두 다 탕자인 것을 자각하고 아버지의 따뜻한 사랑의 품으로 돌아갑시다. 그럴 때 위대한 개조와 위대한 속죄의 구원의 역사가 이루어지는 것입니다.

하나님의 신실하심과 인간의 죄악

마태복음 7:7-12

어느 날 공자의 제자들이 "백성이 살아가려면 무엇이 있어야 합니까?" 하고 물었습니다. 그러자 공자는 "병력이 충분하고 먹을 것이 넉넉하며 서로 믿고 살 때에 비로소 백성들이 잘 살 수 있다"라고 대답을 해주었습니다. 제자들이 다시 "만약 부득이해서 이중에 하나를 빼어야 한다면 어느 것을 빼야 합니까?" 하고 물었습니다.

공자는 "할 수 없다고 하면 병력을 버려라" 하고 대답했습니다. 제자들이 또다시 "그래도 또 하나를 더 빼야 한다면 어느 것을 버려야 합니까?" 하고 물었더니 공자는 "그래도 할 수 없다고 하면 먹을 것은 없어도 몇 날 동안은 살 수 있다. 그러나 백성에게 서로 믿음이 없다고 하면 하루라도 살 수 없을 것이다"라고 대답하였다고 합니다.

사실 인류의 스승다운 통찰입니다. 인간은 서로 믿는 데서만 사회가 성립이 되는 것입니다. 말 한마디를 하더라도 상대방이 믿어 준다고 하는 조건이 있기 때문에 대화가 되는 것입니다.

인생은 진실을 발견하게 될 때에 민족과 국경을 넘고 형식적인 선악의 기준을 초월해서 강한 감동을 받게 되는 것입니다.

카알라일은 영웅의 자격으로서 진실을 조건으로 삼고 있습니다. 위대한 인물의 자격에 진실이 요구되는 것은 당연한 일일 것입니다. 진실이 아니면 성냥개비 한 개라도 제대로 만들어 내지 못하는 법입니다. 하물며 긴 세월 쌓아 올려야 하는 인생이라는 건물이 진실 없이 이루어질 수가 있겠습니까?

그러나 우리 인간들의 진실은 어느 것이나 지극히 부분적인 진실뿐입니다. 불완전한 진실뿐입니다.

가령 예를 들면, 하류 사회일수록 가정 도덕이 제대로 없습니다. 그러면서도 집단생활은 매우 강하고 또 집단생활을 위한 도의는 철저할 수가 있습니다. 얻어먹는 거지 단체에도 대장이 있습니다. 매음 사회에서도 포주가 있습니다. 강도단에도 왕초가 있습니다. 그들은 동지를 위해서라면 감옥에 가는 것도 무서워하지 않습니다. 그들 사이에 의리는 일반 사회의 진실보다 훨씬 두텁습니다. 군주국가의 단결은 평화 국가 시민의 단결보다 더 튼튼하다고 할 수 있습니다.

그러므로 단순히 인간의 진실만 가지고서는 사회가 이루어져 갈 수 없습니다. 그 이상의 진실을 구하지 않으면 안 되게 되어 있는 것입니다.

마태복음 7장 9-10절을 보면 예수님께서 "너희 중에 누가 아들이 떡을 달라 하는데 돌을 주며 생선을 달라 하는데 뱀을 줄 사람이 있겠느냐?" 하고 말씀하셨지요. 어버이로서의 기본적인 진실을 인정해 주셨습니다. 그 진실을 신뢰하면 아이들은 안심하고 부모에게 자기를 맡길 수 있다고 말씀하신 것이지요.

그러나 예수님께서는 그다음 말씀에 "너희가 악한 자라도 좋은 것으로 자식에게 줄 줄 알거든 하물며 하늘에 계신 너희 아버지께서 구하는 자에게 좋은 것으로 주시지 않겠느냐?"라고 말씀하셨습니다.

인간의 진실만으로는 충분하다고 하지 않으셨습니다. 인간의 진실에는 한계가 있음을 지적하셨습니다. 이 말씀을 풀이한다고 하면 인간의 성질에는 사나운 것도 있고, 여러 가지 단점도 있고, 더러운 것으로 가득 차 있으면서도 내 자녀의 요구에는 진실하게 응해 준다고 하는 말씀입니다. 사실 불완전한 인간의 진실에도 감동을 받는다고 하면서, 그 진실의 가치를 존귀하게 생각한다고 하면서, 그 이상의 하늘 아버지의 참된 진실을 구하지 않고 그것을 알지 못하는 것을 매우 답답하게 여기시는 말씀입니다.

예수님께서 인생들에게 주시는 말씀은 참된 하나님의 진실을 찾으라고 하는 말씀입니다.

사도 바울은 로마서 3장 4절에서 "사람은 다 거짓되되 오직 하나님은 참되시다 할지어다"라고 말씀했습니다. 시편 146편 5-7절을 보면 "…여호와 자기 하나님에게 자기의 소망을 두는 자는 복이 있도다 여호와는 천지와 바다와 그중의 만물을 지으시며 영원히 진실함을 지키시며 억눌린 사람들을 위해 정의로 심판하시며 주린 자들에게 먹을 것을 주시는 이시로다"라고 말씀하였습니다.

영원히 진실함을 지키시는 하나님 앞에 나아갈 때에 비로소 인생은 변함없는 진실을 소유하게 되는 것입니다.

그리고 이 진실을 알고 이 우주와 사물을 볼 때에, 비로소 대 예술가가 작품을 감상하는 이상으로 이 우주가 진실된 의지에 의하여 창조되었고, 또 진실에 의하여 지배되고 있음을 발견하고, 또 그것을 믿게 되는 것입니다. 그때 우리의 인생관은 변합니다. 대 철인 이상으로 우주의 깊은 뜻을 알게 될 것입니다.

과연 하나님은 진실하심으로 우리를 사랑하시고 섭리하십니다.

우리는 성경을 통해서 우리를 향하신 하나님의 미쁘심을 찾아볼 수 있습니다. **우선 하나님께서는 미쁘시고 진실하신 분이기 때문에 자녀들에게 만사를 유익하게 해 주십니다.**

로마서 8장 28절을 보면 "우리가 알거니와 하나님을 사랑하는 자 곧 그의 뜻대로 부르심을 입는 자들에게 모든 것이 합력하여 선을 이루느니라"고 말씀하였습니다.

사도 바울은 깊은 체험 가운데 이렇게 확실하게 고백할 수 있었습니다. '모든 것'이라고 하는 것은 슬픈 일, 기쁜 일, 사는 것, 죽는 것 등 온갖 의미를 다 내포하고 있는 것입니다. 어떠한 경우에든지 하나님을 사랑하는 사람에게는 선과 유익만 온다고 하는 말씀입니다.

산이 높으면 골짜기도 깊습니다. 깊은 골짜기가 있다고 하는 것은 곧 높은 산이라는 것을 의미합니다. 불행과 역경의 골짜기가 깊습니까? 선과 복의 봉우리가 높습니다. 저 사람은 정직하고 선량하고 진실하기 때문에 손해를 본다고 비평을 받는 사람이 있습니까? 보통 세상 인생들이 맛보지 못하는 높은 선과 기쁨, 그리고 행복을 누리는 사람임을 기억하시기 바랍니다.

그러면 이 참된 생활은 어떻게 소유할 수 있겠습니까? 하나님께서는 하나님을 사랑하는 자에게 어떠한 형편에서든지 반드시 유익하게 해 주시는 진실한 분임을 신앙으로 믿고 나아가는 사람이 이 축복을 받게 되는 것입니다.

또 하나님께서는 미쁘시고 진실하셔서 그 자녀들에게 어떤 문제든지 해답을 찾게 해 주십니다.

고린도전서 10장 13절을 보면 "사람이 감당할 시험밖에는 너희에게 당한 것이 없나니 오직 하나님은 미쁘사 너희가 감당하지 못할 시험당함을 허락하지 아니하시고 시험당할 즈음에 또한 피할 길을 내사 너희로 능히 감당하게 하시느니라"고 말씀하였습니다.

우리는 하나님의 큰 섭리 속에 살고 있습니다. 아무리 견디기 힘든 처지에 놓일지라도 하나님은 미쁘시고 진실하셔서 우리로 하여금 감당할 수 없는 시험은 결코 주시지 않습니다.

이것도 역시 사도 바울의 깊은 체험에서 나오는 고백이지요.

진실한 선생은 학생들에게 처리하지 못할 어려운 시험 문제를 내지 않습니다. 정도에 알맞는 문제를 내놓는 것입니다. 자세히 살피면 답이 나오게 되어 있습니다. 얼른 보기에는 어려운 것같이 보이지만 나의 학년에 맞는 문제라고 신뢰하고 최선을 다하면 해답이 나오게 되어 있습니다.

인생이 그렇습니다. 아무리 어려운 것같이 보여도 불완전한 인간이 아닌 참 미쁘시고 진실하신 하나님께서 주신 문제임을 기억하십시오.

내 힘에 알맞게 주신 것입니다. 더욱이 피할 길, 즉 해결책까지 준비해 두시고 주신 문제입니다. 다만 내가 최선을 다하고 나아가면 그 해답을 찾을 수 있게 됩니다.

마리안 앤더슨 여사는 흑인 영가의 가장 거룩한 악성이었지요. 1902년 미국 필라델피아에서 출생하고, 1925년 뉴욕에서 데뷔하여 구미와 전 세계에 큰 감동을 준 알토 성악가입니다. 1935년 잘츠부르크에서 명 지휘자 토스카니니가 "100년에 한 명 나는 거룩한 아름다운 음성"이라고 칭찬하였습니다.

1953년 흑인으로서는 처음으로 메트로폴리탄 가극장에 출연을 했는데, 그녀는 조용하고도 깊은 음색으로 노래를 불렀습니다. "나의 고뇌는 아무도 모릅니다. 오직 예수 그리스도만 아십니다"라고 가사를 붙여서 불렀지요.

그런데 그렇게 세계를 움직인 훌륭한 마리안 앤더슨 여사는 편견과 차별 때문에 음악 학교에서 거절을 당했습니다. 그는 "다시는 노래를 부르지 않겠다"라고 울부짖기도 했습니다. 그리고 달밤에 아무도 모르는 곳에서 연습을 했습니다.

세계적인 감동을 끼친 마리안 앤더슨을 누가 그렇게 만들어 주었는가 하면 미쁘신 하나님께서, 예수 그리스도께서 이런 위대한 해답을 그에게 주신 것입니다.

또 하나님께서는 미쁘시고 진실하셔서 우리를 온전하게 하십니다.

데살로니가전서 5장 23-24절을 보면 "평강의 하나님이 친히 너희를 온전히 거룩하게 하시고 또 너희의 온 영과 혼과 몸이 우리 주 예수 그리스도께서 강림하실 때에 흠 없게 보전되기를 원하노라 너희를 부르시는 이는 미쁘시니 그가 또한 이루시리라"고 기록이 되어 있습니다.

역시 바울 사도의 체험과 고백이지요. "온전히", "흠 없게" 이렇게 표현되어 있습니다.

모든 것을 합력해서 선을 이루게 하시고, 감당할 수 있는 시험을 통해서 해답을 찾아주실 뿐만 아니라 마침내 우리를 완전케 하십니다.

하나님께서는 이 일을 이루시려고 독생자까지 보내 주셨습니다. 우리 속에 참된 위대한 힘을 가진 믿음을 주셨습니다. 이것이 하나님의 미쁘심입니다.

하나님께서는 결코 모든 일을 헛되게 하지 않으십니다. 우리의 영도 온전하게, 우리의 혼도 온전하게, 우리의 몸도, 생활도, 모두 온전하게 회복시켜 주십니다.

일본 개화기에 지도자 신도양(니지마 조)이라 하는 사람은 "양심이 온몸에 충만한 장부가 나오기를 기대한다" 하면서 동지사대학(도시샤대학)을 창설했습니다. 동지사대학 정문에 보면 이 말이 돌비로 새겨져 있습니다. 사실 나라가 요구하는 것, 개인에게 요구되는 것은 바로 우리 자신이 온전해지는 것입니다.

일본의 어느 교수는 이렇게 말했습니다. "일본의 교육은 금고털이를 양성하는 것밖에는 없다. 아무리 손재주가 넘쳐난다고 하더라도 금고를 털 정도라면 도리어 마이너스가 될 뿐이 아니냐? 바른 목적을 위해서 손을 쓸 수 있는 인간을 만들어내야 한다"라고 주장하고 있습니다.

그렇습니다. 교육이니 문화니 수양이니 제도니 법칙이니 하는 그 무엇이든지 인간을 완전하게 하는 데 의미가 있어야 합니다.

그런데 인간을 완전하게 하는 이는 미쁘시고 진실하신 하나님 외에는 없습니다. 그러므로 하나님의 미쁘심을 믿고 신앙적 진실 속에 살아갑시다. 그렇게 할 때 만사가 합력하여 유익하게 되고, 그렇게 할 때에 반드시 어려운 문제도 해답이 나오게 되어 있고, 그럴 때에 비로소 개인도, 가정도, 사회도, 국가도 완전해지는 것입니다.

도덕 이상의 종교

로마서 1:16-17

세상에는 **종교를 모르는 도덕인들이 많습니다.** 품행이 바르고 친절하고 선량한 정치인도 있고, 교육가도 있고, 실업인도 많습니다. 이런 이들은 종교가 별로 필요치 않다고 생각합니다.

또 어떤 경우에는, 종교인 가운데 도덕이 없이 불완전하고 결함투성이의 생활을 하는 이들도 없지 않습니다. 신앙생활을 한다고 하면서도 세상 사람들에게 빈축을 사는, 사회 도덕도 가정 도덕도 되어 있지 않은 사람들이 있습니다. 이런 사람들에게 도덕 같은 것은 관심 밖의 일입니다.

그러나 이 두 종류의 사람은 모두 다 크게 잘못되어 있습니다. 이런 사람들은 인생을 실패하고서야 알게 됩니다. 하나님을 모르면서 선악을 말하고 도덕윤리를 의논하는 것은, 마치 뿌리 없는 나무에서 열매를 찾는 것과 같습니다. 도덕이 무엇인지도 아직 모르는 행위입니다. 또 반대로 종교 생활을 한다면서도 도덕에서 벗어나 있는 것도 열매 없는 무화과나무와 같습니다.

예수님께서는 그러한 생활을 저주하십니다. 종교와 도덕은 서로 나눌 수 없는 관계가 있습니다. 그런데 이 종교와 도덕과의 관계를 바로 가져야만 참 신앙생활을 할 수 있게 되고, 또 성공적인 인간 생활을 할 수 있게 됩니다.

종교생활 가운데는 도덕 이하의 종교가 있습니다.

세상에 흔히 볼 수 있는 하등종교, 소위 요즘 많이 일어나는 신흥종교가 모두 도덕 이하의 종교들입니다. 신비스럽다고 떠듭니다. 기적이 나타난다고 부르짖습니다. 오묘한 교리와 이치가 있다고 선전합니다. 따라가는 무리들도 적지 않습니다.

그러나 그 생활은 한마디로 말하면 도덕적이 아닙니다. 그들은 부도덕을 장점처럼 생각하고 특징으로 주장하기까지 합니다. 하지만 도덕이 없는 종교는 종교가 아닙니다. 도덕이 없는 신앙생활은 신앙이라고 할 수가 없습니다. 하나님께서 십계명을 주셨습니다. 십계명은 엄격한 도덕입니다. 이것을 범하는 사람은 하나님과 아무런 관계가 없는 것입니다.

분명히 기억하십시오. 도덕 없는 종교라고 하면 당장 하늘에서 불이 떨어지고 땅이 꺼지는 기사와 이적을 나타낼지라도, 세상을 구원하거나 사람을 개조하는 일이라든지 심령을 자라가게 하는 역사는 나타나지 않는 것입니다. 세상에 많은 잡종교들이 우리의 안목을 미혹할 수 있습니다. 신비를 부르짖을 수 있습니다. 그러나 세상을 구원하거나 개인을 변화시키는 일은 없습니다. 그와 반대로 오히려 타락시키고 범죄케 하는 것입니다.

개인의 신앙생활도 마찬가지입니다. 누구보다도 열심히 신앙생활을 하는데도 그 생활이 도덕적이 아닌 경우, 동네 사람들이 다 비웃고 심지어는 집안의 식구와 자녀들에게도 조소거리가 되는 경우가 많이 있습니다. 도덕 이하로 떨어진 신앙생활은 개인에게도 필요치 않습니다. 가정에도 요구되지 않습니다. 나라와 사회에도 심히 해독을 끼치는 해악이 되는 것입니다.

도덕과 동등시하는 종교도 있습니다.

종교에다가 도덕을 좀 섞습니다. 종교에다가 자선을 섞습니다. 교리에다가 선행을 좀 섞습니다. 그래서 종교 냄새를 좀 내는 것입니다. 더욱이 사회가 극도로 타락해지거나 도덕을 강하게 요구하게 될 때쯤에는 종교를 그저 도덕처럼 취급하기가 쉽습니다.

종교인 자체가 도덕 이상 귀한 것이 없는 것처럼 부르짖고 주장하기 쉽습니다. 종교인지 도덕인지 분간이 어려우리만큼 도덕주의에 빠지는 경향이 생겨날 수 있습니다. 그러다 보면 신자들도 완전무결한 성인이 되려고만 노력하고, 깨끗한 도덕인이 되려고 하는 데만 중점을 둘 수 있습니다. 심해지면 기도는 별로 가치 있게 보지 않고 선행 제일주의로 빠질 수 있습니다.

'교회야 아무렇든지 덕행만 있으면 그뿐이 아니겠느냐?' 그렇게 생각합니다. '아무런 종교이면 어떠냐. 불교든지 유교든지 도교든지 기독교든지 그 행실만 좋으면 되지 않은가?' 하고 생각하기 쉽습니다.

자, 그런데 이렇게 도덕화된 종교생활을 하다 보면 그 생활이 어떻게 됩니까? 도덕 위주로 됩니다. 항상 자기를 살피고 자기 건설에 힘쓰면 자기가 완전해집니까? 완전해지지 못하는 것을 느끼게 됩니다. 불안해지고 맙니다. 아무리 노력해도 깨끗해질 수 없는 자아인 것을 체험하게 됩니다. 의로울 수 없는 자아인 것을 발견하게 됩니다. 자기에 대해서 저주하고 싶을 만큼 고민하게 됩니다.

그리고 남에 대해서도 마찬가지로 그저 비판과 저주적 안목으로 대하게 됩니다. 그리고 장점이 좀 생겼을 때에는 이것을 무슨 생명처럼 여기게 되고 자기만 못한 남을 비판하게 되어 버립니다.

자기 선을 그리스도보다도 하나님보다도 더 귀중히 여기는 자만에 빠지기가 쉽습니다. 세상에 가장 보기 싫은 도덕 냄새만 나는 신자가 됩니다. 열심은 하나도 없고 교만과 법만 남아 있습니다. 남을 보는 눈도 모두 재판관의 안목으로 볼 뿐입니다. 찬미 소리가 꺼지고 우정은 냉각되어 버립니다. 한꺼번에 타락은 하지 않을지 모르지만 실상은 회칠한 무덤처럼 되어버립니다.

옛날 가룟 유다는 선악에 대해서는 좀 아는 것 같았지만 하나님을 섬기는 기본자세가 바로 되어 있지 못했습니다.

기독교에 들어오기 전에 사울 같은 이는 율법으로는 흠잡을 데가 없었습니다. 선악에는 흠잡을 데가 없었습니다. 그러나 하나님을 섬기는 바른길을 찾지 못해서 그렇게 헤매었던 것입니다.

옛날 바리새인들처럼 신앙보다 도덕을 높이 여기거나 동등시해서는 안 됩니다. 그러면 위험한 생활이 될 수밖에 없습니다. 이 도덕화된 종교는 우리 개인도 물론이지만 나라와 사회를 개조하지 못합니다. 종교가 도덕을 떠나서는 안 됩니다. 그러나 우리의 신앙을 도덕의 터 위에 세우는 것은 아닙니다. 도덕 이상이어야 합니다. **우리 그리스도인들은 도덕을 낳는 사람들입니다.**

우리들은 자기가 쌓아놓은 선행을 일단 버려야 됩니다. 자기를 죽인다고 하지요. 완전히 내버려야 됩니다. 자기 선이라고 하는 것이 자기를 위해서는 필요합니다. 그러나 남에게는 아무 소용이 없는 것입니다. 모두 일단 내버립시다. 다만 예수 그리스도를 의뢰하고 신앙합시다. 나의 부족하였던 것을 회개하고 그리스도를 영접하는 것입니다. 그렇게 했을 때 **우리의 속사람이 새로워집니다. 의롭다 함을 얻게 되는 것입니다.**

우리가 쌓아놓은 공적으로 의인이 되는 것이 아닙니다. 예수 그리스도로 말미암아 사죄받고 그리스도의 생명을 받았을 때 새로운 의인이 되는 것입니다. 뜨겁고 능력 있는 완전한 의에 자유하는 선을 행할 수 있게 되는 것입니다.

신앙생활은 선인이 되려고 하는 것이 아닙니다. 예수 그리스도를 영접해 영적 개조와 변화를 받음으로 의롭다 함을 얻는 의인이 되는 것입니다. 하나님과 동행하는 생활에 들어가게 되면 언제 어디서나 누구 앞에서나 의로운 생활이 이루어지는 것입니다. 그리스도인들이 사슴이 시냇물을 찾듯이 목마르게 찾아야 하는 것은 정의나 도덕이 아닙니다. 살아 계신 하나님이십니다.

이 하나님과 완전히 합치되어서 그 안에 속하게 되면 모든 것을 갖추어 받게 되는데, 그 속에 정의도 도덕도 겸해서 이루어져 나가게 되는 것입니다.

형제의 눈 속의 티를 발견하고 비판하는 의인이 아닙니다. 자기 눈 속의 들보를 빼내고 근본 개조를 받는 의인입니다. 그러므로 살아 계신 속죄의 주 예수 그리스도와 합하여 근본적인 변화를 받을 때 도덕 이상의 아름다운 차원의 신앙생활을 하게 됩니다.

우리 각자의 변화가 필요하지 않습니까?

우리 가정에 변화가 필요하지 않습니까?

사회가 바로 되기를 바라지 않습니까?

신앙 없는 도덕가가 되어서는 안 됩니다. 또 도덕 이하의 종교로서는 생명이 메말라집니다. 도덕 이상의 근본적인 변화가 필요한데, 이를 위해서는 예수 그리스도를 영접해야 합니다. 예수 그리스도 안에서 변화를 받게 되면 도덕 이상의 아름다운 생활이 이루어집니다.

그리스도와 함께 사는 개인이나 사회는 새 생명과 사랑이 넘치게 됩니다. 도덕 정도가 아닌 그 이상의 아름다운, 하나님의 뜻을 이루는 인간 생활이 형성됩니다. 우리 모두가 그리스도인답게 살아가도록 최선을 다합시다.

초판 당시의 당회원들

예수님의 3대 물음

요한복음 21:15-17

대로마제국은 주후 410년 고스 족의 기독교인인 알라릭 왕의 침입을 받으면서부터 무너지기 시작하여 마침내는 핍박을 받아 두더지처럼 땅구멍 속에 살던 예수 그리스도의 작은 집단에 의해 로마 대제국이 지배당하게 되었습니다.

참으로 예수님께서 키우신 소수 제자들의 집단이야말로 위대한 힘을 가진 존재들인 것을 역사가 입증하고 있습니다.

예수님께서는 제자들에게 관심이 깊으셨고, 또 친히 세심하게 교육하며 훈련시키셨습니다. 우리가 복음서에서 보는 대로 **예수님께서는 한 사람 한 사람을 상대로 가르치시고 또 훈련을 시켜주셨습니다.**

요한복음을 보더라도 1장에서 베드로 형제에게 복음을 가르치셨고, 또 빌립과 나다나엘을 부르셨습니다.

2장에서는 가나 혼인 잔칫집에 모인 사람들에게 은연중에 복음을 나타내 보이셨습니다. 3장을 보면 학자요 정치가인 니고데모에게 다시 거듭나는 길을 가르쳐 주시고, 4장에 가서 보면 타락한 생활에 빠진 사마리아 여자에게 일문일답으로 영생을 가르치시고 구원을 얻게 하셨습니다.

4복음서가 우리에게 그리스도는 하나하나 떨어진 심령까지 그 생명에 관심을 두시고 재생시키는 일을 하시는 것을 보여줍니다. 그리고 예수님께서는 어디까지나 사람의 심령을 살리는 데 중심을 두셨습니다.

죽은 표본이나 가지고 가르치는 곤충학이라고 하면 참된 교육이 될 수 없을 것입니다. 삼림 속에 찾아가 산 곤충을 실제로 살펴보며 가르치는 교육이라야 참교육이 됩니다. 세상이 말하는 모든 교육이 책을 읽고 재료를 보는 외형적인 시각 교육에 불과하기 때문에 인간을 근본적으로 개조하지는 못하는 것입니다.

적어도 의지의 훈련이 되어 있어야 하며, 사람을 돕고 사회를 위하여 희생할 줄 아는 생기 있는 사람을 만드는 데에서 참된 교육의 가치가 있는 것입니다.

예수님은 단 한 번도 시각 교육을 하시지 않았습니다. 적어도 죄로 상하고 허물로 죽은 사람의 근본 심령을 다시 살려서, 하나님을 위하여 일하는, 인류를 위해 없어서는 안 될 생기 있는 사람으로 만드는 위대한 산 교육을 하셨습니다.

예수님께서는 사랑을 실행하도록 가르치셨습니다. 십자가를 친히 져주신 예수 그리스도께서는 사랑은 죽음보다 강하다고 하는 것을 직접 보여주시고 몸소 가르치신 것입니다. 그리고 그 앞에 나오는 사랑하는 제자들에게 요구하시기를 십자가를 지라고 명하셨습니다.

이같이 그리스도의 교훈과 훈련을 받고 나온 그리스도인들은 외형상으로는 어떻게 보이든지 그 수의 다소를 막론하고 대로마제국을 점령할 수 있는 힘, 아니 온 세계를 점령하고 지배할 수 있는 위대한 힘을 지니고 있는 것입니다.

그러므로 예수님께서는 언제나 사랑하는 제자들에게 이 근본 요소에 대해서 확인을 해 보십니다. 오늘은 예수님께서 사랑하는 제자들에게 물으신 말씀 세 마디를 기억할 수 있기를 바랍니다.

어느 때에 조용한 곳에서 제자들에게 "너희는 나를 누구라고 하느냐?"라고 물으셨습니다.

언제나 대표격으로 잘 대답하는 베드로 사도가 "주는 그리스도시요 살아 계신 하나님의 아들이십니다" 하고 대답을 했습니다.

이 땅 위에서 예수님의 사명과 위치를 바로 아는 사람은 별로 만나지 못하셨습니다.

이에 예수님은 일종의 고독감을 가지고 계셨는데, 베드로의 심령과 입을 통하여 "주는 그리스도시요 살아 계신 하나님의 아들이십니다"라고 하는 고백을 듣게 될 때 무척 흡족해하셨습니다.

예수님은 언제나 가장 기대하는 사랑하는 제자들에게 이 말씀을 거듭 물으십니다. 이 시간 우리를 향해서도 "너희는 나를 누구라 하느냐?"라고 물으십니다. 사람은 그리스도에 대해서 어떻게 생각하느냐에 따라서 그 신앙이 결정되고, 또 그 움직이는 생의 방향이 결정되는 것입니다.

그리스도를 나사렛의 한 위대한 스승으로 보는 이가 너무나도 많습니다. 도덕을 아주 잘 가르치는 선생님, 혹은 누구보다도 하나님을 바로 가르치는 선생님, 심오한 진리를 평이하게 많은 사람에게 잘 표현하는 선생님, 한 위대한, 뛰어난 선생님으로 보는 경향이 많습니다. 그러나 예수 그리스도는 그 이상이십니다.

예수님은 나의 죄를 사하여 주시는 속죄의 주시며, 하나님의 독생자이십니다. 이 사실을 믿는 데서만 신앙은 시작이 되는 것이고, 이 신앙을 고백하는 데서만 사죄와 구원이 오는 것입니다.

우리는 우리 자신의 오랜 신앙의 연조를 생각하지만, 오늘 이 시간은 나의 중심과 나의 모든 정력을 기울여 베드로와 똑같은 신앙 고백을 할 수 있느냐 하는 재확인을 할 수 있기를 바랍니다. 그런데 예수님께서는 이 사실을 교회에 물어보지 않으십니다. 교파에 물어보지 않으십니다. 나 자신에게 물으십니다.

우리는 한 개인으로서 누구와 의논할 필요 없이 독자적이고 능동적인 견지에서 "주는 그리스도시요 살아 계신 하나님의 아들이십니다"라고 고백할 수 있어야 합니다.

흔히 많은 사람들이 바울의 증거에 의해서 그리스도를 논하고, 어거스틴의 간증에 의해서 말하고, 루터의 입증이나 칼빈의 교리나, 요한 웨슬리의 고백이나, 루터의 주장이나 이런 견지에서 그리스도에 대한 신앙 고백 비슷한 것을 논의하는 경우가 있습니다. 그러나 예수님께서 우리에게 원하시는 것은 그런 것이 아닙니다. 내 자신이 그리스도를 주로 모시는 참 믿음의 고백을 요구하십니다.

아마도 2천 년 교회의 역사가 그랬듯이, 오늘의 복잡한 현대에서도 가장 귀중한 신앙 고백은 "주는 그리스도시요 살아 계신 하나님의 아들이십니다"라고 하는 이 고백만이 최고의 신앙 고백이라고 생각합니다.

오늘 현대 교회는 교회 밖에 있는 많은 사람들에게 어떻게 보면 교리 전람회를 하고 있는 것 같은 인상을 주는 때가 많고, 신조경쟁을 하는 것 같은 때가 너무 많이 있습니다.

예수님께서 원하시는 것은 전체의 고백이 아닙니다. 우리 한 사람 한 사람을 향해서 "너는 나를 누구라고 하느냐?"라고 물으십니다.

우리는 이 아침에 우리 각자가 "내 심령의 붉은 죄를 깨끗하게 씻어 주시는 사죄의 주 그리스도시요, 하나님과의 중보자이신 살아 계신 하나님의 아들 예수님이십니다"라고 고백할 수 있기를 바랍니다.

또 한번은 예수님께서 제자들에게 "너희도 가려느냐?" 하고 물으신 때가 있었습니다.

역시 베드로가 "주여, 영생의 말씀이 주께 있사오니 우리가 누구에게로 가오리이까"(요 6:68)라고 대답을 하였습니다.

오병이어로 5천 명을 먹이실 때에 모든 무리들이 운집해서 예수님을 왕으로 모시려고 하자 예수님은 굳이 피하셨습니다. 그리고 그들에게 "썩을 양식을 위하여 일하지 말고 영생하도록 있는 양식을 위하여 하라 이 양식은 인자가 너희에게 주리니 인자는 아버지 하나님께서 인치신 자니라"(요 6:27)고 가르치셨습니다.

또 말씀하시기를 "나는 생명의 떡이니 내게 오는 자는 결코 주리지 아니할 터이요 나를 믿는 자는 영원히 목마르지 아니하리라"(요 6:35)고 말씀하셨습니다.

또 좀 더 이해하기 어려운 말씀을 하셨는데 "인자의 살을 먹지 아니하고 인자의 피를 마시지 아니하면 너희 속에 생명이 없느니라"(요 6:53)고 가르쳐 주셨습니다.

이 말씀을 이해하지 못한 대중들은 모두 자기들의 기대가 깨지고 실망이 되어 쓴웃음과 분노로 그리스도를 버리고 돌아갔습니다.

그때 거기에 소수 남은 제자들을 향해서 물으신 말씀이 "너희도 가려느냐?" 하는 말씀이었습니다. 이 말씀은 예수님께서 "다 가는데 너희만 남아 있느냐?" 혹은 애원하는 심정으로 그렇게 하시는 말씀이 결코 아닙니다.

어떤 분의 해석과도 같이 "너희도 갈 마음이 있느냐? 원하면 가라. 너희 마음속에 정말 여기 있어야 될 마음의 자세가 되어 있느냐? 그때에 있어라" 하는 강한 의미의 말씀입니다.

예수님께서는 자신의 생명을 전부 쏟아서 모든 생명들에게 주려 하시지만 대중들은 그 생명에 관심이 없었습니다. 다만 굶주린 육신의 떡만을 요구하다가 그것을 이루어주지 않는다고 해서 불만족한 마음으로 그리스도를 버리고 갔습니다.

오늘도 마찬가지라고 생각합니다. 많은 사람들이 교회를 찾아 들어옵니다.

"교회 안에 사회사업이 있느냐?"

"문화사업이 있느냐?"

"평화운동이 있느냐?"

"경제 정책이 있느냐?"

찾다가 그런 것이 없으면 교회는 죽은 것처럼 생각하고 다 나가 버립니다. 교회를 버리고, 그리스도를 등지고, 공산주의를 찾아가 보기도 하고, 쾌락주의를 좇아가 보기도 합니다. 또는 이기주의와 짝해 보기도 합니다.

그러나 기억하십시오. 예수 그리스도는 오늘도 우리 인간의 영성을 재생시킵니다. 우리의 영혼을 다시 살려주십니다. 우리에게 생명을 부어 주십니다. 또 예수님께서는 그를 믿는 신자의 영혼을 먼저 개조해 주시고, 지능도 개조해 주시고, 육체까지 새롭게 해 주십니다. 영원한 생명력을 시들어졌던 생명 속에 부어 주셔서 진정한 신자에게는 그리스도의 넘치는 생명이 약동하게 만드십니다.

그래서 탕자가 효자로 변하고, 강도가 성자로 변하고, 악인이 선인이 되고, 매일매일 살아가는 데 새로운 영역 속에 살게 해 주십니다. "너희도 가려느냐?"라는 예수님의 말씀을 통해 우리의 신앙생활의 중점이 어디에 있는지를 재확인합시다.

지역적이고 외곽적인, 별로 그렇게 중요하지 않은 데 우리의 관심을 둘 것이 아니라, 상하고 쓰러져 가는 나의 생명의 재생과 나의 영성의 새 생명을 얻기 위한 데 관심을 두어야겠습니다.

우리의 기도도 죽은 생명이 살아나기 위한 간절함이 있도록 합시다. 우리의 예배도, 우리의 교회 생활도, 하나님 말씀을 받는 우리의 태도도, 나의 시들어진 생명에 새 힘을 얻기 위함이라는 중심을 잃어버리지 말아야 하겠습니다.

그리고 지금 봉독한 말씀 요한복음 21장을 보니까 "요한의 아들 시몬아, 네가 이 사람들보다 나를 더 사랑하느냐?"라고 물으셨습니다.

이에 베드로는 "내가 주를 사랑하는 줄 주께서 아시나이다"라고 대답하였습니다. 그러자 예수님께서는 "내 양을 치라"고 부탁하셨습니다. 예수님께서는 회개하고 헌신하려는 사람에게 다른 것을 요구하지 않고 한 가지를 요구하시는데, 오직 사랑을 요구하십니다.

외국에서 있었던 일입니다. 믿음이 좋은 교회 청년 하나가 주일 오후에 공원 한쪽에서 예수님의 사적이 그려져 있는 큰 그림통을 갖다 놓고 아이들과 어른들을 막론하고 모여드는 사람들에게 전도를 하고 있었습니다. 많은 사람들이 모여들었습니다.

그중에 다섯 살 난 어린아이 하나가 누나를 따라왔습니다. 누나가 전도하는 말에 귀를 기울이고 있는 어간에 이 어린아이가 꽃을 꺾으려고 그 옆에 있는 절벽에 차츰차츰 내려가다가 그만 굴러떨어지고 말았습니다. 그 험한 벼랑에서 떨어져 내려가면서 그만 급류에 휩쓸려 내려가 버렸습니다. 고함소리에

깜짝 놀란 이 전도하던 청년이 뛰쳐 내려갔습니다.

어린아이는 물결에 휩쓸려서 보이지 않았습니다. 이 청년의 마음은 매우 초조해졌습니다.

"아! 이것 큰일 났구나. 나는 다시는 이 지방에서 전도할 수 없게 됐구나. 그리스도의 영광을 가리게 됐구나. 주여, 이 아이를 꼭 구원해 주시옵소서. 저를 대신 죽이시더라도 이 아이는 꼭 건져내 주시옵소서. 오, 주님이시여! 차라리 저를 죽여 주시옵소서!"

이 청년은 다급한 심정으로 기도인지 탄원인지 알 수 없는 호소로 하나님 앞에 기도하면서 물속으로 뛰어들었습니다. 그러는 동안에 아이의 부모도 달려오게 되었고, 그 근처에 구경 나왔던 모든 사람들이 운집하여 일대 소란이 일어났습니다.

이 청년이 아무리 찾아보았지만 급류에 휩쓸렸기 때문에 아이가 도무지 보이지 않았습니다.

청년 역시도 급한 물결에 휩쓸려 그냥 막 떠내려가는데, 한 15~16분이나 떠내려갔습니다. 70~80간(間) 멀리 저쪽까지 밀려 내려갔습니다. 그러나 그 어간에도 아이는 보이지 않았습니다. 때마침 맑은 물속에서 어린아이가 떠올라오는 것이 보였습니다.

청년은 재빨리 가서 급히 건졌습니다. 그러나 숨은 멎어 있었고 맥박도 뛰지 않았습니다. 미칠 듯이 그 아이를 흔들어 보았지만 감각이 없었고, 급히 물 밖으로 나와 인공호흡을 시켜 보았지만 숨도 돌아오지 않았습니다. 이마에는 상처 자국이 있었고 피가 흐르고 있었습니다.

이제는 더 이상 희망이 없다고 생각했지만, 그래도 포기하지 않고 다 죽은 아이를 안고 병원으로 달려갔습니다. 청년은 이 모든 상황이 너무 기가 막히고 터무니가 없었습니다. 이를 어떻게 하면 좋을지 알 수 없었지만, 그래도 최선을 다하고 싶어서 병원으로 달려가고 있는데, 한참 달려가는 도중에 이 아이가 "앙" 하고 울기 시작했습니다. 의식이 돌아왔습니다.

병원에 가서 치료를 받았습니다만, 의사 선생님 하는 말이 "이 아이가 살아났다고 하는 것은 정말 보기 드문 일로 놀라운 기적입니다. 아이가 떨어질 때 기절하지 않았다고 하면 물을 마셔서 익사했을 것이고, 또 심장이 멎지 않았다고 하면 출혈 때문에 죽었을 것입니다"라고 하면서 이 청년이 뛰어들어가지 않았다면 이 아이는 살아날 수 없었을 것이라고 하며, 의사도 감탄해 마지 않았습니다. 이 청년은 하나님의 구원을 다시 체험했습니다.

많은 사람들이 모두 몰려왔습니다. 그 아이가 다시 살아났다고 하는 사실을 보고는 모두 놀라고 그저 감격해하였습니다.

무엇보다도 한 어린아이를 위해서 자기의 생명을 던진 뜨거운 사랑, 그 사랑에 감복하여 그 어린 생명이 급류에 휩쓸렸음에도 불구하고 살아났다고 하는 이 기적적인 사실에 모두 경탄하면서 하나님께 영광을 돌렸습니다.

이후부터 청년은 그 지방에서 누구에게든 가장 신임받는 전도자가 되었습니다. 가장 다정하고 가장 놀라운 감화력을 가진 좋은 전도자가 되어 많은 사람들의 영혼을 구원해 냈다고 합니다.

그리스도를 향한 뜨거운 사랑만이 육과 영을 살리는 것입니다.

예수님께서 사랑하는 제자에게 마지막 물으시는 가장 중요한 질문은 "네가 나를 사랑하느냐?"입니다.

변화산에서

마태복음 17:1-8

마태복음 17장 1절을 보면 "엿새 후에 예수께서 베드로와 야고보와 그 형제 요한을 데리시고 따로 높은 산에 올라가셨더니"라고 기록되어 있습니다.

이 말씀 속에는 적어도 몇 가지 의아스러운 점이 있습니다.

첫째, 변화산 사실을 기록하면서 무슨 관계가 있었기에 '엿새 동안'이라는 시간을 밝혔는가 하는 점입니다.

둘째, 평소와 달리 가장 중대한 위기인데 왜 따로 높은 산에 올라가셨는가 하는 점입니다.

셋째, 열두 제자 중에 왜 세 사람에게만 변화 광경을 보여주셨는가 하는 점입니다.

그러므로 이 시간에 이 몇 가지 점을 생각하면서, 우리들의 큰 변화를 기대해 볼 수 있기를 바랍니다.

첫째로, 우리 생애 속에도 기록에 남을 만한 시간과 날을 많이 가지자는 것입니다.

마태복음 17장 1절에 "엿새 후에"라고 기록되어 있지만, 누가복음에는 "여드레쯤"이라고 되어 있습니다. 짐작하건대 '만 6일에다가 여덟째 날' 그렇게 된 기간 같습니다. 어쨌든 이 기간이야말로 베드로 사도와 다른 두 제자들에게 있어서 일생을 두고 잊을 수 없는 은혜의 시간이었던 것이 분명합니다.

베드로후서 1장 16-18절에 "우리 주 예수 그리스도의 능력과 강림하심을 너희에게 알게 한 것이 교묘히 만든 이야기를 따른 것이 아니요 우리는 그의 크신 위엄을 친히 본 자라 지극히 큰 영광 중에서 이러한 소리가 그에게 나기를 이는 내 사랑하는 아들이요 내 기뻐하는 자라 하실 때에 그가 하나님 아버지께 존귀와 영광을 받으셨느니라 이 소리는 우리가 그와 함께 거룩한 산에 있을 때에 하늘로부터 난 것을 들은 것이라"고 기록한 것을 보면, 이 엿새 동안에 일어난 이 사적이야말로 세 제자들의 일생에 잊을 수 없는 큰 인상을 남겨준 날이었던 것이 분명합니다.

예수님께서 변화산에 올라가셔서 영광을 나타내신 것은 제자들을 위해서 하신 것입니다. "그들 앞에서 변형되사"(2절)라고 기록되어 있습니다.

만약 예수님 자신에게 필요한 일이라 하면 40주야 광야에서 기도하실 때처럼 혼자서만 하셨을 것입니다. 분명히 제자들에게 보여주시기 위해서 하신 것입니다. 그런데 이렇게 중대한 사실을 보여주시는데, '6일 후에'라고 하며 이 날짜를 밝힌 것은 분명한 뜻이 있는 줄 압니다.

예수님이 조용한 가이사랴 빌립보 지방에 이르러 제자들과 대화하는 중에 "사람들이 인자를 누구라 하느냐?"라고 물으셨습니다. 그러자 베드로가 "주는 그리스도시요 살아 계신 하나님의 아들이시니이다"(마 16:16)라고 고백하였습니다. 그가 이런 귀한 증거를 할 수 있었다는 것은 그의 일생에 너무나도 귀한 축복입니다.

사람이 일생을 다 살고 50년이거나 90년이거나, 그 일생을 통해서 영원히 잊을 수 없는 가치 있는 날의 시간이 얼마나 되느냐가 문제일 것입니다.

가령 백 세를 살았지만 귀중하고 가치 있는 시간이 전혀 없다고 하면 그 생애는 가련한 생애일 수밖에 없습니다. 무엇 때문에 살았는가가 문제가 됩니다.

예수님께서는 삼십여 세밖에는 살지 않았습니다. 저는 어렸을 때에 예수님을 아주 나이 많은 노인으로 생각했습니다. 지금에 와서 생각하니 예수님은 너무 짧게 사신 분입니다. 그렇게 짧게 사셨지만 예수님의 일생은 너무나도 광채가 찬란한 날들이요, 빛나는 시간들이었습니다.

예수님의 소년 시절의 기록은 나와 있지 않습니다. 다만 열두 살 되셨을 때에 유월절을 지키러 예루살렘 성전에 올라가셨던 기록만 남아 있습니다. 그때 성전에서 묻기도 하시고 대답도 하시면서 성경을 연구하셨습니다.

어머니에게 "내가 내 아버지 집에 있어야 할 줄을 알지 못하였습니까?" 하고 고백했습니다. 예수님의 일생 중 빛나는 소명적 각오와 하나님을 영화롭게 하시려는 놀라운 의지로 불타오르고 있었던 것을 알 수 있습니다. 이날이야말로 영원히 잊을 수 없는 귀중한 날인 것입니다.

예수님이 세례받으신 곳은 한적한 조그마한 요단강변으로 별로 보는 이도 없었습니다. 그러나 하늘이 열리고 성령이 비둘기 모양으로 강림하였습니다. 또 하나님의 음성이 들리며 "이는 내 사랑하는 아들이라"고 말씀해 주셨습니다. 일생 중에 영원히 잊을 수 없는 중대한 순간입니다.

갈릴리 가나 혼인 잔칫집은 나사렛 동네에서 북쪽으로 고개를 하나 넘어가면 오른쪽에 있는 조그마한 마을입니다. 그 가난한 집에 포도주가 떨어졌을 때 물로 포도주를 만들어 주셨습니다. 그저 간단한 한 가지 사적입니다. 그러나 일생 잊을 수 없는 중요한 날임에 틀림이 없습니다.

산으로 들로 그리스도를 따르는 무리들에게 산상에서 해주신 산상보훈은 한마디 한마디가 피곤한 죄인들의 마음을 개조해 주는 영원한 생명의 말씀입니다.

모든 인생들이 쉽게 알아들을 수 있고 또 즐겁게 받을 수 있는 비유의 말씀들, 어느 것이나 모든 인생의 지침이 되는 생명의 말씀들이었습니다.

나인성 과부의 아들을 살리시던 날, 열 명의 나병환자들이 떼를 지어 돌아가던 때에 예수님에게 고침을 받던 순간, 남편을 다섯씩이나 갈아 치우면서 타락한 생활을 하던 사마리아 여인이 회개하고 구원 얻게 하신 날, 마가 다락방에서 마지막 성만찬을 잡수시던 그 순간, 십자가에 못 박히시고 부활하시고 승천하시던 날, 그 어느 날이나 어느 순간도 뜻 없는 시간이 없었습니다.

알고 보면 예수님의 삼십삼 년은 세계 몇 천, 몇 만 년을 장식하고도 남을 수 있는 빛나는 날들이었습니다.

파블로라고 하는 학자가 《곤충기》를 썼습니다.

그가 어떤 벌레를 시험해 보았습니다.

이 벌레는 4월경에 땅속에 들어가서 나비가 되기까지 행렬을 지어가는 버릇이 있는데, 그 벌레 하나를 화분 옆에다 갖다 붙여 보았습니다. 그러자 여드레 동안이나 뱅뱅 한길로 돌더니 굶어서 죽더라는 것입니다. 바로 옆에다가 그 벌레가 먹을 양식을 붙여 놓았는데도 그것마저 찾아 먹지 못한 채 뱅뱅 돌다가 굶어 죽어 떨어지더라는 것입니다.

우리 인간 생활이 아무 감격도 의미도 없는 생활이라고 하면 그저 뱅뱅 돌다가 떨어지는 곤충과 무슨 차이가 있겠습니까?

지난날 허송으로 보낸 시간들이 생각이 나십니까?

뜻 없이 보낸 날들이 생각이 나십니까? 어제와 미래는 결코 되풀이하지 말고, 우리들의 날과 시간이 가장 기록에 남을 만큼 감격스러운 생활을 해야 할 것입니다.

둘째로, 이 본문은 하나님과의 영적인 교제의 시간을 보여주고 있습니다.

근세 신학계는 종교가 세상에서 떨어져 있어서는 안 된다고 부르짖고 있습니다. 항상 세상과 함께 있으며 행동해야 된다고 주장합니다. 물론 이것이 그리스도의 정신입니다. 그러나 종교가 세상에 동화되어 버리면 안 됩니다.

높고 낮은 것이 도무지 없고 분별할 수 없을 정도가 되면 피곤하고 겉마른 세상이 되고 맙니다.

오늘 본문에 보니 예수님께서는 특별한 시간을 갖기 위해서 높은 산에 가셨습니다. 바로 6일간은 그리스도께서 십자가를 지셔야 할 각오가 되신 다음, 그것을 예고하신 다음이었습니다.

바리새인, 사두개인들이 그리스도를 증오하고 모함하고 있었습니다. 갈릴리 지방에도 손이 뻗쳐 있었습니다. 예루살렘 주변 역시 매우 삼엄하였습니다.

이때 예수님께서는 가장 조용한 곳을 택하여 가이사랴 빌립보 지방에 가셔서 하나님과 영적으로 깊이 교제하는 일을 하셨습니다.

평소에는 많은 환자, 가난한 자, 대중을 만나시다가 밤중이나 혹은 새벽녘에 한적한 곳을 찾아 하나님께 기도드리곤 하시던 예수님이었습니다. 그런데 마지막 위기 때에는 더 조용한 곳을 찾아가 기도하신 것입니다. 예수님께서는 십자가에 달리실 것을 미리 알고 말씀까지 하셨습니다.

그러나 아는 것과 힘과는 별개입니다. 예수님께서 이 일을 감당하기 위해서는 충분한 무장이 필요했습니다. 그리고 제자들은 십자가 이후에 위대한 사명을 감당해야 하기 때문에 이러한 신비와 놀라운 힘을 보여주셨던 것입니다.

변화산에서 그리스도가 변모하셨을 때에 모세와 엘리야가 함께 나타나서 서로 이야기하는 장면이 있었지요.

모세는 율법을 대표합니다. 하나님의 명령에 살고 죽은 사람입니다. 그런데 모세의 생활을 보십시오. 그는 위대한 힘을 발휘했습니다. 미디안 40년 기도생활과 호렙산에서 하나님의 음성을 들었습니다.

그리고 시내산에 올라가서 40주야로 두 차례씩 금식하며 기도하고 위대한 힘을 얻어서 백성들을 가나안 복지로 인도하였습니다.

엘리야도 마찬가지였습니다. 그는 예언의 대표일 수가 있고, 하나님의 명령에 살고 죽은 사람입니다.

위대한 인물입니다. 갈멜산상에서 바알신의 거짓 선지자들을 물리치고 머뭇거리는 백성들을 하나님께로 돌아오게 한 인물이었습니다. 아합 왕의 종교탄압정책에 맞서 싸울 뿐만 아니라 승리한 위대한 용사였습니다.

그런데 그도 호렙산에서 하나님의 세미한 음성을 들으며 기도로써 위대한 힘을 얻어 하나님의 뜻을 나타냈습니다.

옛날 이사야 같은 선지자는 성전에서 "제가 여기 있습니다. 저를 보내 주시옵소서" 하고 기도하는 중에 힘을 얻어 나아가서 하나님의 말씀으로 백성들을 위기에서 건져냈습니다.

다니엘은 포로가 되었지만 예루살렘으로 향하는 창문을 열어놓고 하루에 세 번씩 기도드리며, 사자굴에 들어가서도 상함을 받지 않을 정도의 능력을 얻어서 이방 땅에서 하나님의 영광을 많이 나타낸 인물입니다.

우리들의 신앙생활은 하나님과 영적으로 깊이 교제하는 생활에서 능력을 얻어야 승리합니다.

셋째로, 왜 세 제자에게만 변모하는 모습을 보여주셨는지 궁금합니다.

열두 제자에게 다 보여주시거나, 아니면 벳새다 들판의 굶주린 만 명이 웅성거릴 때 그 앞에서 변화를 하셨다면 더 많은 효과가 있지 않았을까 생각이 듭니다.

그런데 어찌하여 이 세 제자에게만 보여주셨을까요?

어떤 이는 예수님께서 특별히 사랑하셨기에 따로 보여주셨다고 설명합니다. 저는 그렇게 생각하고 싶지 않습니다. 예수님은 편애하시는 분이 아닙니다. 누구에게 보여주고 말고 하시는 분이 아니십니다. 여기에 중요한 점이 있습니다.

다른 제자들은 예수님의 변화를 볼 만한 신앙의 준비가 부족하였다고 생각이 됩니다. 우리 눈으로 물체를 보지만 색맹인 경우에는 색깔 분간이 되지 않습니다. 틀림없이 같은 물체인데도 파란 것을 까만 것으로 볼 수가 있습니다.

실망 중에 엠마오로 내려가던 두 제자는 온종일 부활하신 예수님과 동행하면서도 예수님인 줄 모르고 지났습니다. 황혼녘에야 비로소 겨우 깨달아 알아보았습니다.

사울은 핍박의 길 다메섹 도상에서 부활하신 예수님이 친히 나타나 "사울아 사울아 네가 어찌하여 나를 핍박하느냐?"라고 말씀하실 때에 "주여, 뉘시옵니까?" 하며 꿇어 엎드려 회개했습니다.

그러자 주님은 "네가 핍박하는 예수라"는 음성으로 다 가르쳐 주셨습니다.

사울이 회개하고 그리스도를 위해 헌신하는 역사적인 큰 놀라운 변환점이 된 순간입니다. 그는 한마디도 놓치지 않고 그대로 실행했습니다.

그러나 같이 가는 동행자는 무슨 말인지 알 수 없는 소리만 좀 들렸다고 했고, 아무것도 보지 못했고 우두커니 서 있었다고만 했습니다.

종교적인 색맹이 있을 수가 있습니다. 분간을 하지 못할 수가 있습니다. 아무리 아름다운 색깔이라도 엉뚱하게 해석할 수가 있습니다. 비록 그리스도의 찬란한 변화, 모세와 엘리야가 나타났어도 바로 보지 못할 수도 있다는 말씀입니다.

베드로는 이때까지만 해도 장막 셋을 지어서 하나는 주님께, 하나는 모세에게, 하나는 엘리야를 계시게 하겠다고 해서 예수님을 또 한 번 실망시키기도 하였습니다.

그러나 산 교훈으로 변화 받은 이 세 제자는 놀라운 새 변화를 받았습니다.

야고보는 최초의 순교자로 복음을 세계 열방에 퍼뜨리게 하는 거름이 되었고, 베드로는 명실상부한 사람의 생명을 건져내는 어부가 되었으며, 요한은 위기 속에서 1세기가 넘을 때까지 당시 세계의 목회에 가장 중추적인 인물이 되었습니다.

사실 우리 인간들은 평범한 생활, 그저 낮은 자리에서 생활하기가 더 쉽습니다. 그러나 우리는 보다 높은 위치에서 하나님의 뜻을 나타내기를 힘쓰며 살아야 합니다.

어떤 이는 1차원, 2차원, 3차원 십자가로 나누고 변화된 3차원의 생활을 하라고 역설합니다만, 저는 그 이상 세계의 복음을 전파하는 4차원, 5차원의 생활을 하고 싶습니다.

그런데 우리에게 가장 요구되는 것은 바로 예수 그리스도로 말미암은 근본적인 변화에서 오는 새로운 능력을 힘입어야 한다는 것입니다. 그래서 때를 얻든지 못 얻든지 복음을 전파하는 위대한 사명을 다할 때 인생의 참 의의가 있는 것입니다.

저 뵈는 본향 집

요한계시록 21:1-8

아주 오래전에 있었던 이야기입니다.

중국 남쪽에 있는 마카오라고 하는 상업 도시의 한 중국인 여관 2층에서 도박꾼들이 모여 도박도 하며 술을 마시고 있었습니다. 그런데 25세가량 된 한 미국 청년이 의자 뒤로 기대면서 문득 생각하지도 않았던 찬송가를 불렀습니다.

> 저 뵈는 본향 집 나날이 가까워
> 내 갈 길 멀지 않으니 눈앞에 보인다
> 더 가깝고 더 가깝다
> 그리운 나의 본향 집 가까운 곳이다

청년은 주변 사람들을 전혀 의식하지 않은 채 도취한 듯이 노래를 불렀습니다.

> 내 주의 집에는 거할 곳 많도다
> 그 보좌 있는 곳으로 가까이 가리라

더 가깝고 더 가깝다
그리운 나의 본향 집 가까운 곳이라

도박하던 사람들이 모두 놀라서 청년을 물끄러미 바라보았습니다.

중년 신사 한 분은 벌떡 일어나더니 손에 든 투전장을 테이블 위로 내던지면서 “자, 이것으로 나의 도박은 끝이다. 다시는 투전장을 내 손에 잡지 않을 테다” 하면서 도박하여 얻은 100불도 돌려주며 그 시간부터 신자가 되어 독실한 신앙생활을 하였다는 것입니다.

이 상황을 그 방에서 지켜본 사람이 바로 콘웨일이라는 여행자였는데, 후에 미국 필라델피아시의 침례교회 목사가 되었습니다.

“본향 집 날마다 가까워라” 이 찬송은 아직 죄악에 깊이 취한 사람에게 인생의 무상함을 깨우쳐 줍니다. 그리고 역경 중에 신앙생활을 하는 신자에게는 더욱 미래의 소망을 확실하게 해 줍니다.

우리 인생은 본향 집을 향해 가는 나그네길임에 틀림이 없습니다.

지구상에 현존하고 있는 70억이 넘은 인구 중에 1년 동안에 약 8천 만 명이 세상을 떠납니다. 알고 보면 1초 사이에 2명가량이 가고 있습니다. 우리가 예배드리는 이 시간에도 약 1만 명의 사람이 돌아올 수 없는 죽음의 길로 가고 있습니다. 아니 우리들의 인생길도, 세계의 역사의 날도 저물어 가는 것이 사실입니다. 어떤 분의 말처럼 똑딱똑딱하는 시계 소리는 2명씩 죽어 간다는 것을 알리는 소리인데, 어느 때인가는 그 똑딱 소리와 함께 나도 가게 될 것입니다.

“더 가깝고 더 가깝다.
그리운 나의 본향 집 가까운 곳이라”

그러므로 우리 각자가 본향을 향해 가는 준비를 바로 해야 합니다.

먼저 꼭 있어야 하는 것은, 내가 맡은 하나님의 일을 최선을 다해 감당해야 합

니다.

스페인의 격언에 "'그런 중에' 하다가 늦었다는 도성에 이르게 된다"고 하는 말이 있습니다. 하나님은 이 우주를 창조하시고 섭리하시며 모든 것을 뜻대로 운행하십니다. 그런 중에 우리 인류 속에 하나님의 뜻을 이루고자 하실 때에는 꼭 사람을 쓰십니다.

이 우주 안에 가장 중대한 사업이라고 할 수 있는 구령사업은 천사들을 사용하지 않으시고 사람인 선지자를 사용하십니다. 특히 독생자 예수님을 사람의 몸을 입고 세상에 오게 하셔서 하나님의 뜻을 전하며 이루게 하셨습니다.

하나님께서는 어느 시대에나 그분의 뜻을 이루기 위하여 쓸 만한 사람을 찾으십니다. 만약 우리가 하나님의 부르심을 입어 그 자녀로서 하나님의 일을 할 수 있다면, 이는 인간으로서 가장 영광스러운 일이고, 놀라운 특권이요, 성도의 마땅한 의무로서 최선을 다해야 할 것입니다.

그런데 사명감조차 없어서 '그런 중에 그런 중에, 차차 차차, 글쎄올시다 글쎄올시다' 하는 길을 걸어가다가 늦었다는 도성에 도착하고 만다면, 이보다 어리석고 헛된 인생은 없을 것입니다.

이사야 선지자는 나라의 간성(干城)이라고 할 만큼 큰 인물이었습니다. 그러나 그가 당시 가장 지혜로운 사람이었다고 생각하지 않습니다. 그보다 머리 좋은 사람이 많이 있었을 것입니다. 그가 당시에 가장 학문이 뛰어난 사람이었다고도 생각하지 않습니다. 그보다 학식이 높은 사람들이 얼마든지 많았을 것입니다. 그럼에도 불구하고 이사야가 가장 위대한 일을 할 수 있었던 것은 하나님께서 부르실 때에 "주여! 제가 여기 있나이다. 저를 보내 주소서" 하는 그의 순종하는 태도를 보시고 하나님께서 그를 크게 사용하셨던 것입니다.

말하자면 마음으로부터 하나님의 일을 하고자 하는 헌신의 태도입니다. 하나님의 일을 하고 싶은 마음조차 없는 사람을 억지로 사용하시는 예는 없습니다.

이 태도는 절대복종의 태도입니다.

하나님께서는 온전히 복종하는 사람을 사용하시는 것입니다. 복종의 정도

만큼 하나님의 일을 맡기십니다. 베드로, 요한, 야고보, 루터, 칼빈, 길선주, 주기철, 손양원 같은 하나님의 위대한 종들을 보면, 이들은 참으로 어리석을 만큼 하나님의 뜻에 절대복종한 사람들이었습니다.

"들에 가라" 하면 들에 갔습니다.

"산에 가라" 하면 산에 갔습니다.

"바치라" 하면 다 바쳤습니다.

"지키라" 하면 목숨을 걸고 힘써 지켰습니다.

"헌신하라" 하면 송두리째 다 헌신했습니다.

"끊으라" 하면 완전히 끊었습니다.

"좇아라" 하면 결단을 내려서 좇은 사람들이었습니다.

하나님의 뜻에 온전히 복종하는 데서 위대한 힘을 발휘하는 것입니다.

그리고 이사야는 먼저 회개했습니다.

"내 입술이 더럽습니다", "더러운 세상에 살고 있습니다"라고 고백했을 때 숯불로 깨끗하게 해 주셨습니다.

흔히 우리 자신이 깨끗하지 못하고 생활이 불결해지면 하나님의 일을 열심히 하지 못하게 됩니다. 비록 종교적인 일을 전문으로 삼는 바리새인, 제사장, 교법사들일지라도 불결해져 있을 때는 그들을 버리시고, 무학 천민이지만 자기들의 죄를 깊이 회개할 줄 아는 갈릴리 어부들과 세리 출신들까지라도 제자로 삼으셨습니다.

회개하는 사람이야말로 하나님의 일을 해나갈 수 있습니다.

그리고 하나님의 일을 가장 위대하게 한 바울 사도는 부르심을 입어 전도하기 시작하여 20년이 지났을 때 고린도서를 기록했는데 "나는 사도 중에 지극히 작은 자라"고 했습니다.

3년이 더 지난 후에 기록한 에베소서를 보면 "모든 성도 중에 지극히 작은 자보다 더 작은 나에게 이 은혜를 주셨다"라고 고백하고 있습니다.

그리고 훨씬 나중인 만년에는 디모데서에 "죄인 중의 괴수라"고 자기를 표현했습니다. 갈수록 낮아지고 겸손해졌습니다. 권위를 가질수록 부족과 무능을 깨달았습니다. 하나님께서는 겸손한 자에게 은혜를 내려주시고, 더 위대한 사역을 하게 하십니다.

금년도에 여러분은 하나님의 일을 얼마나 성실하게 바로 잘하셨습니까?

> "저 뵈는 본향 집 나날이 가까워
> 내 갈 길 멀지 않으니 눈앞에 보인다.
> 더 가깝고 더 가깝다.
> 그리운 나의 본향 집 가까운 곳이라."

이 해의 마지막과 함께 나의 생의 마지막도 생각하면서 후회되지 않도록 최선을 다하여 하나님의 일을 해야 할 것입니다. 새해야말로 보다 더 놀라운 하나님의 일을 할 수 있는 새 출발의 시간이 되어야 할 것입니다.

본향에 가는 사람에게 가장 중요한 것은 용서라는 것도 생각합시다.

우리가 들을 수 없어서 확실히 알 수 없지만 아마도 세상을 떠난 신자들이 가장 많이 후회하는 말은 "내가 세상에 있을 때 남의 잘못을 왜 풀어 주지 않았던고!" 하는 탄식일 것입니다.

용서는 신앙생활에 있어서 가장 중요한 요소입니다. 용서하는 마음을 가지고 살아가는 사람은 소극적인 면으로도 남을 평론하거나 비판하지 않습니다.

마태복음 7장 3절을 보면 예수님께서 "어찌하여 형제의 눈 속에 있는 티는 보고 네 눈 속에 있는 들보는 깨닫지 못하느냐"고 말씀하셨습니다. 자기를 바로 알지 못할 때 남을 평가하기 쉽다는 말씀입니다.

한국 속담에도 "제 흉 열 가지 가진 사람이 남의 흉 한 가지 본다"는 말도 있습니다. 평가라고 하는 것은 꼭 필요하지 않다는 것을 의미합니다.

그리고 이 평가는 매우 무서운 결과를 가져옵니다. 사랑을 자꾸 메마르게 합니다. 그다음엔 자기에게 이익을 주는 욕심의 지배하에서만 뛰게 만듭니다. 그다음엔 미워하는 마음을 자꾸 증폭시킵니다. 그다음엔 잘못된 판단으로 심판을 해버리고 맙니다. 그다음엔 스스로 자고한 자리에 올라서게 됩니다.

그리고 "그 형제를 미워하는 자마다 살인하는 자니 살인하는 자마다 영생을 그 속에 거하지 아니하는 것을 너희가 아는 바라"(요일 3:15)고 한 말씀대로, 살인이 아니라 살인을 할 수 있는 결과가 오고, 자기도 남도 파멸시키는 일이 하게 되는 것입니다. 용서하는 마음을 가지고 사는 사람은 비판이나 평가가 아닌 그와 다른 삶을 살아가야 합니다. 적극적인 면으로 생각한다면, 무조건적이고 무제한적으로 용서하는 생활이고, 누구와도 화해하는 생활입니다.

매우 상심해 있던 어떤 감독이 프랜시스 디셀스 씨를 찾아갔습니다.

"어떤 형제가 터무니없는 험담으로 나의 명예를 무너뜨렸습니다. 억울합니다."

그분이 하는 말이 "당신 말은 모두 진실이고 사실입니다. 사실이라고 하면 불쾌할 것입니다. 그러나 한 가지, 또 한 면이 있음을 생각하십시다"라고 했습니다.

"아니, 또 한 가지 면이란 상대방이 꼭 옳다는 말씀입니까?"

"아니오. 너와 내가 옳고 그른 것보다, 이런 일이 당신에게 일어나서 그런 소문이 들리게 하나님께서 허락하신 까닭은 좀 더 중요한 것을 가르치시려고 하시는 것입니다. 당신에게 명예보다 더 귀한 것, 즉 남에게 어떤 말을 듣든지 입을 다물고 침묵을 지키는 일을 훈련시키려고 이런 일이 일어나게 해 주신 것입니다. 당신은 아직 이 과목을 잘 배우지 못한 것은 아닌지 생각해 보십시오."

감독은 그 이야기를 듣고 나서 깊이 깨닫고, 기쁜 마음으로 잘 참으면서 오히려 하나님을 찬미했다는 것입니다.

구약의 요셉은 자기를 애굽으로 팔아 버린 형제들을 용서하고 그들과 화해했습니다. 예수님께서는 핍박으로 인해 애굽으로 피난 가시는 일로 시작해서 십자가로 생을 마치셨는데, 오히려 그 죄인들을 위해서 십자가를 지셨고 마지막에는 용서와 기도로 끝을 맺으셨습니다.

이다음 우리가 세상을 마치고 하나님 앞에 설 때 "너는 네 형제의 죄를 다 용서했느냐? 형제와의 갈등을 다 풀었느냐?"라고 물으실 것입니다. 그때 우리가 "네" 하고 대답할 수 있을지, 이 해를 마치기 전에 다시 한번 생각해 봅시다.

"더 가깝고 더 가깝다.
그리운 나의 본향 집
가까운 곳이라"

우리가 본향 집을 향하는 데 절대적으로 중요한 것 한 가지가 있습니다. 어느 분이 말하기를 인생길에는 3등급의 기차가 있다고 했습니다.

1등급에 속하는 사람은 십자가의 표를 받고 구원의 확신 속에 사는 사람, 2등급에 속하는 사람은 구원은 분명히 모르지만 구원받기를 원하는 사람, 3등급에 속하는 사람은 구원받지 못했을 뿐만 아니라 구원받고자 원하지도 않는 사람이라고도 했습니다.

3등급에 속하는 분은 우리 중에는 한 사람도 없을 것을 믿습니다. 구원을 받고 싶고 구원을 받아야 할 줄 압니다.

그러나 아직 십자가의 표를 받지 못하고 있는 2등 찻간에 머물러 있지는 않은지 살펴야 할 것입니다. 언젠가 기차가 막 출발하여 차가 움직일 때에 간신히 달려 올라온 한 승객이 아주 숨가쁘게 땀을 뻘뻘 흘리면서 하는 말이 "하루 벌었다, 참 다행이다" 하고 만족해하는 것을 볼 수 있었습니다.

아마도 이 승객은 그 차를 타지 못하면 부득이 다음 날에 갈 수밖에 없었던 것 같습니다. 경우에 따라서는 하루 정도가 아니라 일생을 손실 받아야 할 것입니다.

이 해를 마치는 이 시간 우리의 신앙생활을 재확인합시다. 단 1초도 늦지 않게 예수 그리스도 앞에서 십자가의 표를 받고 구원의 확신 속에서 살아갑니다.

"저 뵈는 본향 집 나날이 가까워

내 갈 길 멀지 않으니 눈앞에 보인다.
더 가깝고 더 가깝다.
그리운 나의 본향 집 가까운 곳이라."

우리 함께 전진합시다.

기도의 능력

사도행전 2:1-4

대로마제국이 8세기 말에 무너졌습니다. 그 후 2-3세기 어간의 유럽을 역사가들은 암흑시대라고 부릅니다. 이때부터 침체와 무지와 어두운 죄악이 뒤덮이는 중세가 펼쳐졌습니다.

17세기에 이르러서는 생기를 잃은 종교가 권리를 위해서 30년 동안이나 전쟁을 해 가면서 무수한 피를 흘렸고, 많은 시체를 쌓았습니다.

그런데 18세기에 신앙 부흥을 일으킨 운동 세 가지가 있습니다. 그 하나는 퀘이커이고, 또 하나는 영국을 중심으로 한 옥스포드 운동이며, 다른 하나는 모라비아 형제단이라 할 수 있습니다.

후일 모라비아 형제단의 지도자로서 훌륭한 역사를 발휘한 진젠돌프 같은 이는 그 누구와 비교할 수 없을 만큼 훌륭한 모범적인 그리스도인이라고 생각됩니다.

그는 신성로마제국의 백작의 집에 태어났지만 생후 6주 만에 아버지가 병사했고, 어머니는 개가해서 떠나게 되었기에 할머니 손에 자랄 수밖에 없었습니다.

다행히 할머니 캐서린은 시인, 화가, 음악가라고도 할 만큼 다재다능한 훌륭한 분이었습니다. 또한 조직 신학에 깊은 지식을 가졌고, 히브리어나 헬라어의 성경을 능통하게 잘 읽을 수 있는 교양 있는 신앙 부인이었습니다.

그는 어렸을 때 할머니의 영향으로 좋은 신앙을 얻게 되었습니다. 진젠돌프는 아직 나이가 어린 여섯 살 때부터 자기 혼자 골방에서 조용히 기도했으며, 어느 때는 황제의 군인들이 쳐들어와서 말할 수 없는 전쟁 상태에 돌입했을 때도, 어린 진젠돌프는 자기 혼자 조용히 기도방에서 기도를 드릴 수 있었습니다.

그는 소년기에 기도 그룹을 만들어 부단히 계속해서 기도하며, 성경 말씀을 봉독하는 생활에 힘썼습니다. 또한 신학과 법률학, 철학, 과학 등 다방면에 걸쳐 두루 공부를 했습니다. 그는 수재적인 두뇌로 뛰어난 성적을 가진 학도였습니다. 그러면서도 그의 생활은 아침 6시에서 7시, 밤 8시에서 9시, 그리고 밤 9시 45분에서 10시까지 매일 기도했다고 합니다.

그는 자주 철야기도를 했습니다. 금요일에는 안식일로 정하고 오로지 하나님 앞에 기도에 힘썼다고 합니다.

자기만 아니라 '겨자씨 모임'이라고 하는 그룹을 만들어서 "그리스도의 교훈과 진리를 지키며 행동한다. 이웃을 사랑한다. 타인의 행복을 추구한다. 세속적인 안일을 배제하고 버린다. 사람들을 그리스도에게로 인도해서 회개하고 구원받을 수 있도록 힘쓴다"를 모토로 정하고, 회원들은 모두가 "자기를 위하여 살지 않는다"고 하는 뜻의 헬라어가 조각된 반지를 끼고 십자가와 교자비 나무를 가지고서 신앙 운동에 부단히 힘을 썼습니다.

그런데 이 멤버 중에 위대한 인물들이 많이 배출되었습니다. 진젠돌프는 아직 약관인 젊었을 때에 모라비아 교단의 대표가 됐습니다만, 그가 전 세계에 끼친 영적인 위대한 생명 운동은 영원히 사라지지 않을 놀라운 역사였습니다.

1970년 2월 3일 화요일 오전 10시, 미국 아즈베리 대학의 약 천여 명의 학생들이 예배에 참석하기 위해서 휴즈 강당에 모였습니다. 예배를 인도하던 설교자가 그날은 특별히 자기가 받은 은혜를 간단히 그러나 간곡하게 간증했습니다.

그리고 학생들에게 "아무라도 좋으니까 자신이 받은 은혜를 간증하려면 앞으로 나와서 얘기할 수 있다"라고 시간을 주었습니다.

이 학교는 종교적 경건의 분위기가 가득 찬 학교로서 길 하나 사이에 신학교와 대학이 한 캠퍼스 안에 있는 아주 모범적인 크리스천 학교였습니다.

가끔 예배시간에 이렇게 간증하는 순서를 가지는데, 그날도 여느 때와 다르지 않았습니다. 몇몇 학생이 나와서 자신이 받은 은혜를 나누고, 또 자기가 느끼는 대로 간증했습니다.

그런데 졸업이 가까운 어느 악명 높은 반항적인 대표 학생 하나가 나와서 이런 고백을 했습니다.

> "나는 하나님이 나에게 무엇을 해 주었는가를 말하기 위해서 여기 서려고는 생각해 본 일이 없었습니다. 그러나 예수 그리스도는 저를 만나 주셨습니다. 저는 지금까지와는 완전히 딴판의 사람이 되었습니다. 지난번 성령께서 저에게 임하셔서 제 생명의 충만함을 체험하게 해 주셨습니다. 저는 비로소 회개와 구원, 사죄의 은총, 그리스도인이 되었다는 깊은 감격으로 가득 차게 되었습니다. 저는 무슨 일이 있더라도 또다시 어제까지의 잘못된 나의 삶으로 돌아갈 수 없습니다."

그 시간에 모였던 전 학생들에게 이상한 감동이 뜨겁게 느껴졌습니다. 이제 예배시간을 마치게 되었습니다.

한 교수께서 "여러 학생들이 많은 감명을 받았는데 예배를 마친 후에 더 기도하고 싶은 학생이 있으면 이 단 앞에 나와서 여기서 기도하고 가라"고 얘기를 했습니다.

예배를 마쳤는데도 학생들은 한 사람도 움직이지 않고 강당 앞으로 모여들어 기도하는 학생, 회개하는 학생, 찬미하는 학생, 통곡하고 가슴을 치는 학생으로 가득 찼습니다.

학생뿐만 아니라 교수들까지 그칠 줄 모르는 감격과 은혜의 도가니가 되어버리고 말았습니다. 그래서 "부득이 수업을 중지한다" 하는 발표를 하게 되었습니다.

저녁때까지 계속해서 그런 상태로 자리를 뜨는 사람은 없었다고 합니다. 식사하러 가는 학생 몇이 있었지만 밤이 되니 1,550개의 좌석이 모두 만원이 되었을 뿐만 아니라 통로까지 가득 차게 되었다고 합니다.

이렇게 하나님 앞에 마음의 문을 열어놓고 감격에 벅차서 기도하며 신앙고백하는 일이 185시간 계속되었다고 합니다. 2월 10일 그러니까 한 주간이 되었을 때 대학 당국은 수업을 재개한다고 발표했습니다.

그런데 수업하면서도 강당 전등을 1개월 동안 밤낮 끄지 않았다고 합니다. 학생, 교수는 물론이지만 이 소식을 듣고 다른 지역에서 온 그리스도인과 비신자까지 기도하기를 그치지 않았다고 합니다.

신문과 라디오, 텔레비전, 주간지, 월간지 등 각종 매스컴에서 이 일을 미국 전역에 보도했습니다. 그리고 5월 말까지 그 대학과 신학생들이 팀을 짜서 2천 명에 달하는 불붙은 학생들이 전 미국 각처에 다니면서 간증을 했다고 합니다.

그들이 간 곳마다 히피족이나 운동선수, 불량 학생이 회개하고 헌신하는 운동, 차가워졌던 마음이 뜨거워져서 변화를 일으키는 놀라운 일들이 계속 일어나게 되었고, 교회에서는 요일을 가리지 않고 모이게 되었으며, 또 기도 그룹들을 조직해서 각 대학 기숙사는 물론 각 가정에서도 기도 소리가 이어지게 되었고, 성경을 연구하는 모임을 아주 활발하게 가지게 되었다고 합니다.

남쪽의 캔자스와 북쪽의 캐나다에 이르기까지 이 놀라운 변화의 운동은 더 멀리 퍼져 나갔으며, 25개 신문사와 25개 주간지, 월간지가 이 일을 계속 보도했고, 130개 대학과 신학교가 그 영향을 받았다고 합니다.

이렇게 놀라운 신앙 대운동이 아즈베리 대학에서 일어나게 된 까닭이 무엇입니까? 그곳에서는 모두가 전적으로 하나님께 목표를 가지고 정성스럽게 "미국을 살려 주시옵소서, 세속화하는 사회를 개조하여 주시옵소서, 이 말세에 죄악된 세상을 놀랍게 변화시켜 주시고 새로운 사회로 건설시켜 주시옵소서" 하고 한 생명의 구원을 위해 계속 기도해 왔다는 것입니다. 매일 아침 30분씩 그룹별로 기도하였다고 합니다. 그것이 마침내는 계획되지 않았던 어느 시간에 폭발하면서, 마침내는 미국 전역에 참으로 위대한 신앙의 불길로 번졌다고 하는 것입니다.

기독교 역사, 아니 죄로 타락한 인간 역사 속의 위대한 변화와 구원, 그리고 생명의 운동은 태초에 오순절 마가 다락방에서부터 오늘에 이르기까지 그리스도가 명하신 대로 기도하는 데서부터 있었다고 하는 것을 잊지 말아야 합니다.

신학자 휫필드는 이런 말을 했습니다.

> "최악의 죄는 기도하지 않는 것이다. 숨길 수 없는 죄, 혹은 무서운 범죄, 우리를 놀라게 하는 그리스도인들의 언행 불일치의 모든 불미스러운 죄는 다 기도하지 않는 데서 오는 결과이다."

이스라엘 민족의 정신적이고 실질적인 지도자였던 사무엘 선지자는 "나는 너희를 위하여 기도하기를 쉬는 죄를 여호와 앞에 결단코 범하지 아니하고"(삼상 12:23)라고 구하고 있습니다.

유명한 G. 감벨 몰간 목사는 말하기를 "우리는 대부흥을 계획할 수는 없다. 그러나 하나님께서 그 백성 위에 다시 바람을 보내실 때, 돛을 높이 펴고 하늘로부터 바람을 맞을 수는 있다"라고 말하고 있습니다.

하나님은 우리 각 개인과 가정과 그리고 귀히 여기시는 국가, 사회, 교회에 성령의 강한 바람을 일으켜 주시려고 계획하시는 것입니다.

이제 우리는 기도의 돛을 높이 달아야 합니다.

기도 없는 세계는 기계적인 시대가 되어버립니다. 무생물 세계가 되어버립니다. 설혹 생명을 가졌더라도 육적 생명밖에는 움직이지 못하는 암흑시대가 되는 것입니다.

예수님께서 세상에 오셔서 우리 인생들에게 가르치신 것 가운데 중요한 것이 바로 이 기도입니다. 예수님께서는 결코 하나님에 대해서 명상을 하였다든지 연구를 하였다든지, 또 그렇게 해서 설명을 하거나 가르치시는 일이 전혀 없었습니다.

살아 계신 하나님과 언제 어디서나 직접 영적인 교제를 하며 살아가신 그 생활을 보여주셨고, 증거하셨을 뿐입니다. 예수님께서 몸소 하늘 문을 열고 기도의 길을 터놓으신 다음에 사랑하는 제자들과 뭇 신도들에게 “기도하라”고 명령을 내리셨습니다.

분부대로 마가 다락방에서 기도하던 120명의 각 사람 머리 위에 약속하신 성령이 임하게 되었고, 이 큰 응답을 받은 중에 지금까지 상상할 수 없었던 새로운 세계가 전개되었습니다.

마가 다락방의 형상, 그 이후 우리 교회 역사는 놀라운 변화의 기적이 나타났음을 기독교 역사를 통해 익히 알 수 있습니다. 불신앙의 사람들이 뜨거운 신앙의 사람으로, 미움과 갈등으로 피 흘리던 사람들이 원수가 없어지는 참된 사랑의 사람으로, 자기만 이롭게 하겠다고 하던 정신이 이기적이고 생활이 무능하던 사람들이 권능과 지혜와 능력의 사람으로, 바탕이 악해져 있던 사람들이 놀라우리만치 선한 사람으로 개조가 됩니다.

진리와 복음을 겨우 받기만 하던 사람들이 국경을 넘어 종족을 초월해서 어떠한 핍박 가운데서도 복음을 전하지 않고서는 못 견디는 존재들로 변했습니다.

옛날 아하수에로 왕의 마음이 에스더와 유대인들의 금식 기도로 인하여 선량하게 변화를 받아서 유대인을 학살하려고 하던 계획을 취소한 일을 알고 있습니다.

로버트 에반스의 기도회가 웰스 탄광의 모든 술집 주인들의 마음을 개조해서 추한 생활을 다시는 하지 않겠다고 결심하게 하고 폐업을 하는 동시에 모두 개조된 역사도 있습니다.

오순절 성령의 강한 역사가 일어나자 하루에 3천 명씩 자기의 옛 생활과 잘못된 생각을 회개하고 새 생활로 돌아가는 변화를 경험하게 되었습니다.

약하던 교회가 양적으로 질적으로 발전해 나가면서 흥왕하는 교회가 되었습니다. 어둡던 사회가 참으로 이상형으로 개조가 되어 나아가는 변화를 입게 되는 것입니다.

기도는 변화를 가져오는 기적의 능력이 있습니다.

또 하나님께서는 기도하는 사람을 찾으신다는 것을 잊지 마십시오. 달이라든지, 해라든지 모든 천체의 자연 만상, 춘하추동의 막대한 계획과 운행이 하나님의 섭리 속에 있습니다.

그러나 그런 것보다 훨씬 깊이 근본적으로 관심을 가지시는 것은, 하나님 자신의 능력을 부어주셔서 이 인간사회 속에 위대한 하늘나라를 건설하시려고 하는 경륜입니다. 그래서 하나님께서는 언제나 그 시대에 전심으로 여호와를 향하여 찾는 자를 두루 살피신다고 했습니다.

레이온 모리스 박사는 "우리는 나의 모든 말을 기도의 말로 할 수는 없다. 그러나 나의 모든 날을 기도의 영 안에서 보낼 수 있다. 즉 나의 존재, 나의 소유, 나의 전부를 하나님께 맡기고 하나님의 뜻대로만 살아갈 수 있다. 그것이 곧 기도의 말로 표현되는 것이다"라고 했습니다.

라이풋트 주교는 "기도의 본질은 입술을 움직이는 것이 아니라 마음이 하나님 앞까지 올라가는 행동이다"라고 했습니다.

하나님께서 찾으시는 사람은 때와 장소를 초월해서 일의 크고 작음을 가리지 않고 마음을 송두리째 바치며 하나님을 의뢰하는 기도의 사람입니다.

1세기에 큰 변화를 일으킨 사도 바울을 보면 그는 항상 기도 생활을 했습니다. 사도행전에 바울의 기도가 11개 나오고, 그가 기록한 서간 속에 32번이나 나오고, 그 밖에 축도가 24~25번 나오고 있습니다. 바울은 어디서든지 또 어느 시간에나 무슨 일을 하든지 하나님의 뜻 안에서 기도하는 사람이었습니다.

시편 42편 1절을 보면 "하나님이여 사슴이 시냇물을 찾기에 갈급함같이 내 영혼이 주를 찾기에 갈급하니이다"라고 말하고 있습니다. 마치 광맥을 발견한 광부가 광산을 발굴하듯이, 어마어마하게 놀라운 은총을 발견한 그리스도인들이 목마른 간절함을 가지고 하나님 앞에 기도하는 생활이 바로 이 시대에 하나님께서 바라시는 그리스도인들의 모습이라는 것을 기억하셔야 합니다.

이 시간 우리 다 함께 기억합시다.

고난과 역경 속에서 기적을 보여주시는 하나님께서는 한국에서 기도하는 사람을 찾으십니다.

기도하는 아버지, 기도하는 어머니, 기도하는 어린이들, 기도하는 학생들, 기도하는 군인들, 기도하는 기술자, 기도하는 학자, 기도하는 정치인, 기도하는 과학자, 모두가 기도하는 사람들이 될 때 우리들의 주변은 초기 그리스도인들의 사회와도 같은 변화의 기적이 옵니다. 하나님께서 하시는 위대한 역사를 체험할 수 있습니다.

모든 그리스도인들은 두 사람 이상 모이면 기도할 줄을 알고 새벽에도, 밤에도, 낮에도, 저녁에도 모두 기도의 소리로 가득 채울 때, 오늘은 우리 사회가 어두울 수 있으나 내일은 1세기 초대교회와 같이 매일 개조되는 새 인격, 새 생활, 새로운 인간, 새로운 가정, 새로운 사회가 되어 전 세계로 퍼져 나갈 수 있습니다.

우리 모두가 기도의 사람으로 변하기를 소원하면서 기도하는 개인, 기도하는 교회 생활이 되도록 힘씁시다.

믿음, 소망, 사랑의 세계

고린도전서 13:13

우리가 살고 있는 이 지구는 우리가 살아가기에 완전한 장소는 아닌 것 같습니다. 우선 이 지구 면적의 3분의 2가 넘는 70.8퍼센트가 바다로 되어 있습니다.

육지는 전체의 3분의 1도 되지 않는 29.2퍼센트 면적밖에 되지 않습니다. 그 면적 가운데도 아주 메마른 사막 지대가 많은 면적을 차지하고 있습니다.

사하라 사막, 아라비아 사막, 시리아 사막, 인도의 사하르 사막, 내부 아시아의 타콜로미칸 사막, 고비 사막, 아프리카 남부에 칼라하리 사막, 오스트레일리아 서부에 있는 대사막, 아메리카에 있는 아타카마 사막 등등 갈수록 끝도 없는 모래사장으로 되어 있습니다.

그리고 북극과 남극에 굉장한 대륙이 있지만 그곳은 얼음뿐인 세계로 사람은 물론 생물의 거처가 어려운 곳입니다. 그러고 보면 사람 살기에 좋은 땅이라고 하는 것은 지극히 얼마 되지 않는 부분에 불과하다는 것을 알 수 있습니다.

이 지구는 네 부분으로 구분할 수 있는데 바다의 세계, 사막의 세계, 얼음의 세계, 육지의 세계로 되어 있습니다. 이것은 우리에게 영적인 좋은 교훈을 준다는 생각이 됩니다.

먼저, 바다의 세계라고 하는 것은 믿음 없는 세계를 상징합니다.

야고보서 1장 6절을 보면 "의심하는 자는 마치 바람에 밀려 요동하는 바다 물결 같으니"라고 했습니다. 믿음이 없는 사회는 언제나 불안정한 사회입니다. 또 성경을 보면 바다는 고통을 상징하고 있습니다. 계시록을 보면 "하늘과 그 사방의 새로운 세계는 바다가 있지 아니하다"라고 기록되어 있습니다.

사실 바다는 위험한 곳이고 고통의 장소입니다. 믿음 없는 사회는 심판, 불안, 공포, 죽음의 사회로 고통뿐인 것입니다. 사람이 살 수 없는 사회, 그곳이 바로 바다입니다.

그런데 이 믿음 없는 세계에 가장 중요한 것은 무엇보다도 믿음이라고 할 수밖에 없습니다. 멀리는 그만두고 우리 사회를 가만히 살펴보면 믿음을 잃어버린다고 하는 것을 아주 아프게 실감할 수 있습니다.

물건 하나도 안심하고 살 수 없는 상태입니다. 사람이 사람을 믿고 살아갈 수 없는 사회가 되었습니다. 누가 문밖에 와서 찾을 때에는 누군지 확인해 보고서 불안한 마음으로 문을 열어야만 하는 사회가 되었습니다. 믿음 없는 사회의 증거입니다.

그래서 우리 귀에도 거슬리는 가짜 돈, 가짜 경찰, 가짜 공무원, 가짜 박사, 가짜 문서, 가짜 의사 등 모두 다 믿어서는 안 될 것들이 많다고 하는 현상을 느끼게 되는 것입니다. 이런 사회에 가장 필요한 것은 근본적인 신앙, 즉 믿음입니다.

지금은 해저 개발에 힘써서 육지에서보다 더 귀중한 자원을 많이 획득하고 있습니다. 아마 앞으로는 더 많이 개발되리라고 생각합니다.

바다와 같은 불신앙의 사회일지라도 참된 신앙을 공급하면 살기 좋은 사회로 개발될 수 있습니다.

요한복음 15장을 보면, 예수님께서는 포도나무의 비유를 통해 '예수님은 포도나무요 우리는 그 가지'라고 말씀하셨습니다. 가지가 원줄기에 붙어 있는 한 성장과 생명이 있고 결실이 있으며, 또 가지와 가지 사이에 연결이 이루어지는 것입니다.

신앙이라고 하는 것은 그리스도와의 연결을 의미합니다. 우리 각자가 그리스도에게 연결되어 있을 때 시간이 갈수록 점점 더 성장하고 발전해 가면서 서로 엉켜서 신의, 신뢰, 단결, 연합이 생겨나며, 또 살 만한 자원을 캐낼 수가 있고 사회 건설을 이룩할 수 있습니다.

기독교 2000여 년 중에 가장 불신 풍조가 짙었던 사회가 중세사회입니다.

그때 한 대학 교수였던 마르틴 루터는 당시 사회의 병은 하나님을 신앙하는 근본적 자세가 잘못되었기 때문임을 분명히 파악했습니다. 그래서 "인간은 누구나 근본적인 회개로 직접 하나님 앞에 나아가야 한다. 우리 신앙은 오로지 하나님의 말씀에 기초해서 살아가도록 주력하는 것이다. 그리고 우리는 행위나 율법이나 의식이 아니라 오로지 믿음으로 의롭다 함을 얻는다"라고 주장하면서 많은 불신앙적인 세력과 대항하며 종교개혁 운동을 일으켰습니다.

마침내 그는 교황의 종교재판을 받아야만 하는 두려운 입장이 되었습니다.

그러나 "웰스 장안의 기왓장같이 악마가 들끓더라도 나는 가서 바로 이 신앙을 고백해야 하겠노라" 하면서 웰스를 향해서 갔고, 그는 종교재판에서 극형을 받았음에도 불구하고 오히려 그의 신앙 운동은 점점 더 놀라운 위력을 발휘해서, 거의 암흑 상태가 된 중세 여러 나라에게 새로운 신앙 운동, 즉 하나님을 찾아 위대한 구원과 의로워짐을 체험할 수 있는 놀라운 신앙의 역사를 일으켰습니다.

이것은 마르틴 루터 개인에 국한된 것이 아니라, 마침내는 전체 기독교 더 나아가서 전 인류에게 가장 놀라운 큰 변화를 일으키는 운동으로 전개되었습니다. 일개 대학 교수입니다만, 그의 가슴속에, 그의 깊은 심령 속에 살아 있는 참 신앙이 약동할 때 전 세계가 개조되었다고 하는 구체적인 한 예가 되는 것입니다.

바다의 세계가 있는가 하면 사막의 세계가 있습니다. 사막의 세계란 희망 없는 세계를 상징합니다.

주로 사막은 기후가 매우 나쁘고 비가 내리지 않고 너무 뜨겁고 해서 강이 없을 뿐만 아니라 풀도 나무도 자라지 못하는 지대입니다. 이런 지대는 아무

것도 할 수 없어서 버려진 지대요, 소망을 잃은 지대입니다.

오늘 우리 사회를 보면 한마디로 소망을 잃은 사막 같은 지대가 되어간다는 생각이 듭니다. 지도자들이나 자라나는 젊은이들에게서 숭고하거나 고상한 이념이나 원대한 신념을 별로 찾아볼 수가 없습니다.

한결같이 "돈이나 모아서 팔자나 고치자"고 하는 썩은 정신 외에는 아무것도 찾을 수 없는 사회가 되어버리고 말았습니다. "돈이 소리를 치면 진리는 입을 다문다"고 하는 속담이 있습니다. 돈만 알고 사람의 값어치를 인정하지 않는 사회는 사막 사회가 되고 말 것입니다.

어떤 학자는 "20세기는 환멸과 절망의 세기"라고 평가했습니다.

과학은 최고도로 발달했는데도 오히려 더 무서운 피비린내 나는 쟁투만 격증되어 가고 있습니다. 과학의 발달이 우리에게 새로운 낙원을 안겨주리라고 하는 환상과 꿈이 깨져버리고 말았습니다.

정치적으로도 제2차 세계 대전 이후에 세계를 해친다고 생각했던 일본, 독일, 이탈리아를 쳐부수고 유엔이 국제 조직을 해서 평화를 유지해 나가는 데 힘쓰고 있어 이상적인 평화로운 사회가 올 것이라고 생각했으나, 오히려 그때 이상으로 더 막아낼 수 없는 갈등과 충돌을 경험하고 있습니다.

경제적으로 부강해지면 이 사회는 안정이 되어 인간들이 추구하는 행복과 평등이 올 것이라고 기대를 했습니다만, 오히려 부강함에서 오는 죄악상은 사람의 힘으로 막아낼 수 없는 더 무시무시한 죄악상이 되는 것을 느끼게 됩니다. 그런 의미에서 이 시대야말로 절망과 환멸의 시대라고 하는 말도 어김이 없는 말 같습니다.

성경을 보면 "보이는 소망을 바라지 말고 보이지 아니하는 영원한 소망을 바라보라"고 말씀했습니다. 하늘의 소망을 가지라고 하는 말씀입니다.

분명히 기억합시다. 이 땅에 있는 어떠한 희망도 어떠한 기대도 반드시 문제를 해결하지 못할 뿐만 아니라 환멸을 가져다줄 것입니다.

인생이 가져야 하는 희망은 땅에 있는 희망이 아니라, 영원한 하늘의 소망이신 예수 그리스도께 희망을 두어야 됩니다.

하늘의 소망을 더욱 뚜렷이 해야 함을 재확인할 수 있습니다. 사실 사막은 오히려 그 토양이 좋다고 평가합니다. 물만 충분히 대면 놀라운 생산을 할 수 있다고 합니다.

이스라엘 나라는 사막에다 바닷물을 원자력으로 담수로 만들어 부단히 급수를 함으로써 사막 지대를 옥토로 만들었습니다.

지금은 그곳에서 많은 농작물을 생산하고 있습니다. 사막을 푸른 낙원으로 만들었습니다. 이것은 이스라엘 민족의 소망을 나타낸다고 볼 수 있습니다. 아무리 메마른 사회일지라도 새로운 원대한 포부, 하늘에 소망을 가지고 있을 때 그 사회는 사막이 아닌 낙원으로 바꾸어질 수 있음을 보여주는 것입니다.

우리 민족에게 가장 필요한 것은 하루속히 썩은 소망을 내던지고, 환멸을 가져오는 어떤 기대도 다 포기해 버리고, 오로지 영원한 하나님 앞에 하늘의 소망, 그리스도로 말미암아 이루어지는 생명의 소망을 가지는 것입니다.

어느 나이 많은 추장 한 분이 노쇠해서 병상에 있으면서 세 아들을 불렀습니다.

"너희들은 내일 아침 일찍이 저 앞 가장 높은 산꼭대기에 올라가서 무엇이든지 한 가지씩 가지고 오너라" 하고 명령을 내렸습니다.

밤늦게 세 아들이 돌아왔습니다.

큰아들을 불렀습니다.

"다녀왔느냐?"

"네, 다녀왔습니다."

"뭘 가지고 왔느냐?"

"맨 위 상상봉에 올라가서 희귀한 꽃을 하나 가져왔습니다. 이것을 아버지가 기뻐하실 것 같아서 가지고 왔습니다."

"잘했다."

"둘째도 다녀왔느냐?"

"네, 다녀왔습니다."

"뭘 가지고 왔느냐?"

"맨 꼭대기에 있는 바위에 수백 년 아니 수천 년 풍상에 젖어가면서 거기 붙어 있는 청태바위 이끼를 잘 벗겨가지고 왔습니다."

"아, 그래. 수고했다."

"셋째야, 너도 갔다 왔느냐?"

"네, 갔다 왔습니다."

"뭘 가지고 왔느냐?"

"아버님, 저는 아무것도 가져오지 못했습니다."

"갔다가 오기는 왔느냐?"

"갔다가 왔습니다." 그러고 나서 그는 이렇게 말했습니다.

"아버님, 제가 가장 높은 상상봉에 올라가서 동서남북을 살펴보았습니다. 저 남쪽에는 푸른 초원이 있었습니다. 강이 흐르고 있었습니다. 우거진 숲이 있었습니다. 그곳에서는 농경도 목축도 할 수 있었습니다. 우리가 사는 이 지대는 산곡이고 지리적 조건이 좋지 못합니다. 아버님이 세상을 떠나시기 전에 우리 부족을 이 준령을 넘어서 저 푸른 초원, 강이 흐르는 발전 지대로 옮겨 주시면 우리 부족의 장래는 희망이 더 크다고 하는 것을 보고 왔을 뿐입니다."

피곤해졌던 이 추장의 얼굴에 새로운 생기가 돌면서 "내가 세상을 떠나거든 네가 다 맡아서 네가 말한 대로 이 부족을 저 남쪽 푸른 초원으로 인도하도록 하라"고 하면서 세상을 떠났다는 이야기가 있습니다.

많은 신자들이 신앙생활을 하지만 그저 꽃을 가지고 위로와 기쁨을 나누는 정도의 생활을 하고 있지 않은가 염려가 됩니다. 옛 우리 기독교의 찬란한 발자취를 더듬는 정도에 그치고 있지 않은가 걱정이 됩니다.

예수님은 "예루살렘과 온 유대와 사마리아와 땅끝까지 이르러 내 증인이 되라"(행 1:8)고 말씀하셨습니다.

아브라함은 신앙 초기에 "하늘의 별과 같이 바다의 모래와 같이 창성하리라"고 하는 새로운 약속을 얻었습니다.

메마른 사막과 같이 되어가는 이 사회 속에서 우리 그리스도인들이 해야 할 일은 무엇일까요? 무엇보다도 하늘의 소망을 가지고, 하나님의 하시고자 하는 위대한 역사를 바로 이 땅 위에 이루어 가는 것이 우리들의 신앙 자세가 되어야 하는 것입니다.

그리고 얼음 세계가 있습니다. 이것은 사랑 없는 세계를 상징합니다.

영하 수백 도로 수백 년간 얼어붙은 얼음입니다. 바다보다 사막보다 더 무서운 곳입니다. 그러나 과학 문명이 발달한 이 시대는 너무 오염이 심해서 수백 년 동안 얼어붙은 그 얼음 산을 끌어다가 정화하는 자원에 이용하자고 하는 소리가 높아지고 있습니다.

사실 따뜻한 태양의 열로 녹일 때, 얼었던 세계가 새로운 생명의 세계로 변화될 수 있습니다. 사랑은 생명입니다.

사랑 없는 사회는 얼음 세계와도 같이 죽음의 땅입니다. 그러나 사랑이 있을 때 바로 그곳이 생명의 세계로 변화되는 것입니다.

여기 본문을 보면 "믿음, 소망, 사랑 이 세 가지는 항상 있을 것인데 그중의 제일은 사랑이라"고 말씀하였습니다.

예수님은 육신을 입고 이 땅에 오신 하나님의 사랑입니다. 오셔서 "내가 너희에게 새 계명을 준다"라고 말씀하셨습니다. 이 새 계명은 바로 아가페 사랑을 의미합니다.

사실 사랑이 있을 때 우리는 잘 이해할 수 있습니다. 사랑이 있을 때 또 잘 믿게 됩니다. 사랑이 있을 때 잘 참아낼 수 있습니다.

사랑이 있는 곳에 새로운 용기가 샘솟습니다. 사랑할 때에 영원한 나라를 바라볼 수 있습니다. 사랑이 있을 때 남을 위해서 내 것을 희생할 수 있고, 또 사랑이 있을 때 참된 친절과 봉사를 실천할 수 있습니다.

겸손의 덕도, 또 아름다운 예의도, 위대한 승리도, 인격의 개조와 변화도, 아량과 관대, 모험 등 이 모든 자원이 바로 이 사랑 안에서 새롭게 폭발하는 힘입니다.

사랑은 햇빛과도 같습니다. 아무리 꽃이 만발하고 경치가 좋아도 햇빛이 없으면 아름다워지지 않습니다.

햇빛이 환하게 비칠 때 삼라만상의 기화요초(琪花瑤草)가 모두 다 아름답게 드러나는 것입니다. 인간사회는 기계 문명이 발달하고, 문화가 향상되고, 경제적으로 부요함을 누리고, 도덕적 함양만으로 아름다운 사회가 되지 않습니다.

그 속에 사랑이 퍼져 나갈 때, 사랑이 교류되어 사랑 안에서 모든 관계가 이루어져 갈 때 생명 동산이 되는 동시에 아름다운 사회가 되는 것입니다.

30년 종교전쟁 때문에 신앙계는 물론이거니와 하나님 앞에 마음이 해이해졌던 유럽 사회에 프랜시스라고 하는 한 젊은이가 신앙 운동에 새로운 불을 지폈습니다. 그는 아시시에서 부유한 장삿집 아들로 태어났습니다.

처음에는 세속적 야망이 높았습니다. 군에 들어가 장군이 되어 많은 사람들을 지배하려고 하는 야욕에 허덕였습니다. 그러나 다 실패하고 돌아왔을 때 중병에 걸려 눕게 됐습니다.

그는 거의 살아날 희망이 없을 때 하나님 앞에 회개하며 기도하기를 "이번만 살려주시면 오로지 하나님의 영광을 위해서 복음 전파에 헌신하겠습니다"라고 소원을 드렸습니다. 그의 병은 기적적으로 나았습니다.

그리고 하나님 앞에 약속드린 대로 아버지의 만류도 뿌리치고 오로지 그리스도의 복음을 전하기 위해 헌신했습니다.

그런데 그가 전한 복음은 한마디입니다. 그리스도의 사랑만을 전했습니다. 그는 죄악으로 타락하고 병들고 말로 형용할 수 없는 지경에 빠진 모든 사람을 그리스도의 심장으로 사랑했습니다.

그의 사랑은 점점 더 퍼져 나가기 시작했습니다. 냉정하고 살벌해졌던 사회, 신앙의 진미를 알 수 없어 피곤해졌던 사회가 신앙의 새로운 생기를 얻게 되었습니다. 하나님의 따뜻한 사랑을 체험하게 되자 놀라운 변화가 일기 시작했습니다. 그 사랑의 감화는 삽시간에 5천 명, 만 명, 수만 명에게 퍼져 나갔습니다.

그는 초기에 예수님의 산상 보훈 그대로 온전히 그의 사랑을 나타내는 데 힘썼습니다.

제3기에 가서는 각자 자신의 생업을 위해 힘쓰더라도 있는 처소에서 그리스도의 사랑을 실천해 보자고 하며 노력을 했습니다. 그래서 마침내 교회로 하여금 위대한 새 힘을 얻게 했고, 모든 신자들로 하여금 얼음장같이 되어버린 사회를 개조하는 놀라운 기적을 가져오게 했습니다.

그 영향이 마르틴 루터에게도 미쳤고, 16세기에 만국공법을 제정한 에라스무스에게, 또 유명한 종교 집단인 모라비아 교단에게, 그리고 영국을 다시 살렸다는 웨슬리에게 이어 내려가면서 프랜시스의 이 사랑의 운동이 퍼졌습니다.

얼음 세계를 개조하는 유일한 길은 그리스도의 참사랑을 실천하는 데 있습니다. "믿음, 소망, 사랑 이 세 가지는 항상 있을 것이라"고 말씀했습니다. 오늘 우리 각자 한 사람에게 항상 이 세 가지가 있어야 합니다. 아니 우리의 가정에 믿음, 소망, 사랑이 있어야 합니다. 우리나라와 사회에 이 세 가지가 항상 있어야 합니다. 전 인류에게 믿음, 소망, 사랑이 항상 있어야 합니다.

오늘 이 시대에도 마르틴 루터처럼 목숨 걸고 하나님 앞으로 들어가며, 믿음으로 의로워지는 참 믿음을 증거할 수 있어야 합니다. 초기 성도들처럼 참으로 원대한 하늘의 소망을 실천하고 전파하는 데 힘쓰고, 동시에 프랜시스 못지않게 십자가의 구속과 하나님의 참 아가페 사랑을 전파하는 데 최선을 다해야 할 것입니다.

그럴 때에 바다 같은 사회, 사막 같은 사회, 얼음장 같은 사회를 낙토로서 하나님의 영광을 나타내는 영원히 변화되는 은총을 입는 사회로 만들 수 있을 것입니다.

거저 주라

마태복음 10:5-8
사도행전 20:32-35

마태복음 10장 8절 하반절을 보면 예수님께서 "너희가 거저 받았으니 거저 주라"고 말씀하셨습니다. 이 "거저"라고 하는 말은 '무보수'라는 뜻이 있습니다. 값없이 거저 주라고 하는 말씀입니다. 또한 '무시로'라는 뜻도 있습니다. 어느 때만 주는 것이 아니라 '항상' 주라는 말씀입니다. '무제한'이라는 뜻도 있습니다. 한두 번만 아니라 제한 없이 주고 또 주라는 말씀입니다.

기독교는 거저 주는 종교입니다. 우리 그리스도인들은 거저 주는 사람들입니다.

사도행전 20장 35절을 보면 사도 바울이 소아시아 전도를 마치고 떠나려 할 때에 주 예수의 친히 말씀하신 바 "주는 것이 받는 것보다 복이 있다"라고 하신 것을 기억하라고 권면하고 떠났습니다.

예수님이 친히 하신 "주는 것이 받는 것보다 복이 있다"라고 하는 말씀을 바울을 통해 전해 주었습니다. '주는 것이 복되다'고 하는 말씀은 진리입니다. 세상 모든 사람들은 주기를 싫어합니다. 손해나는 줄 압니다. 천한 사람이 귀한 사람에게 주는 줄 압니다. 그래서 받지 못해 애를 씁니다. 심지어 받지 못해 비난하고 욕하다가 죽이기까지 합니다. 거저 주라고 말씀하시고 또 거저 주는 자가 받는 자보다 복이 있다고 예수님께서 말씀하십니다.

우리 인생은 대부분 받고 삽니다. 물질, 사랑, 지식, 재산, 주의, 신앙, 건강, 자녀, 생명을 다 받고 사는 것입니다.

그러나 대부분의 경우 받는 것은 마음의 무거운 짐이 됩니다. 일종의 부채가 됩니다. 빚진 사람은 언제나 빚을 갚을 근심이 있고 마음이 항상 무거운 것처럼, 받는 생활은 압박감을 느끼게 하고, 명쾌하고 활발한 생활을 잃어버리기 쉽습니다.

또 받는 생활은 나쁜 습성이 붙습니다. 동서양을 막론하고 아버지가 벌어준 큰 재산을 자식 대에 가서 이어 나가지 못합니다. 그 자식들이 부모를 의지하고 자기 힘으로 살아보지 못했기 때문에 실패하는 것입니다.

받기만 하는 생활은 의존하는 습성이 붙고 실패의 원인이 되는 것입니다. 또 받는 생활은 인격 파멸이 되기 쉽습니다. 남에게 받기만 할 때에 주는 사람에게 아첨하기 쉽고, 또 간사해지고, 아부와 속임수까지 쓸 수가 있습니다. 인격의 비루가 생겨나는 것입니다. 또 받기를 즐겨 하다가는 범죄하기 쉽습니다.

관리가 뇌물을 즐기면 기필코 비행과 부정을 하게 됩니다. 젊은 여자가 생활고를 이기지 못해서 받지 말아야 될 것을 받는 데서 범죄에 빠지기가 쉬운 것입니다.

그러나 반면에 남에게 주는 생활은 매우 복됩니다. 우리가 남에게 주기를 항상 즐겨할 때에 사랑이 풍성해집니다.

맹자는 "어진 사람에게는 원수가 없다"라고 했습니다. 남에게 주기를 즐겨 하는 사람에게는 사랑하는 친구가 많이 생겨나는 법입니다. 사랑이라고 하는 것은 주면 줄수록 풍부해지는 것입니다.

또 남에게 주기를 힘쓸 때에 자립생활을 하게 되고 큰일을 해나갈 수 있게 됩니다.

나부터 자립이 되어야 남에게 줄 수가 있으니까 우선 주기를 목표할수록 자기 생활을 확립해 나가면서 아주 풍성한 생활을 할 수가 있습니다.

그리고 **우리 인격이 고상해집니다.**

우리 인격이 자꾸 떨어지는 까닭은 두 가지 원인이 있습니다. 하나는 이기주의요, 하나는 물질주의입니다. 그런데 남에게 주는 생활을 해나갈 때에 이기주의, 물질주의를 배제해 버리고 언제나 고상한 생활을 할 수가 있습니다.

또 남에게 주는 데서 **즐겁고 기쁩니다.**

미국의 유명한 교육가 카네기의 부모는 아이오와주에 있는 예수의 집이라는 고아원에 매년 막대한 돈을 보내 준다고 합니다. 그러나 그 돈이 어떻게 쓰였는지는 한 번도 감사해 본 일이 없다고 합니다. 그저 보내 주는 것입니다. 그 부모는 불쌍한 고아를 도와주는 기쁨 때문에 보내 주는 것입니다.

세상에 남을 도와주는 데서 오는 기쁨처럼 고상하고 가치 있는 일이 없는 것입니다. 또 남에게 자꾸 주는 데서 **모든 문제의 해결이 옵니다.**

오스트리아의 정신의학자이고 심리학자인 알프레드 아들러는 이렇게 말했습니다.

> "인류사회의 여러 어려운 일을 해결하는 데는 오직 하나의 열쇠가 있다. 그것은 곧 주는 자가 받는 자보다 복이 있다고 하는 하나님의 말씀을 따르는 것이다."

잠언 21장 14절에 "은밀한 선물은 노를 쉬게 하고 품 안의 뇌물은 맹렬한 분을 그치게 하느니라"는 말씀이 있습니다. 세상에 복잡하고 어려운 문제가 많지만 주는 데서 해결되지 않는 문제는 별로 없습니다.

또 주는 데서 **그리스도를 대접하게 됩니다.**

마태복음 25장 40절에 예수님이 말씀하시기를 "내가 진실로 너희에게 이르노니 너희가 여기 내 형제 중에 지극히 작은 자 하나에게 한 것이 곧 내게 한 것이니라"고 하셨습니다. 비록 사람에게 작은 선을 베푼 것이지만, 그것이 곧 예수님을 대접하는 것이라는 말씀입니다. 그리고 주는 자에게 축복을 베풀어 주십니다.

아브라함은 찌는 듯한 여름날에 땀 흘리며 지나가는 나그네를 위해 떡을 굽고 살진 소를 잡아서 잘 대접해 주었습니다. 그런데 그들은 사람이 아니고 천사들이었습니다. 그들이 떠날 때 "아들을 낳으리라"고 축복하고 갔습니다. 적은 것을 주었는데 큰 것으로 받은 것입니다.

열왕기상 17장 9절 이하를 보면, 사르밧 과부가 찾아온 엘리야 선지자에게 마지막 남은 한 움큼의 가루를 조금 대접했습니다. 그런데 흉년 동안에 가루가 들어 있는 그릇과 기름 그릇이 마르지 않았다고 했습니다. 조금 드렸는데 많은 것으로 축복을 받았습니다.

주는 사람이 개인이나 가정적으로나 무한한 은총과 축복이 임하게 되는 것이고, 민족이나 국가 모두 다 주는 데서 축복이 온다고 하는 것을 알 수 있습니다.

그러면 우리가 무엇을 줄 것입니까?

첫째로, 그리스도를 거저 줍시다.

베드로와 요한이 성전에 기도하러 올라갈 때 앉은뱅이가 구걸했습니다.

"내게 은과 금은 없거니와 내게 있는 것으로 네게 주노니 곧 나사렛 예수 그리스도의 이름으로 걸으라" 하면서 오른손을 잡아 일으켰습니다. 앉은뱅이는 발과 발목뼈에 힘을 얻어 뛰기도 하고 걷기도 하며 성전에 올라가 하나님을 영화롭게 했습니다.

베드로와 요한이 앉은뱅이에게 예수 그리스도를 준 결과는 그 영혼이 구원을 얻을 뿐만 아니라, 40년간 쓰지 못하던 육체의 불구 다리가 깨끗해졌습니다.

어느 때는 네 명이 중풍병자를 침상에 메고 예수님 앞으로 나올 때도 있었습니다. 예수님께서는 이 병을 고쳐주시는 동시에 먼저 "네 죄 사함을 받았느니라"고 말씀하셨습니다. 반신불수의 급선무는 병치료인데, 예수님께서는 죄 문제부터 언급하셨습니다. 반신불수의 병은 지엽으로 보셨고, 죄사함의 문제야말로 본질적으로 해결해야 할 문제임을 말씀하신 것입니다.

어느 날은 음행한 여자가 예수님 앞으로 끌려 나왔습니다. "돌을 들어 치라" 하는 것이 당시 재판 절차입니다. 그러나 예수님께서는 "너희 중에 누구든지 죄 없는 자는 돌로 이 여인을 치라"고 말씀하셨습니다. 군중들이 다 물러갔습니다. "나도 너를 정죄하지 아니하노니 다시는 그런 죄를 범하지 말라"고 말씀하셨습니다.

예수님의 이러한 처사는 권선징악에 역행하는 것이 아닙니다. 이 여자에게 가장 중요한 것은 영혼 갱생, 죄 사함의 문제이기 때문에 그렇게 하신 것입니다. 앉은뱅이에게는 경제문제보다 예수 그리스도가 더 필요한 것입니다.

반신불수에게는 치료, 즉 과학적 문제보다 죄의 문제가 근본문제입니다. 음행한 여자에게는 법률문제보다 영혼의 중생이 더 소중한 것입니다.

오늘 이와 흡사하게 우리 한국 사람들의 정신도 마치 앉은뱅이처럼 되어버렸습니다. 그런데 경제문제가 더 중요한 것은, 오늘 한국의 여러 가지 여건이 반신불수처럼 되었음을 보여줍니다. 과학문제가 급선무가 아닙니다.

우리 사회는 윤리와 도덕의 부패로 인해서 마치 이 음행한 여자와 같은 사회문제가 많아집니다. 그런데 우리 사회의 가장 근본 문제는 법률 문제가 아닙니다. 죄의 문제입니다.

그러므로 죄를 사해 주시는 예수 그리스도가 이 민족의 유일한 소망이 되는 것입니다.

그래서 우리 그리스도인들은 이 구원의 주 예수 그리스도를 전파해서 거저 주도록 힘써야 하는 것입니다.

또 나 자신을 주도록 힘씁시다.

사도 바울은 "유대인에게는 유대인처럼, 율법 아래에 있는 자에게는 율법 아래 있는 자처럼, 율법 없는 자에게는 율법 없는 자처럼, 약한 자에게는 약한 자처럼 행한다"라고 말했습니다. 이렇듯 "여러 모양의 사람이 되는 것은 아무쪼록 몇몇 사람을 구원하고자 함이라"고 했습니다.

그렇다고 해서 바울 자신이 무주의, 무절조의 사람이라고 하는 말이 아닙니다. 자기를 이렇게 하기 위해서는 사람의 비위를 맞추려고 하는 표리부동의 인간같이 보일 수 있겠지만, 바울의 고백은 자기를 남에게 주는 생활을 의미하는 것입니다.

세상의 많은 사람들도 동정과 봉사를 하지만, 그들은 자기 입장에서 남을 동정하며 봉사하는 것에 불과합니다. 그러나 바울은 자기를 상대방의 입장에 놓고서 봉사하는 것이고 도와주는 것입니다.

그의 생각과 그의 느낌과 그의 아픔으로 그의 문제를 해결해 주려고 힘쓰는 것입니다. 바울이야말로 자기 자신을 완전히 무제한으로 값없이 남에게 주는 생활을 한 것입니다.

예수님께서는 세상에 오셔서 33년간 육신을 입으시고 온갖 고생을 하시다가, 마지막에는 십자가에서 피를 쏟으시고 우리를 위해 대속제물이 되셨고, 부활해 주셨습니다. 이처럼 그리스도인의 생활은 나 자신을 남에게 무제한으로, 무대가로 주는 삶입니다.

그리고 내 소유를 줍시다.

아시시의 프랜시스는 어느 날 길을 가다가 한 가난한 남자를 만났습니다. 제자들에게 "우리 입은 옷을 그 주인에게 드리자. 우리가 입은 옷은 우리보다 가난한 사람을 만날 때까지 빌려 입은 것이기 때문이다" 하면서 옷을 벗어 주었습니다.

제자 중 한 사람이 "너무 옷을 입지 못하고 다니면 우리 하는 일에 장애가 됩니다" 하고 만류를 하니까 "나는 절도가 되기보다는 가난한 사람에게 주어서 그리스도의 제자가 되기를 원한다. 가난한 사람에게 주지 않는 것은 절도에 해당한다"라고 말했습니다.

어거스틴은 말하기를 "부자의 여분은 가난한 사람에게 필요한 것이다. 남도록 가지고 있는 것은 타인의 것을 소유하고 있는 것"이라고 했습니다.

우리 그리스도인들은 소유를 남에게 주어야 합니다. 그리스도의 거룩하신 정신, 그것이 남에게 나의 소유를 주는 것입니다.

오순절 초대 그리스도인들은 가산 전체를 다 팔아서 가난한 사람들에게 주었습니다. 그래서 어두운 죄악 사회가 개조되고, 변화 받고, 사랑의 왕국으로 점점 더 건설되었습니다.

오늘 우리도 내게 있는 것은 하나님께서 맡겨주신 것이고 형제를 위해서 필요한 자원인 것을 잊지 말고, 언제나 주도록 힘을 씁시다.

큰 광풍

마가복음 4:35-41

사면이 큰 산으로 둘러싸여 있는 갈릴리 호수에는 가끔 어떤 기압의 변화 때문에 뜻하지 않았던 큰 광풍이 몰아닥치곤 하였습니다.

제자들이 예수님을 모시고 건너편으로 건너가려는 도중 호수 한복판에 이르렀을 때 바로 이런 큰 물결이 일어났습니다. 바야흐로 배가 뒤집힐 위기에 놓였습니다. 그들은 뱃머리에 기대어 주무시던 예수님을 깨우며 "선생님이여, 우리가 죽게 되었습니다. 돌보아 주십시오" 하며 부르짖게 되었습니다.

이 사건은 우리 모든 인생들에게 산 교훈을 주고 있습니다.

첫째, 고난의 인생임을 보여주고 있습니다.

우리 인생들의 항로에는 때때로 생각지도 않았던 큰 광풍이 몰아닥칩니다. 하루아침에 수백만 명이 한꺼번에 죽는 큰 지진이 일어나기도 합니다. 수십 명, 수백 명이 타죽는 대화재가 발생하기도 합니다. 원치 않는 가난이 오기도 합니다. 비참한 질병이 생깁니다. 가정불화로 집안이 지옥처럼 되어 버립니다. 골육과의 사별로 사막 같은 고독을 당하기도 합니다.

누구나 의혹, 실망, 애정, 이해, 고통, 공허, 동정, 미래의 예상까지 온갖 정신적인 고통을 당해야 하는 것입니다. 사실 우리 인생은 눈물의 골짜기, 땀의 강, 피의 못, 그리고 죽음의 바다를 건너고 있는 셈입니다.

그런데 더욱 놀라운 것은, 예수님께서 배에 같이 타고 계시는데 풍랑이 일어났습니다. 말하자면 그리스도를 모신 그리스도인에게도 고난이 온다고 하는 것을 알 수 있습니다.

둘째, 인간의 연약성을 보여줍니다.

예수님의 제자들 중에 베드로 형제나 요한 형제는 어부 출신입니다. 더욱이 갈릴리 바다는 내 집처럼 익숙하고, 평생 고기를 잡으며 잔뼈가 굵은 명수들입니다. 전에도 이런 풍랑을 경험하였습니다.

그런데도 불구하고 도저히 힘이 미치지 못해서 죽게 되었다고 비명을 지르게 되었습니다. 말하자면 전문가의 힘으로도 해결될 수 없는 상황이었습니다.

신념이 강한 사람이라고, 교양이 있는 사람이라고, 평판이 좋은 사람이라고, 사업에 성공한 사람이라고 해도 인생에 닥쳐오는 문제를 해결할 수 없는 것입니다. 인간은 문제의 해결자가 아니라고 하는 것을 보여주고 있습니다.

셋째, 예수님만이 대광풍을 멎게 하고 위험에서 건져주십니다.

제자들의 부르짖음을 들으시고 예수님께서 바람을 꾸짖어 바다에게 명하여 "잔잔하라" 하시니 아주 조용해졌습니다.

예수님은 하나님의 독생자로서 자연계를 다스리고 정복하시는 분임을 알 수 있습니다. 사실 우리 인간들은 만물의 영장이라고 자처하며, 자연을 정복하려고 노력해 온 것이 사실입니다.

비행기를 만들어 공중을 정복했습니다. 거대한 기선을 만들어 대양을 정복했습니다. 근간에 이르러서는 우주선을 타고 달나라를 왕래하며 우주를 정복하였다고 호언하고 있습니다. 19세기 후반부터 산업 혁명을 일으켜 물질문화의 일대 발전을 가져오게 해서 전기, 석탄, 석유, 자연의 힘을 이용하여 전에는 볼 수 없었던 비약적인 경제 발전을 이루었습니다.

그러나 인간사회에는 이로 인해서 옛날과 비교할 수 없는 극심한 대규모의 침략과 강탈, 살육, 잔악과 충돌이 일어나고 있습니다.

인간은 자연을 정복하였다고 하지만 도리어 정복을 당하고 있는 실정입니다. 인간들은 원자력을 개발했습니다. 그러나 그 원자력 때문에 전에는 생각지도 못하였던 불안에 떨고 있습니다. 정복한 것이 아니라 정복을 당하고 있는 것입니다.

인간에게는 정복할 수 있는 힘이 없습니다. 인간은 정복자가 아닙니다. 정복자는 오직 하나님뿐이시고, 우리 인간 속에 오신 하나님이신 그리스도뿐입니다. 그러므로 겸손히 주님 앞에 꿇어 엎드려 그리스도에게 복종하며 신앙하는 데서만 문제 해결의 열쇠가 있습니다. 예수님께서 제자들에게 "어찌하여 믿음이 없느냐?" 하고 책망하신 까닭이 여기에 있습니다.

우리 인간은 그리스도를 신앙하는 데서 근본적인 모든 해결이 오는 것입니다. 가령 우리에게 세계적인 큰 광풍이 불어오는 때가 있습니다.

대개는 절제 부족, 방탕, 범죄, 혹은 노동 기피 등에서 이런 광풍이 오게 됩니다.

그런데 예수님 안에서 신앙으로 노동하는 생활에서 위대한 해결이 오고 큰 축복이 임합니다. 노동 속에서 목적을 발견하고 창조적 태도, 희생적 정신으로 일하게 됨으로써 노동의 참된 가치가 나오게 됩니다.

에디슨은 3개월밖에 학교 교육을 받지 못했고, 수학을 할 수가 없어서 세상 떠나는 날까지 재산은 전부 남에게 부탁을 해서 관리했다고 하지만, 그는 3천 종 이상의 발명으로 세계에 큰 공헌을 한 발명왕이 되었습니다.

오직 하나님을 섬기는 신앙심과 사명 의식으로 밤낮 계속해서 일하는 가운데 그렇게 된 것입니다.

스코틀랜드의 가난한 집에서 태어나 방적회사 직공으로 일하던 데이비드 리빙스턴은 예배 시간에 아프리카 소식을 듣고 흑인 구령에 힘쓸 강한 소망이 생겨서, 마침내 난관을 돌파하여 아프리카에 가서 흑인노예 매매계약을 금지시키게 하고 생물학, 기후학, 지질학에 관한 깊은 지식을 보고해서 세계 지도를 다시 그리게 할 정도로 영향을 주었고, 흑인 대지에 구령의 복음의 광명을 던져 주었습니다. 오로지 하나님을 섬기는 양심으로 초인적 사명 의식에서 그렇게 위대한 인물이 된 것입니다.

기차를 발명한 스티븐슨은 석탄공이었습니다. 증기기관을 발명한 제임스 와트는 가난한 직공이었습니다. 방직 기계를 발명한 하구레는 이발사였습니다.

거지 같은 생활을 하던 모차르트는 세계적인 대음악가가 되었습니다. 진정한 그리스도를 신앙하는 데서 위대한 활동과 경제 문제 해결 이상의 해결이 오는 것입니다.

또 어떤 때는 생리적 대광풍이 오기도 합니다.

예수님 당시에 많은 환자들이 앞다투어 "고쳐 주시옵소서" 하고 달려 나왔습니다. 예수님께서는 그럴 때마다 육신의 병만 고쳐 주시는 것이 아니라 먼저 "네 죄 사함을 받았느니라. 네가 믿느냐? 네 믿음이 너를 구원하였느니라"고 말씀하셨습니다.

예수님은 내적인 면부터 근본적인 치료를 해주셨습니다.

바울 사도는 육체의 가시 곧 사탄의 사자 때문에 고민했고, 육신의 허약함으로 인해 남에게 시험 거리가 될 정도였습니다. 그러나 그는 전 유럽을 판도로 대전도 운동을 일으켰습니다.

속죄의 은총이 용솟음치면서 구원을 체험하고 보니 그런 몸으로도 그렇게 놀라운 역사를 해낼 수 있었던 것입니다.

일본의 가가와 도요히코 목사는 근 80세까지 빈민굴에서부터 시작하여 전 세계를 판도로 복음의 사도 역할을 했습니다. 대종교개혁가인 칼빈, 영국을 다시 살린 요한 웨슬리, 물리학자였던 파스칼, 철인인 어거스틴, 한국의 대목회자이며 설교자인 한경직 목사, 모두 사경을 헤매던 폐결핵 환자들이었습니다.

이들이 모두 그리스도 안에서 위대한 하나님의 사랑을 체험하면서 병을 이길 뿐만 아니라 도리어 투철한 사명감으로 세계적인 일을 하게 된 것입니다.

생리적 대광풍을 만났습니까? 그리스도 앞에서 신앙으로 해결 받읍시다.

또한 사회적 및 정치적인 대광풍이 올 때도 있습니다.

이상적인 정치 풍토는 개인의 생명을 귀중히 여기며 인격을 존중하고 자유를 보장하며 정의가 실현되는 데 있습니다. 그래서 백성과 백성 사이에 신의

가 이루어져 사랑의 봉사로 살아가야 하는 것입니다.

프랑스 혁명은 1789년 7월에 한 차례, 1848년 한 차례, 1878년에 한 차례 일어났습니다. 그러나 유물론적 기반에서 끔찍한 혁명을 하였기 때문에 비참한 사상자만 냈을 뿐이었습니다.

영국은 웨슬리, 킹슬러, 뿌스로 이어가는 신앙운동으로 하나님 앞에 바로 서는 데 주력했기 때문에 피 흘리는 혁명 없이도 이상적 사회가 건설되었습니다. 그리스도를 통해서만 이상적 사회 정치 풍토가 이루어지는 것입니다.

우리 민족은 이 한반도라고 하는 작은 배에 7천만이라고 하는 많은 겨레를 태운 채 아직도 대광풍을 만나고 있습니다. 이제 우리 함께 각성합시다. 이 대광풍은 오로지 해결자이신 예수 그리스도로 말미암아 이겨 나가야 할 것입니다. 금년에도, 아니 우리 일생의 모든 배에 그리스도를 모시고, 그리스도를 믿는 철두철미한 신앙으로 모든 문제를 해결할 수 있기를 바랍니다.

강도 만난 자의 이웃

누가복음 10:25-37

예수님께서는 여러 가지 비유를 통해 말씀을 가르쳐 주셨습니다. 그 중에서도 착한 사마리아 사람의 비유는 몬테피어가 말한 대로 가장 단순하면서도 가장 고상한 비유 중에 하나라고 할 수 있는 진리의 말씀입니다. 어떤 이는 비유가 아니라 사실 있었던 사건을 말씀하였다고 합니다.

특히 우리 신자 생활의 중점이 되는 사랑의 본질을 분명하게 보여주신 말씀입니다.

예수님께서 철저히 강조하신 것은 사랑이 첫째라고 하는 점입니다.

예수님이 말씀하신 사랑은 인종을 초월하고 의식을 초월한 세계적 사랑입니다. 추상화한 관념적 사랑이 아니라 실천을 필요로 하는 삶의 현장에서의 구체적인 행동으로 보여지는 사랑을 말씀하신 것입니다.

이 비유의 말씀이야말로 그리스도인들을 위선적 타락에서 건져내는 말씀이 되었습니다. 이는 “무엇을 하여야 영생을 얻으리이까?” 하는 신학적 토론으로 시작하여 위험한 가도에서 생명을 건지는 구체적인 동정의 사랑으로 마치고 있는 산 교훈인 것입니다.

예수님께서 보여주시는 강도 만난 자의 참된 이웃으로서의 사랑은 어떤 것인지를 이 시간 다시 한번 재확인할 필요가 있습니다.

먼저 여기서 보여주는 사랑은 현실의 위기에서 도피하지 않는 사랑입니다.

여리고로 가는 길이 도적의 출몰로 위험하다고 하는 것은 비유적인 표현만은 아닙니다. 1820년 영국 귀족 F. 헨니카라고 하는 사람이 이 길에서 적의 습격으로 목숨을 잃었습니다. 하물며 2000년 전 그 길목의 무시무시한 상태는 짐작하고도 남음이 있습니다.

예루살렘에서 여리고까지는 불과 70리 거리인데 3,500피트나 격차가 나는 급한 산길인데 다 좁고 굴곡이 많은 지형이어서 산적의 소굴로 유명했습니다. 피의 언덕이라고 하는 별명까지 있는 곳입니다.

어떤 주석가는 "당시 헤롯 왕궁의 공사가 끝나자 4만 명의 인부를 해고하였기 때문에 실업자가 별안간 늘어서 도처마다 강도 사태가 빈번히 발생하였다"라고 설명합니다. 당시 사회악이 심하였던 것을 뒷받침하고 있습니다.

본문에도 도적을 맞아서 죽어 가는 한 생명이 있었습니다. 그런데 세 사람이 이 길로 지나가며 그 광경을 목격했습니다. 그중 두 사람은 제사장과 레위인이었습니다.

그런데 31절을 보면 그를 보고 피하여 지나갔다고 했습니다. 여리고는 특히 제사장이 많이 사는 곳이기 때문에 '제사장의 거리'라고도 불렸습니다. 그래서 이 길은 제사장이 예루살렘 성전의 의무를 마치고 늘 다니는 길목이기도 했습니다. 제사장이나 레위인들은 당시에 종교적 지도자들입니다.

유대 사회에서 중요한 책임을 맡고 있으면서 평소에 사랑을 가르치며 주장하는 것이 그들의 직무입니다. 그런데 막상 사랑을 실천해야 할 입장에 서게 될 때에는 피하여 지나가 버렸다고 하는 것입니다.

이 제사장과 레위인이 피하여 지나가게 된 이유를 굳이 설명해 본다면, 아마 율법을 생각하였을 것입니다. 만약 부지중이라도 시체를 보거나 만졌을 경우에는 7일간 불결하다고 되어 있습니다. 그래서 결례를 행하도록 하였습니다. 그럴 경우에는 성전에서 자기 반차대로 돌아오는 차례의 직무를 행할 수 없게 될 것입니다.

율법과 의식을 중요시하는 생활이 몸에 배어서 그렇게 피할 수밖에 없었던 것일지도 모르겠습니다.

또 이들은 자기들의 직업의 중요성을 생각하고 있었던 것 같습니다. 적어도 선민의 운명을 짊어지고 백성의 죄를 사하는 제사를 해야 하며, 특히 하나님께서 자기 민족에게 내리시는 축복을 중계하는 직책이 상해서는 안 되고, 몸이 해를 받아서도 안 된다고 생각하여 피하여 지나간 것 같습니다.

혹은 그들의 신학적 관념에 인과응보의 법칙을 믿고 있었기 때문에 지나갔는지도 모르겠습니다. 사람이 화를 당하거나 불행을 만나는 것은 자기의 저지른 죄의 대가로 하나님께서 내리신 징벌이라고 생각한 나머지, 강도 만나 죽어 가는 사람은 어떤 죄가 있어서 벌을 받았을지 모른다고 생각하여 지나갈 수도 있습니다.

한 가지 더 상상해 본다면, 이들의 타산적인 생각이 무의식중에 지나가게 했는지도 모릅니다. '여기는 도적놈의 세상이고, 선량한 사람이라고는 별로 지나다니지 않는 곳이다. 사람을 마음대로 죽이고도 자유자재로 활보하는 이런 곳에서 비록 마음의 동정심이 있다고 하더라도 별도리가 있겠는가? 자칫 잘못하면 오히려 선량한 사람이 더 피해만 받을 것이 아니겠는가?' 그런 타산에서 피하여 지나가게 된 것 같기도 합니다.

L. 링카는 "우리는 남의 일에 말려드는 일을 싫어해서는 안 된다. 예수님께서도 인간 세상에 끌려 들어오셔서 배반도 고난도 당하시고 십자가까지 자진해서 지셨다"라고 하였습니다.

그렇습니다. 예수님께서 세상에 오셔서 처음부터 마지막까지 행하신 일은 타산적 이기심이 아닌 희생적 사랑뿐이었습니다. 타산적 사고방식에서는 기적과 생명이 오지 않는 법입니다.

예수님께서는 비단 제사장과 레위인뿐만 아니라 율법적 생각이나 성직 의식이나 신학적 관념이나 혹은 해보아도 희망이 없겠다는 타산적 사고방식에 사로잡혀 사랑의 실천을 피하는 모든 그리스도인에게 구체적이면서도 알아들을 수 있는 생생한 말씀을 주신 것입니다.

1954년(일본 소화 29년) 9월 26일에 있었던 일입니다. 태풍이 북해도 지방에 몰아닥쳤습니다. 때마침 천 명가량의 승객을 태운 기선이 항구 안에 있을 수도 없고 항해해 갈 수도 없어서 바다 어떤 지점에서 잠시 닻을 내리고 멈추었습니다. 그런데 풍랑이 점점 더 심해졌습니다.

하는 수 없이 선내에 있는 모든 승객에게 구명복을 배부했습니다. 남녀노소 모두 초조한 얼굴로 구명복을 받아 입느라고 아우성을 치고 있습니다. 그런데 그 배 안에는 일본에 와서 전도하고 있던 선교사 딘 리퍼가 타고 있었습니다.

그는 불안에 떨고 조급해하는 많은 사람들 틈을 분주히 돌아다니면서 구명복을 바로 입혀주기도 하고, 또 우스운 이야기도 하면서 사람들에게 희망도 주고 불안한 마음을 안심시켜 주었습니다.

그런데 한 소녀가 구명복을 제대로 매지 못해서 당황해하고 있었습니다. 리퍼 선교사가 그것을 도와주려고 가 보았더니 그 구명복은 고장이 나 있었습니다.

이제는 구명복이 부족해졌을 뿐만 아니라 왔다 갔다 할 수 없는 혼란한 시간이었습니다. 리퍼 선교사는 자기가 입고 있던 구명복을 재빨리 벗어서 소녀에게 입혀주었습니다. 그러면서 하는 말이 "나보다 소녀는 더 젊었으니 이것은 마땅히 소녀가 입어야 해." 그러자 "쾅" 하는 소리와 함께 배가 그만 뒤집히고 말았습니다. 많은 사람들이 희생되었습니다. 물론 리퍼 선교사도 희생되었습니다. 배 안에서 리퍼 선교사에게 구명복을 받아 입은 소녀는 살았습니다.

이 소녀는 신앙생활을 한 것도 아니고, 또 어떤 외국인이 도와주었는지, 그가 누구인지도 전혀 몰랐습니다. 그래서 소녀는 백방으로 수소문하여 마침내 그가 선교사인 것과 또 선교사가 일하던 YMCA를 찾아가서 자기도 신앙생활을 할 것을 고백하면서 당시의 이야기를 자세히 전해 주었습니다.

이것이 전 일본에 엄청난 화제가 되었습니다. 그리하여 선교사를 기념하는 대대적인 사업이 전개되었고, 이로 인해서 크게 전도가 되었다는 것입니다. 이 리퍼 선교사야말로 현대판 사마리아인입니다.

그는 전쟁이 끝나자 적국인 일본에 복음을 들고 선교하러 찾아왔던 것입니다. 그런데 생각하지 못했던 갑작스런 위험한 순간이 닥쳐왔을 때, 이름도 알지 못하는 한 작은 소녀의 목숨이 가여워서 자기의 구명복을 벗어주어 순수한 그리스도인의 사랑의 모습을 보여준 것입니다.

남의 마음을 내 마음으로 여기는 사랑입니다.

33절에 보면 "불쌍히 여겨"라고 기록되어 있습니다.

이 사마리아인의 마음이 '강도 만난 사람의 심정이 되어 버렸다'고 하는 뜻일 것입니다. 일체의 차별과 편견에서 자유를 얻는 길은 입장을 바꾸어 내가 그 사람의 처지에 서는 것 외에 없습니다.

당시 사마리아 사람과 유대인의 민족적 감정은 그 무엇으로도 풀 수가 없었습니다. 항상 멸시하는 유대인들은 보기만 해도 몸서리가 쳐질 정도였습니다.

이러한 뿌리 깊은 증오의 분노가 무서운 장벽을 만들어 놓았던 것입니다. 입에 말이 있다면 저주하는 말 외에는 없고, 상대에게 할 수 있는 일이라면 해치는 일밖에는 없는 그런 상황이었습니다.

아마도 이 사마리아 사람은 '이 사람이 이 일을 당하지 않았으면 틀림없이 내가 당할 것인데, 이 사람이 나를 대신해서 당했구나. 만약 내가 이렇게 되었을 때 남들이 그냥 지나쳐간다면 나는 어떻게 되겠는가?' 하는 생각을 하였을 것입니다. 그러자 증오나 편견, 차별의식은 모두 온데간데없고 형제를 생각하는 마음 이상으로 애를 쓰며 그를 구하기에 이르렀던 것입니다.

이것이 형제애입니다. 이것이 인류 공동체 의식입니다. 그리스도의 사랑이 바로 이런 것입니다. 주님의 사랑을 가지고 보면 이해심이 넓어집니다. '이 사람도 나와 같이 여행하는 사람으로서 이런 어려움을 당하였구나. 유혈이 심한데 목은 얼마나 타며 고통은 얼마나 심할 것인가' 하며 마치 자신이 당한 것처럼 이해하고 동정하게 되는 것입니다.

사마리아 사람은 자진하여 자유로운 책임 의식의 사랑을 베풀었습니다.

스스로 자진해서 아주 자유로운 책임 의식에서 사랑을 베풀었다고 하는 사실입니다. 사마리아인은 여행 중입니다. 집에서 멀리 떨어져 있습니다. 시간과 돈이 절대적으로 필요한 상황입니다. 그럼에도 불구하고 그 시간과 돈을 써가면서, 또 여행자들의 필수품으로 늘 준비해 가지고 다니는 포도주로 소독을 하고, 기름으로 고약처럼 발라서, 또 자기 옷이라도 찢어가면서 상처를 싸매어 준 것 같습니다.

성한 사람도 나귀에 태우고 가기 어려운데, 혼수상태의 병든 몸을 험한 길에 나귀에 태우고 먼 길을 간다는 것은 결코 쉬운 일이 아닙니다. 더군다나 여관에다 맡기고 경비를 부담하고 밤새도록 간호해 준 뒤, 이튿날 떠나면서 잘 돌봐주기를 부탁하고 "만약 경비가 더 들면 다시 와서 더 드리겠소" 하며 그를 맡기고 떠났다가 돌아왔다고 하는 사실입니다.

누가 보는 것도 아닙니다. 하지 않으면 안 되는 어떤 책임과 의무도 없습니다. 어떤 보상이 기다리고 있는 것도 아닙니다. 그럼에도 불구하고 자기의 가장 최선의 것을 다 쏟아부으면서 이 죽어 가는 한 생명을 살리기 위해서 힘쓴 것입니다.

해리 에머슨 포스딕 박사는 "강제로 강요할 수 있는 의무와 강요할 수 없는 의무는 구별되어 있다"라고 말했습니다.

법률서에 기록되어 있는 조항들이나 각 단체 회사에 책정된 규정들은 주로 강요되는 의무입니다. 이것들을 지키지 못한다고 하는 것은 인간사회에서 탈락될 수밖에 없는 가장 부족한 인간이라 말할 수 있습니다. 해마다 교도소가 늘어나고 죄수들이 범람하는 것은 바로 이 조항을 제대로 지키지 못하는 사람들이 많다는 것입니다.

그런데 또 한 가지 '강요할 수 없는 의무'가 있습니다. 사회 법률 범위 이상의 것입니다. 내면적인 태도와 인격 대 인격의 관계에 관한 것입니다.

누구도 아버지와 어머니에게 네 자식을 사랑하라고 설득하지 않습니다. 남편에게 아내에 대해서 애정을 가지라고 강요하는 법도 없습니다. 그러나 누구의 강요 이상으로 최선을 다해서 내 자식을 사랑하게 되는 것이고, 자진하여 자유로운 책임 의식의 사랑으로 가정과 생활을 영위해 가는 것입니다.

사도 바울은 다메섹 도상에서 그리스도께 부르심을 받은 후 바다의 위험과 동족과 이방인의 핍박을 겪었습니다. 그리고 사지를 헤매이고, 옥에도 무수히 갇히고, 굶주리며 헐벗었습니다. 그러면서도 빚진 자의 심정으로 지중해를 건너 마게도냐와 로마, 멀리 서바나까지 가서 복음을 전하겠노라고 하면서 미친 사람처럼 불붙은 심정으로 복음을 증거했습니다.

마틴 루터 킹 목사는 이런 말을 했습니다. "사람이 만든 법률은 정의를 보증하지만 보다 더 높은 법률은 사랑을 발생하게 한다. 세계에 어떤 법률도 진정한 사마리아인 같은 완전한 동정, 순수한 사랑, 철저한 애타주의를 산출해내지는 못한다"라고 했습니다.

그렇습니다.

그리스도의 위대한 속죄와 구원에 변화를 입고 그 사랑을 입게 되었을 때에는 누구의 강요 때문이 아니라, 넘치는 자율적인 사랑으로 남을 내 몸같이 사랑하며 타인의 생명을 귀중히 여기는 일을 하게 되는 것입니다.

피어스 선교사가 중국이 공산화되기 전에 상해에 잠시 들렀던 일이 있었다고 합니다. 그곳에서 하룻밤을 지내는데 옆에 있는 선교사가 자꾸 흐느껴 울며 기도를 하더라는 것입니다. 그래서 물어보았더니 그 선교사의 대답이 "우리 부부는 사람들이 가지 않는 깊은 지역으로 가기로 지원해서 티베트 접경에 파송을 받았습니다. 그런데 처음 2년 동안은 한 사람도 구원하지 못했습니다. 2년 만에 겨우 한 여자아이가 믿게 되었습니다. 시간이 흐르면서 돌같이 굳은 사람들의 마음이 조금씩 누그러져서 14년 만에 다시 한 사람이 세례를 받게 되었습니다. 그래서 21년 만에 8명의 신자가 되었습니다. 그런데 딸애가 몸에 병이 들어서 가족과 함께 상해에 나왔는데, 어제 의사의 진단을 받아보니 나병 기운이 있다고 하는 것입니다. 그래서 제 아내와 딸은 배편으로 본국에 돌려보냈습니다. 내일은 저 혼자서 다시 티베트 접경으로 돌아갑니다"라고 이야기를 하더라는 것입니다.

피어스 목사는 이 21년간 미국에 한 번도 돌아가지 않고 고생한 선교사에게 "내가 비행기표를 사줄 테니까 미국에 먼저 돌아가서 아내와 딸을 잘 치료하도록 해놓고, 그리고 다시 선교사로 가는 것이 어떻겠습니까?" 하고 권면

했다고 합니다.

그랬더니 그 선교사는 "아닙니다. 아내와 딸을 보내서 울고 있는 것이 아니라, 잠이 들었는데 예수님께서 제 머리 앞에 서 계셨습니다. 머리에는 가시관, 발에는 샌들을 신으시고 저에게 하시는 말씀이 '자, 형제여! 내일은 나와 함께 티벳으로 돌아가자. 나와 함께 그곳으로 가줄 사람은 그대뿐이구나'라고 말씀하셨습니다. 이 말씀을 듣고 보니 너무 황송하고 감격해서 참을 수가 없어서 '주님이시여, 저 같은 놈을, 아무것도 아닌 저를 이렇게 귀히 써 주시오니 감사합니다'라고 했습니다. 그래서 눈물을 흘리고 있습니다"라고 말을 하더라는 것입니다.

사람이 상상할 수 없는 위대한 차원의 구원은 우리를 위해서 대속의 피를 흘려주신 그리스도가 우리의 영 속에, 우리의 인격 속에 살아 계셔서 우리를 택하시고, 사용하시고, 역사하시는 그것을 통해서 위대한 놀라운 결실이 나타난다고 하는 사실입니다.

현대야말로 예수님이 말씀하시던 여리고 도상과 같이 생각할 수 없는 위기와 또 걷잡을 수 없는 참상으로 죄악의 상흔을 입고 영혼이 멸절되어 가며, 인격과 인격이 모두 상실되어 가는 현실입니다. 이러한 현대판 여리고 도상에서 꼭 필요한 것은 착한 사마리아인뿐입니다.

위기적인 현실을 도피하지 않는 참된 사랑을 실천합시다. 그리고 죽어 가는 많은 생명을 바라보면서 입장을 바꾸어 놓고 내가 당한 것이라 생각하고, 그리스도의 참사랑을 자율적으로 실천합시다. 이것만 있으면 여리고 도상은 더 이상 피의 도상이 아니고 죽음의 도상도 아닌 위대한 사랑의 발생지이고, 또 거기서 이루어지는 새 생명의 약동이 온 세계에 있는 사람을 개조하는 변화가 올 것입니다.

그리스도인의 시간 설계

에베소서 5:8-21

창조주 하나님께서 우리 각 개인에게 생명을 주셨습니다. 그리스도로 말미암아 속죄의 새생명을 얻게 해 주셨습니다. 그리고 새로운 나날을 선물로 주십니다.

시간이야말로 하나님께서 우리에게 주신 가장 귀한 선물입니다.

그런데 '시간' 그 자체를 나의 소유로 삼을 수는 없습니다. 반드시 도로 찾아가십니다. 다만 맡겨 주실 뿐입니다. 시간을 맡았을 동안에 그 시간을 어떻게 사용하느냐 하는 것이 중요합니다. 장차 시간을 무엇에 어떻게 썼는지를 그대로 보고해야 한다는 것을 잊지 말아야 합니다.

그런데 이렇게 귀중한 시간을 얼마나 맡겨 주셨는지 우리는 알지 못합니다.

M. 아우렐리우스는 이렇게 말했습니다.

> "어제까지만 해도 태아이던 것이 내일이면 뻣뻣한 시체나 한 줌의 재가 되어버리니, 내 몫으로 할당된 시간이란 그토록 짧은 것이다. 이치에 맞게 살다가 즐겁게 죽어라."

인생은 허무할 정도로 짧은 것입니다. 더욱이 시간은 쉴 줄을 모릅니다. 시간이라고 하는 거리에는 멈춤 사인이 전혀 없습니다. 자나 깨나 낮이나 밤이

나 계속 달립니다. 물통의 물이나 쌀통의 쌀은 퍼내야 없어지지만, 시간은 퍼내지 않아도 쓰지 않아도 자꾸 줄어듭니다. 혹시 잃어버렸던 돈 가방은 도로 찾을 수 있을지 몰라도, 시간은 잃어버리면 영원히 다시 찾지 못합니다.

입 밖에 내뱉은 말이나 쏘아버린 총알이나 흘러간 세월은 그냥 지나버린 뒤에는 다시 돌아오지 않습니다. 시간은 서로 주고받는다든지 모자란다고 좀 보태주거나 부족하다고 꾸어주지도 못합니다.

그리고 기막힌 것은 나의 시간이 끝날 때에 아무런 예고가 없다는 것입니다.

M. 아우렐리우스가 "그대는 지금이라도 곧 인생을 하직하지 않으면 안 된다는 것을 늘 생각하고 살라"고 한 말은 누구나 다 명심해야 할 말입니다. 단 일 초라도 잘못 사용해서는 안 됩니다.

유명한 교부 어거스틴은 "원래 과거, 현재, 미래의 세 가지 시간이 있다고 하는 것은 타당치 못하다. 정확하게 말한다면 과거의 것의 현재, 현재의 것의 현재, 미래의 것의 현재라고 하는 세 가지 시간이 있다고 보아야 한다. 과거의 것의 현재는 기억이며, 현재의 것의 현재는 직관이며, 미래의 것의 현재는 미리 짐작하는 예지인 것이다"라고 말했습니다.

그렇습니다. 흘러가버린 물로는 물레방아를 돌게 할 수 없습니다. 지나가버린 시간은 내 시간으로 되찾을 수 없습니다. 그러므로 현재 시간을 잃어버리지 않도록 해야 하며, 현재 시간을 바로 사용하는 것이 인생을 승리하는 것이고 영원히 행복한 길이 되는 것입니다. 그래서 성경은 "세월을 아끼라"고 말씀합니다.

그런데 많은 사람들이 현재의 시간을 아끼지 못하는 이유가 어디에 있는지 아십니까?

첫째로, 너무 여가 시간을 욕심내고 있기 때문입니다.

사람은 보통 일할 수 있는 30년간, 그러니까 10,950일, 즉 262,800시간 중에 3,535일 22시간 정도는 잠을 자고, 707일 4시간은 식사시간으로 써야 하며, 836일 11시간은 공부하는 데 쓸 수밖에 없고, 잡담하는 시간 973일 8시간, TV

감상하는 시간 775일 15시간, 전화하는 시간 691일 23시간, 남을 평론하는 시간 441일 1시간, 공연히 빈둥빈둥하는 시간 197일 17시간을 보내고 보면 일할 시간이 별로 없습니다.

그런데 사람에게는 의무, 책임이라는 속박에서 해방되려고 하는 본능이 강합니다. 그래서 취미, 오락, 스포츠, 낚시, 사냥, 수영, 여행, 사교 등의 시간을 쓰기 원합니다.

경제적 생활이 윤택해질수록 이런 방면에 많은 욕심을 가집니다. 이런 것에 시간을 많이 쓸수록 정신적으로 분주하다고 하는 다망 의식에 사로잡히게 됩니다.

정상적인 생활에 시간을 많이 쓸수록, 경제적 생활이 윤택해질수록, 이런 방면에 많은 욕심을 가지게 됩니다. 이런 것에 시간을 많이 쓸수록 정신적으로 매우 분주하다는 의식에 사로잡혀 정상적인 생활에 시간을 바로 쓰지 못하게 되는 것입니다.

또 지나치게 일에 미치면 시간을 바로 쓰지 못하기 쉽습니다.

가령 수입을 많이 늘리려고 노동을 하거나, 학생이 공부에 열중하거나 가정주부가 살림을 알뜰하게 하느라고 힘쓰는 것은 좋으나 분별없는 맹목적인 노동이었을 때는 아무 의미가 없습니다.

사람에게는 일을 한다고 하는 것보다 더 중요한 것이 있습니다. 무엇을 위해서 일하는가가 분명해야 하는 것입니다. 인생의 목표가 뚜렷해야 하는 것입니다. 일을 부지런히 하는데도 불안과 불만과 피곤만 오는 까닭이 어디에 있는지 아십니까? 목표가 분명하지 못한 활동이기 때문입니다.

또 공연히 한가한 사람은 피곤해집니다.

쓸데없이 옷을 자주 갈아입고, 필요 이외의 음식을 자주 먹으며, 농담과 잡담을 일삼거나 무질서하게 잠을 자는 사람, 그리고 또 무슨 일에 결심이 오래 걸리는 사람, 말하자면 규칙 없이 사는 사람은 일생이 피곤할 수밖에 없습니다. 물론 불규칙하게 사는 사람은 모든 일을 능률 있게 하지 못합니다.

또 바른 흥미를 가지지 못하는 사람은 시간을 바로 쓰지 못합니다.

"저는 성경 볼 시간이 도무지 없습니다" 하면서도 사실 아침 저녁 신문은 오랜 시간을 자세히 읽고 있습니다. "바빠서 기도할 시간이 없습니다"라고 하면서 TV 연속 드라마는 꼬박꼬박 오랜 시간을 보고 있습니다. "직장 때문에 예배에 참석할 수 없습니다" 하면서도 친구와 주일날 등산은 자주 가고 있습니다. 말하자면 자기가 흥미를 가지고 있는 일에는 시간을 내어서 그 일부터 하면서, 흥미 없는 일에는 시간이 없다는 구실로 일을 게을리하는 것입니다.

시간이 길고 짧은 것도 마찬가지입니다. 예배 시간이나 성경 공부 시간은 한 시간도 매우 길다고 하고, 영화 감상은 3시간이나 4시간도 짧다고 생각합니다. 자기 흥미에 맞는 일은 종일 해도 부족하게 생각하지 않으면서 흥미 없는 일에는 시간이 아깝다며 지겹게 생각하는 것입니다.

사람이 시간을 바로 사용하고 인생을 바로 살려고 하면 거룩한 고차원의 흥미를 가져야 합니다.

그렇다면 세월을 아끼는 것은 어떻게 하는 것입니까?

먼저 기회를 사도록 해야 합니다.

"세월을 아껴라" 하는 말은 헬라어로 '기회를 사라'고 하는 뜻을 가지고 있습니다. 기회는 모든 사람에게 주어지지만 그것을 활용하려는 사람은 많지 않습니다. 많은 사람이 실패하는 까닭은 기회를 바로 포착하지 못하기 때문입니다.

곡식을 심어야 할 때를 놓치면 좋은 열매를 거둘 수 없게 됩니다. 제때에 심었을지라도 물을 주어야 할 때 물을 잘 대주고, 약을 주어야 할 때 부지런히 약을 주어야 하며, 거두어들여야 할 때에는 반드시 거두어들여야 합니다.

인생에는 반드시 기회가 있습니다. 가룟 유다가 예수님을 팔려고 했을 때 예수님께서 "너희 중 하나가 나를 팔리라"(요 13:21)고 말씀하셨습니다. 유다에게 회개할 기회를 주신 것입니다. 그러나 가룟 유다는 회개하지 않았습니다. 그 후 가룟 유다는 완전히 멸망당하고 말았습니다. 회개할 기회를 주실 때 놓치지 말고 전심으로 회개하면 그것이 사는 길이 되는 것입니다.

예수님께서 비유로 “열 처녀가 신랑을 맞으려고 준비했는데 그중 다섯 처녀는 신랑을 맞았고 다른 다섯 처녀는 신랑을 맞지 못했다”라고 하셨습니다. 열 처녀에게 준비할 기회는 똑같이 주었지만 다섯 처녀만 기회를 바로 붙잡았고 다섯 처녀는 기회를 놓친 것입니다.

여리고로 내려가던 어떤 사람이 강도를 만나 거의 죽게 되었습니다. 제사장도 그냥 지나갔고 레위 사람도 지나쳐갔는데, 이스라엘과 원수 감정을 가질 수밖에 없는 사마리아 사람이 그를 도와 살려주었습니다. 봉사할 기회를 주셨는데 사마리아인이 도와서 살렸다고 하는 내용입니다.

에티오피아 궁중 내시를 만난 빌립 집사는 기회를 놓치지 않고 전도해서 세례를 받게 했습니다. 이로 인해서 아프리카에 일찍이 복음이 들어가게 되었습니다.

회개할 기회, 봉사할 기회, 전도할 기회, 헌금할 기회, 하나님의 말씀을 배울 기회, 하나님의 사업을 할 기회를 바로 붙잡아 최선을 다하는 것이 세월을 아끼는 생활입니다.

또 가장 귀한 시간을 먼저 하나님께 바치는 것이 세월을 아끼는 생활입니다.

예수님께서 “너희는 먼저 그의 나라와 그의 의를 구하라”라고 말씀하셨습니다.

주일에 빠진 성도에게 “왜 예배에 참석하지 못했느냐”라고 물으면 “분주해서 못 나왔습니다”라고 대답하는 경우가 있습니다. 이 말은 “나의 일을 먼저 다하고 시간이 남아야 예배에 참석하겠다”고 하는 대답입니다. 귀중한 시간은 나를 위해서 쓰고, 나머지 시간에 신앙적인 일을 하겠다고 하는 것은 근본적으로 바꾸어야 할 태도입니다. 하나님께 먼저 귀중한 시간을 바치는 일을 하고, 또 실생활에서 그 뜻을 실천하는 생활을 할 때에 성화가 오게 되는 것입니다.

이런 분들에 의해서 위대한 역사가 이루어지는 것입니다. 길게는 일생, 짧게는 금년 한 해 동안 기회를 사도록 합시다. 그리고 가장 귀중한 시간을 먼저 하나님께 바쳐서 그가 명하시는 대로 힘써 일하도록 합시다.

그렇게 하면 금년과 여러분의 일생은 여러분 자신은 물론이고 가정, 그리고 우리 한국이 달라지게 될 것입니다.

초판 당시의 제직원들

손님

우리 사회에서 가끔 '주체성'이라는 말을 듣게 됩니다. 아마도 우리나라 사람들이 주체성이 좀 약해서 나온 말일지도 모르겠습니다.

사실 "우리 인간의 본질이 무엇이냐?" 하는 문제에 있어서 여러 가지로 말할 수 있습니다. 그러나 한 가지 분명한 것은 '우리 인간의 본질은 객관화할 수 없는 자아 자신의 영의 체험에서만 얻어지는 특질을 가지는 존재'라는 점일 것입니다. 그런 의미에서 자아의 본질을 외부에서만 관찰하는 것은 꼭 타당하다고 할 수 없습니다.

우리 인간의 이 자아를 주인이라고 편의상 표현해 봅시다. 이에 대한 객관, 객체를 쉽게 손님이라고 표현해 봅시다. 그런데 손님이 없으면 주인이 성립하지 않는다는 사실입니다.

우리가 귀중하게 여기는 주체성을 알고 보면 나면서부터 아버지, 어머니, 형제라고 하는 손님 틈에서 영향을 받으면서 살아온 것이 사실입니다.

우리들이 가지고 있는 생각도 감정도 모두 따지고 보면 내 자신이 만들어 낸 것이 아닙니다. 모두가 다 손님에 의해서 배운 것입니다. 우리가 쓰고 있는

---

* 이 내용은 설교가 아니라 KBS TV를 통하여 방송된 것임.

말도 이 말을 꾸며낸 법칙도 모두가 내 자신의 창작이 아닙니다. 손님에 의해서 배운 것입니다. 그러므로 자신의 주체성의 성장에 있어서는 무엇보다도 이 손님을 귀중히 여겨야 할 것입니다.

첫째, 우리 자신의 주체성을 바로 키우려면 삼라만상의 자연계의 손님을 잘 맞이해야 합니다.

아시시의 성자 프랜시스는 기독교계뿐만 아니라 전 세계 역사상 좋은 영향을 끼친 훌륭한 위인입니다. 그는 모라비안 교단의 진센돌프의 영향을 받았습니다. 16세기 만국공법을 만든 에라스무스도 프랜시스의 영향을 받고, 또 종교개혁자 마르틴 루터도, 영국을 무혈혁명을 통하여 사회 개조에 성공했다는 웨슬리 같은 이들도 모두 다 이 프랜시스의 정신적 영향을 받은 분들입니다.

그런 의미에서 프랜시스는 매우 훌륭한 분이라고 할 수 있습니다. 그런데 이 프랜시스는 자연을 사랑하는 생활을 했습니다. 태양은 형제요, 달과 별은 자매로 여겼습니다. 그는 바람, 물, 불, 꽃, 대지, 나무, 풀, 짐승 등 모두 다 형제자매로 여겼습니다.

프랜시스에 의해서 자연에 돌아가는 것을 배우고, 또 이 자극에서 자연 과학 연구가 왕성해졌다고 할 수 있습니다. 시계학의 발달도 프랜시스의 영향이고, 또 시각 장애인, 청각 장애인, 농아인을 위한 말 배우기 운동, 점자 등이 모두 프랜시스의 영향에 의해서 생겨났습니다.

자연 속에 신비한 힘이 있습니다. 생명이 있습니다.

이 우주의 깊은 뜻을 읽기 원하십니까?

자연과 사귀게 되는 중에 하나님의 섭리와 지혜와 사랑을 촉감으로 느끼게 되는 것입니다. 비행기로 하늘을 날기 2천 년 전에도 나비는 자유자재로 날아다녔습니다. 물딱정벌레 같은 것은 날 수도 있고, 물속에 잠수할 수도 있고, 육지로도 갈 수가 있습니다. 그러니까 수·륙·공 겸용 만능 장치를 가지고 있는 셈입니다. 미미한 벌레 속에도 인간의 힘이 미치지 못하는 신비의 예지와 조화가 담겨 있는 것을 볼 수 있습니다. 사실 자연을 등진 도시 생활에 무질서가 있습니다. 온갖 죄악이 발생합니다.

불량한 소년 소녀들이 생기고, 정신질환자들이 생겨납니다. 저능아가 생겨납니다. 백치가 생깁니다. 군중의 심리적인 흥분도 대도시에서 나오고, 온갖 사상과 주의가 번갈아 환영을 받는 것도 대도시입니다. 도시야말로 사상적 무법 지대라 할 수 있습니다. 온갖 더러운 병균 같은 것도 도시에 다 집중되어 있다고 할 수 있습니다.

숭고한 우주 목적을 알며, 아름답게 살려는 참된 주체성을 키우려고 하면 프랜시스와 같이 하나님이 지어주신 아름다운 자연 삼라만상을 접촉하고, 그 속에서 하나님의 음성을 듣는 것이 매우 중요합니다.

둘째, 고난이라는 손님도 맞이해야 합니다.

사람은 누구나 이 고난이라는 손님을 좋아하지 않습니다. 그러나 반드시 누구에게나 찾아옵니다.

여러분들도 시성 단테를 잘 아실 것입니다. 카알라일 같은 이는 단테를 영웅 시인이라고 불렀습니다. 무엇이 그를 그렇게 위대하게 만들었습니까? 그에게는 운명적인 고난이라고 하는 손님이 찾아왔습니다.

그는 이탈리아 플로렌스의 명문가에서 태어났습니다. 다정다감하고 열정적으로 삶을 살다간 사람입니다. 젊어서 시련의 고뇌를 맞은 후에 학문과 정치에 투신하게 되어 정치 지도자까지 되었습니다.

그러나 실각이 되어서 명예와 재산을 다 박탈당하고 추방되고 말았습니다. 37세 때 이렇게 완전히 참패하였습니다. 그 후 56세에 생애를 마치게 되었는데, 그는 그때까지 인생고의 밑바닥에서 헤어나오지 못했습니다. 그에게 끼쳐진 죄목은 공금 낭비, 독직, 사기, 반역죄로 좋지 못한 죄명들이었습니다.

그는 쫓겨난 후에 "만약 플로렌스에 다시 돌아오면 산 채로 화형에 처할 것이다" 하는 선고를 받기까지 하였습니다.

단테는 수치와 모욕 속에서 일생을 끝마쳤습니다. 참으로 비참한 고통의 20년간이었습니다. 하지만 그 고통의 시간들이 단테의 영을 깨끗하게 단련시켜 주었습니다.

야심은 고통 속에서 녹아 없어졌습니다. 정욕도 말갛게 씻겨져 나갔습니다. 전에 없었던 거룩한 고차원적인 생각이 떠올랐습니다. 불멸의 명작 《신곡》을 이때 써 내려갈 수 있었습니다.

거룩하고 깨끗한 참된 주체성은 고난이라는 손님을 통해서 얻어집니다. 비단 개인뿐만이 아닙니다. 국가, 민족, 사회도 마찬가지입니다. 고난을 잘 극복해 나갈 때 위대하고 숭고하며 거룩한 변화와 영적 향상이 이루어지는 것입니다.

그리고 꼭 한 가지 기억해야 할 손님은, 우주 창조주 하나님을 마음속에 모셔야 합니다.

아무리 좋은 자동차라도 운전사가 나쁘면 목욕탕을 들이박고, 기차와 충돌하고, 비탈길로 굴러떨어집니다.

우리 인간은 주체성이라 하지만 서툰 운전사입니다. 조그마한 혀 하나도 쓸 줄 몰라서 욕하는데, 더러운 말, 중상, 파괴적인 쓸데없는 말, 하지 말아야 할 말들을 너무 많이 합니다. 서툰 운전사가 인생을 지배하는 한 실패로 떨어질 수밖에 없습니다.

그런데 하나님을 우리 마음속의 주인으로 모실 때 우리는 이렇게 파괴적으로 잘못 쓰는 혀로써 하나님을 영화롭게 하고, 사람에게 유익을 끼치고, 위대한 사회를 건설해 갈 수 있으며, 놀라운 창조적 역할을 하는 데 사용될 수 있습니다.

비단 혀만 그렇습니까? 그렇지 않습니다. 우리의 생각, 재능, 지식 등 인격의 전 존재를 하나님께서 다스려 주실 때 놀라운 큰 힘을 발휘하게 되는 것입니다.

제2부

하나님의 사랑과

선으로 바꾸시는 하나님
하나님께로서 난 자
하나님께서 기뻐 쓰시는 사람
신자의 실패, 그 교훈
아버지와 아들
남긴 칠천
하나님을 위하여 미친 삶
묵은 땅을 기경하라
기다리고 영접하는 믿음
네 떡을 물 위에 던지라
지금 알았더라면
삼손의 실패와 회복
해방 민족이 입을 새 옷
새 사냥꾼

선으로 바꾸시는 하나님

창세기 50:19-21

성경에 나타난 인물 중에 요셉이야말로 전 인류에게 가장 큰 산 교훈을 주고 있는 사람입니다.

그중에 주목할 점은 하나님께서 요셉의 생애를 선으로 바꾸어 주신 일입니다.

1. 요셉을 노예로 만드셨다

본문 20절에 요셉이 형들을 향하여 "당신들은 나를 해하려 하였으나 하나님은 그것을 선으로 바꾸셨다"라고 하였습니다.

족장의 자손인 요셉이 부친의 총애를 독차지하며 행복하게 자라다가 하루아침에 17세 소년 노예가 되었습니다. 가장 비참한 불행을 당한 것입니다.

그런데 요셉은 노예가 되게 해 주신 것을 하나님께서 선으로 바꾸어 주셨다고 간증하고 있는 것입니다. 왜냐하면, 참된 인생으로서의 성공 제1조가 신앙 안에서 노예가 되는 것입니다.

빌립보서 2장 5-7절에 "너희 안에 이 마음을 품으라 곧 그리스도 예수의 마음이니 그는 근본 하나님의 본체시나 하나님과 동등됨을 취할 것으로 여기지 아니하시고 오히려 자기를 비워 종의 형체를 가지사 사람들과 같이 되셨다"라고 하였습니다.

예수님께서 세상에 노예로 오셔서 친히 섬기는 생을 사셨습니다.

누가복음 17장 5-10절을 보면 제자들이 예수님에게 "우리에게 믿음을 더 하소서" 하고 요청하였을 때 주님께서 직접 비유를 들어 "완전 노예가 되라"고 하셨습니다.

갈라디아서 2장 20절에 바울 사도도 "내가 그리스도와 함께 십자가에 못 박혔나니 그런즉 이제는 내가 사는 것이 아니요 오직 내 안에 그리스도께서 사시는 것이라"고 하였습니다.

바울 사도는 그리스도의 완전 노예로 살았습니다.

히브리서 3장 5절에 "모세는 하나님의 온 집에서 종으로서 신실하였다"라고 하였습니다.

마태복음 25장 14-30절에 예수님께서 냥중(量重),** 두 냥중, 한 냥중 맡은 종의 비유를 말씀하시면서 그 결론으로 "노예로 충성한 종에게 보상과 영광이 있다"라고 하셨습니다.

우리나라는 1963년부터 1977년까지 광부 약 8천 명(7,936명)과 1950년대 말부터 1976년까지 간호사 약 만 천 명(10,723명)을 파독하였습니다. 물론, 당시 광부나 간호사들이 노예로 팔려간 것은 아닙니다. 우리나라가 6.25 한국전쟁으로 인한 폐허로 세계 최빈곤국이었을 때 정부가 주도하여 경제 타개책의 방법으로 선진국 독일에 광부와 간호사를 파송하기로 하자 유망한 젊은이들이 구름떼같이 쇄도하였는데 그중에서 엄선하여 파송받은 엘리트 급의 지원자들이었습니다.

그러나 그들이 독일에 가서 하는 일은, 간호사들은 시신 세척, 장례를 치르는 일과 광부들은 수천 수백 미터 지하 갱에서 노예같이 중노동하였는데 그 중에는 하나님을 잘 섬기는 남녀 요셉이 있었다는 것이 참 감사한 일입니다.

하나님을 모르는 죄인에게는 고난이 형벌과 심판과 저주와 멸망의 근거가 되지만 하나님을 섬기는 신앙인에게는 고난이 도리어 연단과 교육과 전환과

** 처음의 우리말 성경은 마태복음 25장의 달란트 비유를 "한 냥중, 두 냥중, 닷 냥중"이라 번역하였던 바, 목사님은 습관적으로 그렇게 말씀하셨다.

축복과 보상과 영광의 기회가 됩니다. 요셉 역시 노예 고난을 통하여 비로소 하나님께서 직접 자신과 함께해주시는 것을 몸으로 확실히 체험하였습니다. 그 노예 고난을 통하여 순수한 신앙을 얻게 되었을 뿐 아니라 대인 관계가 성실해지고 사랑을 실천하는 힘도 얻게 되었습니다.

요셉이 노예 고난을 통하여 대 애굽제국의 총리가 되어 당시 온 세상 사람을 살려내는 일을 할 수 있었습니다. 한국 정부는 경제 목적이었지만 하나님께서는 한국의 유능한 젊은이들을 독일에서 노예적 봉사로 제2의 요셉 프로세스(과정)를 밟게 하셨고 거기서 결혼하여 낳은 자녀들 중에서 요셉 같은 인물을 키우신 것입니다.

중국의 관자(管子)가 "한 해의 계획은 곡식을 심는 일만한 것이 없다. 십 년의 계획은 나무를 심는 일만한 것이 없다. 그런데 평생의 계획은 인재를 양성하는 것만한 것이 없다" 하였습니다. 물적 자원이 아무리 많아도 인적 자원이 없으면 뿌리 없는 나무처럼 미래가 없습니다.

한국 정부는 물적 자원 때문에 독일의 돈을 벌게 하기 위해 한국 남녀 젊은이들을 보냈습니다. 하지만 하나님께서는 그것을 선으로 바꾸사 요셉같이, 하나님께서 각 방면에 필요할 때 유의하게 쓰실 인재로 배양하여 인적 자원이 되게 하셨습니다.

인적 자원이 많으면 미래가 밝습니다. 물적 자원은 한시적이지만 인적 자원은 날이 갈수록 열매 맺는 지속성이 있습니다.

고난 속에서 연단 받은 인재가 세상을 살립니다. 친구이기도 하며 협력자이기도 한 스타우피츠의 도움으로 고학한 루터는 교회 개혁운동을 일으킬 수 있었고, G. 파렐의 도움으로 존 칼빈은 제네바 개혁운동의 결과로 장로교를 비롯한 개혁교회 운동을 완성할 수 있었습니다.

하나님께서는 오늘날도 참 신앙적 노예를 찾으시고 그 사람을 쓰십니다.

2. 요셉을 섭리 신앙으로 순종하게 하였다

요셉이 "당신들은 나를 해하려 하였으나 하나님은 그것을 선으로 바꾸셨다"라고 하였습니다.

요셉은 남도 아닌 형들에게 노예로 팔리는 충격적인 불행을 당함으로 인간을 의뢰하지 않고 오로지 하나님께서는 선으로 바꾸어 주실 것이라는 하나님의 섭리만을 확신하는 믿음으로 참고 이겼습니다.

그리고 인간적으로 복수할 수 있는 좋은 기회가 왔을 때도 더 유익하게 해주시는 하나님의 섭리를 믿는 믿음으로 형들을 용서하고 사랑하였습니다. 어떠한 일을 당해도 반드시 선으로 바꾸어 주시는 하나님의 섭리를 믿고 순종하는 것이 요셉의 신앙이었습니다. 하나님께서는 그 섭리를 믿고 순종하는 신앙을 보시고 엄청난 큰일을 맡기신 것입니다.

세상에서 가장 위대한 발견은 하나님의 섭리를 깨닫고 알게 되는 발견입니다. 세상에서 가장 철저한 신앙은 하나님의 섭리를 믿고 순종하는 신앙입니다. 나아가, 세상에서 가장 놀라운 체험은 하나님의 섭리를 온몸으로, 삶으로 체험하는 것입니다.

스칸디나비아에 베드로라는 어부가 아들과 함께 고기잡이로 바다에 나갔다가 예상치 못했던 폭풍을 만나 표류하게 되었습니다. 칠흑 같은 밤, 베드로는 파도와 강풍과 몇 시간을 싸웠으나 방향과 기력을 모두 잃고 자포자기의 상태에서 아들과 함께 마지막 기도를 드릴 수밖에 없었습니다.

그런데 바로 그때 먼 곳에서 강렬한 불기둥이 솟구쳐 오르는 것을 보았습니다. 그 불기둥을 목표로 삼아 그 불기둥 쪽으로 사력을 다해 노를 저었습니다. 그런데 도착하고 보니 자기 마을이었습니다.

그리고 아내를 만나게 되는데 아내가 걱정하며 말합니다. "여보, 내 실수로 우리 집에 불이 나서 세찬 바람에 모든 세간을 몽땅 다 태워 버렸어요. 미안해요!"

이에 베드로는 아내를 껴안으며 "여보, 고맙소. 당신이 실수로 집을 태워서 그 불기둥을 보고 우리 목숨을 구했소. 당신이 불을 낸 것이 아니라 하나님께서 불나게 해주셨군요, 감사합니다. 감사합니다." 하였습니다.

우리 인간의 좁은 시각은 풍랑과 불탄 집만을 보고 실망하지만 하나님께서는 구원을 주시기 위해 보다 깊고 크신 섭리로 살려주시는 것입니다. 한국에 6.25라는 큰 화재가 나서 몽땅 타버려 문자 그대로 망해버렸습니다. 미래에 대한 전망이 전혀 보이지 않게 되었습니다.

그런데 하나님께서는 한국의 교회와 나라를 다시 살리시고 더 넓은 세계로 진출하여 큰일을 하도록 섭리하신 것입니다.

요셉은 눈앞에 당한 노예나 누명을 쓰고 감옥에서 고생한다고 생각하지 않았습니다. 반드시 선으로 바꾸시는 하나님의 섭리를 믿음의 눈으로 보면서 순종하였습니다. 요셉이 그저 집에만 있었다면 무명 목동으로 생을 마쳤을 것입니다. 불행을 당한 것을 하나님이 선으로 바꾸심으로 대 애굽제국의 재상이 되게 하신 것입니다.

유능한 한국의 젊은이들이 대거 독일로, 브라질로 이동해 가게 된 것은 한국의 폐허로 인한 경제 문제였고 당시 정치적 상황일 수도 있었지만 그 속에는 1863년부터 자진하여 연해주로 이주한 것을 비롯하여 100여 년 전에 북미 대륙 이민, 6.25 이후에 브라질을 위시한 남미 대륙 이민, 호주와 캐나다 대륙에 이어 유럽으로의 이민으로 선교를 준비시킨 것은 선으로 바꾸시는 하나님의 섭리가 있었던 것입니다.

한국교회는 그 옛날 요셉이 하나님의 섭리를 믿는 신앙으로 하나님의 뜻에 순종했듯이 이제와 미래 역시 선으로 바꾸시는 하나님 안에서 오로지 감사할 것입니다.

3. 요셉이 사람의 생명을 구원하게 하셨다

요셉은 "하나님은 그것을 선으로 바꾸어 오늘과 같이 많은 백성의 생명을 구원하게 하셨다"라고 말합니다. 요셉은 하나님께서 사람을 구원하시기 위해 자신을 살려 주셨다는 강력한 소명 의식이 있었기 때문에 노예가 되어도, 죄수가 되어 감옥에 갇혀도, 총리가 되어도 변함 없이 많은 백성의 생명을 구원하기 위해 힘을 썼습니다.

우리보다 앞서 간 선배들은 나라를 빼앗기고 여건이 매우 좋지 못한 가운데서도 사람을 구원하는 일을 힘썼습니다. 특히 6.25 때는 나라가 무너졌습니다. 그런데도 살아남은 신자들이 "하나님 아버지여, 살아남게 해 주신 것만이라도 감사합니다. 덤으로 받은 생명을 전도와 충성으로 보은하겠습니다"라고 하며 도리어 그때에 전도에 목숨 바쳐 100년 동안 구령 활동에 힘쓴 결과 현재 전 세계적으로 재외 한국 동포 수는 700만에 달합니다. 이는 남북한 7,000만 인구의 열 명 중 한 명에 해당됩니다.

지금까지 전 세계 100여 개 나라에 730만 명가량 흩어져 사는 민족은 유대 민족이었습니다. 그런데 현재는 유대 민족보다 더 많은 175개 국에 726만 명이 산재해 사는 민족이 우리 한국 민족이 되었습니다.

그런데 이 두 민족은 가는 데마다 교회를 세우는 것이 독특합니다. 그래서 선민이라고 말합니다. 유대 민족은 동네마다 시나고그(Synagogue), 회당을 세우는데 한국 민족은 한 동네에도 몇 처소씩 교회를 세웁니다. 건물의 층층마다 앞에도 교회, 뒤에도 교회입니다. 이는 우리 스스로 한 일이 아니라 하나님께서 땅 끝까지 복음 증거하는 디아스포라(Diaspora) 민족으로 세우셔서 구령의 사명을 다하게 하시는 것입니다.

근래 들어 우리 한국의 자손들이 문화와 예술, 체육, 학계, 정치계, 경제 등 각 방면에 두각을 나타내고 심지어 젊은 청년들이 춤으로 세계를 사로잡고 있습니다.

이 모든 것은 한국교회로 하여금 지구촌 복음화의 큰 사명을 맡기시기 위해 한국을 전 세계에 알려 쓰시려는 하나님의 계획의 준비 과정입니다.

하나님께서는 한국교회를 쓰셔서 세계를 복음화하려고 하시는 것입니다.

오늘 우리 하나하나를 있는 처소와 직장과 사업처에서 선으로 바꾸사 세계 선교, 구령의 요인 중 일환이 되게 하셨다는 점에서 무한한 감사를 드립니다. 그저 때를 얻든지 못 얻든지 복음을 전파할 일입니다.

알버트 맥킨 집사가 열여섯 살 난 고등학생을 복음으로 인도한 결과가 세계적인 대전도자 빌리 그레이엄 목사입니다.

그 옛날 요셉의 존재가치는 노예도 총리도 아닙니다. 하나님의 섭리를 믿는 신앙인으로 인류 구원에 헌신한 데 있습니다.

우리나라의 존재가치도 정치나 경제에 있다고 생각하지 않습니다. 그것으로는 구원을 이룰 수 없습니다. 하나님의 섭리를 믿는 확고한 신앙으로 인류 구원의 사명을 다하는 데 우리 대한민국의 존재가치가 있는 것입니다.

한국교회는 개인이나 전체가 첫째도, 둘째도, 셋째도 사람을 구원하는 일에 힘쓰십시다.

초판 당시의 권사님들

하나님께로서 난 자

요한일서 5:1-5, 18-21

주후 3세기경 카르타고의 주교 키프리안은 친구 도나터스에게 이런 내용의 편지를 보냈습니다.

> "우리가 사는 세상은 못 믿을 정도로 악한 세상이야. 그러나 나는 이러한 세상 가운데서 하나의 위대한 비결을 터득하였네. 그리고 조용하고 거룩한 생활을 하는 사람들을 발견했네. 그들은 죄 많은 생활에서 보는 어떤 향락보다도 수천 배나 좋은 기쁨을 발견한 것일세. 그들이 멸시와 핍박을 받고 있으면서도 조금도 상관치도 개의치도 않는 것은 그리스도가 영혼의 지배자였기 때문일세. 이 사람들은 세상을 이긴 사람들이야. 이 사람들이 바로 그리스도인들인데, 나도 이들 중의 한 사람일세."

그렇습니다. 하나님께로서 난 자는 뚜렷한 목표가 그 생활에 있습니다. 세상 사람들의 모습과는 전혀 다른 삶을 살아갑니다.

첫째, 하나님께로서 난 사람은 의로운 생활을 합니다.

심리학자 칼 융은 말하기를 "모든 낡은 원시적인 죄는 죽지 않았다. 죄는 아직도 캄캄한 현대인의 심장 한구석에 송장처럼 웅크리고 있다"라고 했습니다. 세계는 비상하게 향상되고 발전되는 것처럼 보입니다. 그러나 인생만 조금도 나아지지 않았습니다. 왜냐하면 그 심령 속의 죄 문제를 해결하지 못했기 때문입니다. 하나님께로서 난 사람은 사죄받은 생활의 표가 명확해집니다.

우선 그리스도 안에 들어가자마자 가장 크게 달라지는 것이 있습니다. 그것은 자신의 육신의 자아에 크게 실망을 가지게 되는 것입니다. 심지어 죄를 극히 미워하게 되는 단계에 들어가게 됩니다.

사도 바울도 처음에는 "율법으로 흠할 데가 없노라"고 자기 자신의 생활을 퍽 자랑스럽게 생각하더니, 그리스도 안에 들어가자마자 "만물의 때만도 못한 놈이라", "만삭되지 못한 놈이라", "사형에 해당한 자라", "죄인 중에 내가 괴수라"고 자기를 미워하게 된 것입니다.

이런 자신의 죄된 모습에서 더 이상 스스로에게 아무것도 기대하지 않고, 철저한 회개를 통해 그리스도의 사죄의 은총 가운데 새 생활 속으로 들어가는 것이 바로 신앙입니다. 그때에 골로새서 1장 14절에 말씀하시는 바와 같이 "그 아들 안에서 우리가 속량 곧 죄 사함을 얻었도다"라고 하는 사죄 허락을 받게 되는 것입니다. 그 시간부터 옛사람은 이미 다 없어지고 새사람을 입게 됩니다. 그리스도의 형상이 우리 속에 계시게 되고, 마음속에 계신 그리스도의 뜻대로만 살아가게 됩니다.

옛사람과는 꼭 반대가 되어버리는 것입니다. 전에 사랑하던 것들은 다 소용없게 되고, 전에 좋아하던 것들도 다 내버리게 됩니다. 말하자면 죄악 된 것, 육욕적인 것은 다 미워하게 되고, 새로운 선과 의에 대해서 관심이 가고 새 힘을 얻게 됩니다. 모든 죄에 대해서 취미와 흥미가 다 없어지게 되고, 의에 대해서 눈이 밝아지고 의에 대한 욕구가 강해집니다.

친구 목사 한 분이 위 확장이라 하여, 위가 너무 커져서 부득이 수술을 했습니다. 위 3분의 1 정도를 떼어냈습니다. 물론 건강은 회복되었습니다. 그런데 한 가지가 달라졌는데, 위 수술 후에 구미가 달라졌다는 것입니다. 전에 맛있게 많이 먹던 것도 맛이 없어지고 전에 별로 먹지 않던 것이 맛이 생겨서 많이 먹게 되었다는 것입니다.

우리 죄악의 심령이 그리스도로 말미암아 수술을 받게 되면 구미가 달라집니다. 전에는 죄 먹기를 좋아하고 죄만 먹으려는 생리였는데, 이제는 그런 것이 맛이 없어지고 의에 굶주려지고 의를 먹고 싶어지게 됩니다.

둘째, 하나님께로서 난 사람은 세상을 이기게 됩니다.

요한일서 5장 5절에 "예수께서 하나님의 아들이심을 믿는 자가 아니면 세상을 이기는 자가 누구냐"라고 하였습니다. 그리스도 안에서 새로워질 때 새 성품이 생기는데 바로 죄와 싸울 수 있게 됩니다. 또 그 죄를 이기는 힘이 오는 것입니다.

영국 런던에서 빌리 그레이엄 대집회가 열렸습니다. 밤마다 수만 명이 모였는데 많은 죄인들이 나와서 회개를 하고 구원을 얻었습니다.

그중에 한 알코올 중독자가 있었습니다. 이 사람은 정신병 의사에게 가서 치료를 받다가 불가능하여 치료를 포기할 수밖에 없어서 알코올 중독자로서 이미 인생이 끝난 사람이었습니다.

그런데 그가 하루 저녁에 전도 집회에 참석했습니다. 그는 복음에 귀를 기울였습니다. '나도 희망이 있을 것 같다' 하는 생각이 떠올랐습니다. 몇 날 저녁을 계속해서 참석했습니다. 마침내는 손을 들고 앞으로 나가서 결단했습니다.

그날 밤 집에 돌아왔습니다. 자리에 눕기 전에 버릇대로 술병을 잡으려고 손을 내밀었습니다. 그 순간 무엇인가, 아니 누군가 손을 잡아채는 느낌이 들었습니다. 그는 벌떡 일어나서 술병을 모조리 다 가지고 밖으로 나가서 쏟아 버리고 말았습니다.

이튿날 아침 눈을 뜨자마자 다시 술병에 손이 갔습니다. 그런데 이미 술병은 다 없어졌습니다. 전과 같으면 마음이 슬퍼지고 실망감을 가져야 하는데, 그런 마음이 없어지고 기쁨이 충만해졌습니다.

그는 벌떡 일어나서 의사에게 달려가 "완전히 고쳐졌습니다. 생각지도 못했던 새사람이 되었습니다" 하고 말했습니다. 마침내 그는 의사까지 인도해서 독실한 신앙생활을 함께하게 되었다는 간증이었습니다.

그리스도 안에서 새로운 피조물이 된다는 것이 바로 이런 것입니다. 비단 알코올뿐만이 아닙니다. 모든 생활이 이렇게 근본적으로 상상할 수 없는 새 힘으로 바꾸어지는 것입니다.

우리의 의지와 동기가 새로워집니다. 행위와 이상이 이전과 딴판이 됩니다. 취미와 흥미도 다 변해 버립니다. 그리스도에 의해서 죄악된 육적인 소욕을 다 물리칠 수 있게 됩니다. 그리고 그리스도 안에서 만족하고 기쁨에 넘치는 생활을 하게 됩니다.

셋째, 하나님께로서 난 사람은 속죄애적인 형제애를 가지게 됩니다.

요한일서 5장 1절에 "예수께서 그리스도이심을 믿는 자마다 하나님께로부터 난 자니 또한 낳으신 이를 사랑하는 자마다 그에게서 난 자를 사랑하느니라"고 말씀하였습니다.

사람은 나면서부터 남을 사랑할 수가 없습니다. 사랑한다는 것은 모두가 빼앗는 방법뿐입니다.

남을 사랑하는 것은 하나님께로부터 난 사람만 가질 수 있는 것입니다. 신앙의 정도를 다른 데서 측정하기가 어렵습니다. 그러나 진정한 의미에서 형제를 사랑하는 사람은 참 신앙 안에 살고 있는 증거입니다.

그런데 사랑에도 등급이 있다고 생각합니다. 가장 밑바닥 사랑이라고 할 수 있는 것이 무자각의 사랑입니다.

인간 자신이 느끼지도 생각하지도 못하면서 사랑하는 그런 상태입니다.

그다음 한 단계 올라가면 본능적 사랑입니다. 가령 어머니가 어린아이를 사랑한다든지, 자기 민족을 사랑한다든지 하는 것은 거의 본능적 사랑이라고 볼 수 있습니다.

그리고 한 단계 올라가면 서로 사랑하는 호조애(互助愛)적인 사랑입니다.

서로가 돕는 사랑이지요. 친구와 친구 사이에, 국제간에 서로 사랑하는 것입니다.

그리고 한 단계 더 올라가면 희생적 사랑입니다.

자기 이익을 추구하지 않고 남의 이익을 위해서 내가 손해를 보는 사랑, 이것이 희생적 사랑입니다.

그런데 가장 높은 사랑은 속죄(贖罪)의 사랑입니다.

남의 죄를 사함받게 하기 위하여, 남의 생명을 살리기 위해서 나의 생명을 희생하는 것을 속죄의 사랑이라고 합니다.

예수님께서 하늘 보좌를 버리고 이 땅에 오신 것도, 십자가 위에서 자신의 목숨을 포기하신 것도 우리를 속죄해 주시기 위해서였습니다. 이것이 속죄의 사랑입니다.

하나님께로서 난 사람은 바로 속죄애로 말미암아 대속을 받는 동시에 이 속죄애를 나에게 전달해서 다른 생명을 죄에서 건짐받게 하는 것입니다.

무엇보다도 속죄의 사랑은 하나님께로부터 난 사람의 특징이라고 할 수 있습니다. 하나님께로서 난 사람은 이 세상에 흑암의 세력, 불의의 세력, 죄악의 세력이 아무리 팽창해도 신앙인에서 완전히 죄악을 이기는 승리의 생활을 하게 됩니다.

그리고 한 차원 높은 속죄애를 가지고 형제를 사랑하면서 그들을 죄에서 온전히 구속받게 하는 것입니다. 이런 위대한 생활을 우리들 자신이 가질 수 있어야 합니다.

바로 이것이 개인, 가정, 사회, 국가를 개조해 나가는 것입니다. 이 시간 우리 모두가 이 위대한 생활을 재확인합시다.

하나님께서 기뻐 쓰시는 사람

고린도전서 1:26-31

이 우주 안에는 두 가지의 위대한 힘이 있습니다. 그 하나는 하나님이시고, 다른 하나는 하나님을 믿는 신자들입니다. 이 사실을 성경은 밝히 증거해 주고 있습니다.

하나님은 능치 못한 일이 없으십니다. 신앙의 사람 사도 바울도 "내게 능력 주시는 자 안에서 내가 모든 것을 할 수 있다"라고 고백했습니다.

하나님께서는 그 놀라우신 능력을 마치 말을 수레에 연결시키듯이 인간 생활 속에 이어 주시고, 겸손한 신자의 손에 말 고삐를 쥐어 주시는 것입니다.

그리고 아무 보잘것없는 우리들에게 "나는 너희 하나님 여호와이니라", "나를 받아들이라", "환영하라", "나를 소유하라", "나와 함께 역사하자"라고 말씀하십니다. 조그마한 차바퀴가 거대한 엔진에 연결되면 놀라운 속도와 힘으로 돌아갑니다.

하나님께서는 자신의 무한하신 전능의 엔진에 마음껏 연결하여 위대한 힘을 나타내도록 우리 인생들에게 명하시고 허락하십니다.

이렇듯이 하나님께 연결이 된 사람을 통해서 죄악을 물리치는 일, 사탄을 이기는 일, 자연을 정복하는 일, 온갖 유혹을 뿌리치는 일을 하고, 성결과 의무와 사랑으로 변화 입은 인격과 경건한 가정을 세우게 되며, 또한 이상적인 아름다운 사회를 건설하게 하시는 것입니다.

문제는 우리 인간사회 속에 하나님의 위대한 능력을 힘입은 사람이 얼마나 있느냐는 것입니다. 인간으로 태어난 우리들은 자신이 위대한 하나님의 능력을 힘입을 수 있는 존재인지를 확인해 보아야 합니다. 그리고 반드시 하나님과 연결이 되어서 능력을 발휘하는 사람이 되어야만 하는 것입니다.

그런데 놀라운 것은, 하나님께서는 우리 인간의 생각과 반대되는 사람을 즐겨 택하신다고 말씀하셨습니다. 오늘 본문에 보는 대로 "미련한 것들을 택하신다"라고 말씀했습니다.

옛날 고린도는 현대의 보스턴이나 에든버러처럼 문화를 매우 사랑하고 자랑으로 삼는 도시였습니다. 고린도 사람들에게 있어서 문화를 버린다는 것은 치욕적인 굴욕으로 생각했습니다.

아볼로라고 하는 구약성서 학자가 알렉산드리아 학파의 철학을 열심히 전했을 때 그들은 열광적으로 그를 환영했습니다. 그러나 바울 사도가 전하는 단순한 복음은 그들의 지식수준에 맞지 않는다고 해서 이를 배격했습니다.

문화를 자랑하고 귀중히 여긴 나머지 복음을 배격하고 하나님 앞으로 나아가는 데 장애가 되었다고 하는 실제적인 예입니다.

오늘날의 많은 사람들도 이런 피해를 입고 있는 것이 사실입니다. 나체 그림 한 폭이 수백만, 수십만 달러로 거래되는 것을 볼 수 있습니다. 분명히 이런 사람들에게는 문화가 일종의 신이 되어 버렸습니다. 그러나 자연적 문화는 세상을 암흑시대로 만들었다는 것을 잊지 말아야 합니다.

최초로 성을 쌓았고, 최초로 악기를 만들었으며, 최초로 기계를 제작한 사람들은 창세기에 보는 대로 가인과 그 자손들이었습니다.

그 시대부터 하나님을 떠나 세상을 낙원으로 만들어 보려고 노력해 왔습니다. 그러나 문화의 땅 애굽이나, 찬란한 문명을 꽃피운 바벨론 시대나, 지혜와 예술을 자랑으로 여기던 헬라와 로마로 이어 내려온 인간의 부단한 노력은 가장 무서운 타락으로 빠져들어 가게 한 것 외에 별로 남아 있는 것이 없습니다.

인간의 지성에만 의존하는 활동은 도덕적으로나 종교적으로도 치명적인 결과를 초래하고 마는 것입니다. 하나님은 결코 놀라운 지성이나 뛰어난 재능으로 이 세상을 구원하시지 않습니다.

다만 십자가의 단순성과 주 예수 그리스도를 신앙하는 철두철미한 믿음으로 세상을 구원하십니다.

그러므로 만약 우리 자신이 하나님께 쓰임 받기를 원한다면 나 자신의 두뇌나 사회적 권력이나 나의 부나 영향력을 의지하지 않고 이런 것들을 다 내려놓은 채 오로지 예수 그리스도를 신앙하며 그의 말씀과 명령대로 주시는 힘에 의하여 하나님의 뜻을 이루고자 해야 합니다.

하나님께서는 어김없이 미련한 것들, 어리석은 자들을 택하십니다.

여기 어리석다고 하는 것은 상식이 없다는 말과 다릅니다. 분별력이 모자란다는 의미도 아닙니다. 정상에서 벗어난 행동을 하는 사람이란 뜻도 아닙니다. 인간적인 지혜를 완전히 버린 사람이라는 뜻입니다. 그렇습니다.

하나님께서는 이 세상을 천재에게 맡겨 구원하지 않으십니다. 도리어 외형으로 볼 때 평범하고 미숙하여 보잘것없는 사람일지라도, 스스로의 힘을 의지하지 않고 신앙의 힘으로 감당하려고 하는 사람들에게 맡기시는 것입니다.

예수님께서는 몇 사람의 보잘것없는 어부들을 부르셔서 전 세계를 향하여 구원의 역사를 이루셨습니다. 그런데 이들이 전파하는 십자가에 못 박히신 예수 그리스도의 그 단순한 복음이 마침내는 로마를 복음화하였습니다.

근세에 가장 놀라운 사도적 역할을 한 미국의 전도자 D. L. 무디는 영어의 단어를 정확하게 발음할 수조차 없을 정도였다고 자타가 공인합니다. 그러나 무디의 선교 활동은 문화의 중심지인 영국의 옥스포드와 케임브리지에서 가장 많은 사람들을 회개시키고, 구원받게 했습니다.

그 후 무디의 선교 활동은 미국 시카고를 중심으로 해서 전 세계에 미치고 있습니다. 하나님께서는 가끔 작은 두뇌, 서툰 발음, 빈약한 문법을 사용해서라도 전 세계를 개조하시는 것을 볼 수 있습니다.

이처럼 인간적인 것을 버리고 오로지 신앙으로 헌신할 때 위대한 개조와 놀라운 역사가 일어나는 것입니다.

또한 본문에 보니까 약한 것들을 택하신다고 했습니다.

인간은 가장 무능하고 약한 존재로 태어납니다. 동물의 새끼들은 발육의 속도가 빠르고 인간보다 훨씬 강력한 힘을 가지고 뛰어다닙니다. 인간은 매우 약한 존재로 자라갑니다. 도덕적인 면에서 보아도 더욱 약한 존재입니다.

인간의 정욕은 인간 자신보다 막강합니다. 온갖 유혹은 가장 아까운 인생을 송두리째 잘못된 길로 몰아넣어서 영원히 망하게 하고 맙니다. 주변에 있는 보는 것들, 들리는 것들은 지극히 작은 일에까지 인간의 정신과 생활을 지배해 버립니다. 환경이라고 하는 것은 사람의 피부 색깔부터 시작하여 사람의 내면까지 모두 마음대로 지어놓은 듯이 보입니다.

영적 방면에서 보면 인간은 더욱 약합니다. 가장 무력할 뿐만 아니라 사실은 죽은 것이나 마찬가지입니다. 아브라함의 거짓말, 다윗의 이중생활, 욥의 오랜 고난, 베드로의 비극적인 배신 등이 모두 인간의 약함을 나타냅니다.

소년이라도, 장정이라도 넘어지며 자빠지는 세상입니다. 만약 하나님께서 강한 자를 부르신다고 하면 세상에는 단 한 사람도 응할 자격 있는 이가 없을 것입니다.

"의인은 없나니 한 사람도 없다"라고 한 것같이 강한 자는 없나니 단 한 사람도 없습니다. 그런데 다행한 것은 하나님께서 약한 자를 부르시고 사용하십니다. 성경은 약한 것들로 위대한 역사를 이루신 증거의 기록입니다.

모세가 호렙산에서 하나님의 부르심을 받을 때 그는 엄청난 두려움으로 여러 번 간곡히 사양했습니다. 그러나 하나님께서는 "내가 너와 함께하리니 두려워하지 말고 가라"고 명하셨습니다.

모세는 비로소 결심하고 "그러면 무엇을 가지고 갈 것입니까?" 하고 여쭈었습니다. 하나님이 물으셨습니다. "네 손에 무엇을 가졌느냐?" 그러자 모세가 대답합니다. "지팡이가 있습니다." 그러자 하나님께서 "그것을 가지고 가라"고 하셨습니다.

지팡이는 결코 강한 무기가 아닙니다. 약한 것 중에 가장 약한 막대기입니다. 그런데 그 지팡이가 바로의 왕좌를 흔들었고, 하늘을 열기도 하고, 바다를 가르기도 하고, 바위를 쳐서 생수가 나오게도 했습니다.

이 약한 것으로 온갖 세상이 말하는 강한 것들을 모두 무너뜨렸습니다. 다윗은 갑옷도 입을 수 없는 어린 소년이었지만 그 당시 블레셋의 세계적인 대장군 골리앗을 물맷돌로 넘어뜨렸습니다.

미국의 이야기입니다. 어느 유능한 교회 성직자가 젊었는지라 공명심에 사로잡혀서 정계에 나갔습니다. 국회의원에 당선이 되어서 야심적인 활동을 하기 시작했습니다. 그런데 본심은 그렇지 않았지만 점점 신앙심이 약해졌습니다. 교회와 멀어졌습니다. 많은 친구들의 강력한 권면과 편지와 설교도 모두 다 냉정하게 뿌리쳤습니다. 그리고 오직 한 가지 사회적 명성이 높아지고, 출세를 하고, 세속적 성공에만 관심이 치우쳤습니다. 거의 불신자가 되어 버렸습니다.

어느 날 술에 취해 국회에서 돌아오는 길에 세 살 난 어린 딸이 아빠 방으로 들어오더니 "아빠! 나 글 읽을 줄 안다" 하는 것입니다. 그러자 아버지는 "응, 정말! 어디 한번 읽어봐" 했더니, 어린 딸이 조그만 성경책을 펼쳤습니다. 그러더니 "마음을 다하여 주 너희 하나님을 사랑하라" 하고 또박또박 읽었습니다.

어린 딸이 그 성구를 읽고 자랑스러운 듯이 아빠의 얼굴을 쳐다보니 아빠의 눈에서 눈물이 주르륵 양볼에 흘러내렸습니다. 어린 딸은 아빠 눈에서 왜 눈물이 흐르는지 이해할 수 없었습니다. 그러나 그 순간 아버지는 와락 어린 딸을 품에 안고 몇 번이고 키스를 해주면서 "아주 장하다. 훌륭해요. 글을 읽을 줄 아네" 하고 딸의 이름을 부르면서 좋아했습니다.

그 방에서 나온 아빠는 하나님 앞에 무릎을 꿇고 어린 딸을 통해서 깨달은 자신의 심령을 하나님 앞에 바치면서 "오, 주님이시여! 저는 마음을 다하고 뜻을 다해서 주님을 사랑합니다" 하고 통곡하면서 회개했다고 합니다.

그로부터 그는 잃어버렸던 신앙을 되찾고 위대한 신앙생활로 새 출발을 했다는 것입니다.

지식이 많은 한 설교가가 아직 신앙생활을 잘하지 못하는 학자를 위해서 많은 준비를 하여 열심히 설교를 했습니다. 몇 번 설교를 한 다음인데, 그 학자가 아주 기쁜 얼굴로 나와서 "주 예수 그리스도를 받아들여 크리스천이 되렵니다"라고 간증을 하였습니다.

목사는 '말씀을 잘 준비해서 설교를 열심히 했더니만 효과가 있구나' 하는 자부심으로 "아, 선생님! 어떤 점에서 그런 마음이 생겼습니까?" 하고 물었답니다. 그러자 그분 대답이 "목사님, 저는 목사님의 설교에서 확신을 얻은 것이 아닙니다. 저를 확신으로 인도한 분은 저 가련한 다리 저는 흑인 여성입니다. 예배당에서 앞으로 나아가며 '오, 나의 사랑하는 주님! 주님 없이는 살 수가 없습니다'라고 고백하며 감격해 하는 모습을 물끄러미 보면서, 나의 무신론적인 잘못된 불신앙의 태도가 녹아지고 깊은 감명과 함께 하나님을 섬기게 되었습니다" 하고 말했다는 것입니다.

하나님께서는 가장 약한 자를 사용하셔서 가장 놀라운 일을 하시는 분입니다. 하나님의 세계는 약한 것으로 위대한 일을 하게끔 되어 있습니다.

여름날 대평원은 작은 풀잎으로 가득히 덮여 여러 색깔로 조화를 이루게 합니다. 우거진 삼림도 작은 나뭇잎, 무수한 나뭇잎들이 그 세계를 지배하고 있는 것입니다.

사람의 몸도 눈에 볼 수 없는 세포로 되어 있고, 우리 사람들의 생활도 알고 보면 지극히 작은 사랑을 교환해 가면서 그 속에서 위대한 일을 해가고 있는 것입니다.

사도 바울도 이 진리를 알았기 때문에 "나의 약한 것들 외에는 자랑할 것이 없노라"고 하면서 "약할 그때에 곧 강해진다"라고 말했습니다.

또 여기 본문에 보니까 **천한 것들, 멸시받는 것들, 없는 것들을 택하신다고 하였습니다.**

모세는 노예의 자녀로 태어났지만 당시 가장 교만한 바로를 신앙으로 이겼습니다. 메시아 족보를 보더라도 기생 라합의 이름, 불륜의 다말의 이름, 이방여인 룻의 이름이 있으며, 예수님의 어머니 마리아도 사회적 지위가 없는 소녀임을 발견할 수 있습니다. 또 멸시를 받은 자들이고 없는 자들이기 때문에 택하셨다고 하는 것을 잊지 마십시오.

그러나 하나님께서는 어느 시대와 마찬가지로 이러한 우리를 부르셔서 하나님의 위대한 힘을 나타내시며 승리케 하십니다. 우리 각자가 없는 자, 즉 자아에 완전히 죽어버리고 완전히 그리스도만을 의뢰하여 하나님의 하시는 일을 나타내는 존재가 될 것입니다.

흑암은 얼른 보기에는 강대한 세력같이 보입니다. 그러나 작은 불 앞에서도 무력합니다. 태양이 떠오르면 소리도 없이 다 없어지는 것이 흑암의 세력입니다. 금은 동철로 하늘에 닿을 듯한 우상도 날아가는 작은 돌에 맞아서 가루 하나 남지 않는 전멸의 상태가 되었다는 것이 다니엘의 계시입니다.

악의 세력은 언제나 매우 강대하여 보이지만 작은 정의와 사랑에 넘어지게 되며 흔적도 찾을 수 없게 되는 법입니다. 빛이 어두움을 두려워하는 것은 있을 수 없는 원리입니다. 언제나 어두움이 빛을 두려워하게 되어 있습니다. 우리는 모두 미약하고, 천하고, 멸시받고, 없는 자 같은 존재이지만, 그리스도의 빛 안에서 이 시대에 다른 어떤 존재도 할 수 없는 위대한 생명과 위대한 하늘나라 건설에 놀라운 힘을 발휘해야 하는 하나님의 자녀들인 것을 기억하셔야 합니다

우리 한국은 어떤 의미에서 미련한 자, 약한 자, 천한 자, 멸시받는 자, 없는 자 같은 존재임에 틀림없습니다. 분명히 믿기는 하나님께서 이 보잘것없는 우리 민족을 택하여 주셔서 이 시대에 위대하신 뜻을 나타내 주시리라는 것을 확신해 마지않습니다.

우리 한국에는 여러 가지 산적한 문제들이 많습니다. 가장 긴장된 국방의 문제도 있고, 경제 문제와 기타 사회적인 각양 문제들이 있습니다. 그러나 밖으로 들어오는 적이 우리를 침략하기에 앞서서, 남녀노소 심지어 자라나는 핏덩어리 어린 생명에게까지 죄악의 세력이 침투하고 있다고 하는 것을 잊지 말아야 합니다.

외형적인 적보다 더 무서운 것은 우리 인생들을 근본적으로 해치는 죄악

의 세력과 흑암의 세력입니다. 그리스도께서 우리를 택하심은 바로 이러한 영과 정신과 생명 속에 작용하는 온갖 죄악 된 세력을 단순한 복음, 즉 그리스도와 십자가를 통하여 위대한 근본적인 변화와 새로운 구원을 얻게 하시려고 우리를 택하신 것입니다.

우리는 그리스도의 위대한 부르심과 그 기대하시는 놀라운 뜻을 잊지 말고, 매일매일의 생활을 그리스도 안에서 본연의 목적대로 위대한 승리를 거두도록 해야 할 것입니다. 바로 그럴때 우리 앞에는 하나님의 거룩하신 축복과 형통이 있게 되는 것입니다.

신자의 실패, 그 교훈

누가복음 22:47-53

예수님께서 잡히시게 되던 그 밤에, 주님께서는 다락방에서 마지막 만찬을 나누시고 열한 제자들과 함께 예루살렘 동쪽 문으로 나아가 기드론 골짜기를 건너서 감람산 아래에 있는 겟세마네 동산으로 들어가셨습니다.

밤은 매우 깊어 자정이 지났습니다. 음력 14일의 달빛이 유난히 비취는 적막한 동산이었습니다. 감람나무가 우거진 동산 안에서 피땀 흘리는 결사의 기도를 세 차례 드리시고, 마침내 하나님 뜻에 완전히 복종할 것을 작정하셨습니나.

드디어 졸며 자는 제자들에게 돌아오셔서 "일어나 다 함께 가자. 보라, 나를 파는 자가 가까이 왔다"라고 말씀하시며 제자들을 일으키실 때 문득 일대의 무장한 군대와 칼과 몽치를 든 군중들이 손에 횃불을 휘두르면서 그리스도를 체포하려고 달려들었습니다.

은 30냥에 선생을 팔기로 밀약한 가룟 유다가 앞으로 나와서 원수들에게 그리스도를 지적하는 신호로 예수님께 입 맞추는 인사를 드렸습니다. 이를 보면 예수님께서는 평소 복장이나 그 모습에 있어서 보통사람 혹은 제자들과 구별할 수 없을 정도로 똑같이 하셨던 것을 알 수 있습니다.

이때에 예수님께서는 "너희가 누구를 찾느냐?"라고 물으셨습니다. 그들은 흥분한 어조로 "나사렛 예수다"라고 대답했습니다. 그런데 예수님이 "내가 예수다"라고 말씀하셨을 때 그들은 뒤로 물러서며 머뭇거렸다고 했습니다.

예수님께서는 이 사람들에게 "제자들은 다 보내라"고 말씀하시고 자기를 "잡아가라"고 허락하셨습니다. 예수님은 어떤 환경에서도 당황하거나 주저한 일이 없으셨습니다. 언제나 상황을 완전히 컨트롤하셨습니다. 즉 상황의 지도자였음을 알 수 있습니다.

겟세마네 동산의 수많은 흥분한 원수들 앞에서도 자발적인 희생의 모습을 보여주셨고, 승리자의 모습을 찾아볼 수 있습니다.

바로 이때 옆에 섰던 베드로가 "주여, 우리가 검으로 치리이까?" 하면서 예수님의 대답을 기다리지도 않고 단도를 뽑아서 먼저 들어오는 원수를 찔렀습니다. 아마 빗맞은 것 같습니다만, '말고'라고 하는 대제사장의 종의 귀가 떨어졌습니다. 이제 곧 원수들과 제자들 간에 피비린내 나는 참혹한 검투가 벌어지게 될 상황입니다.

그 순간 예수님께서는 베드로에게 "네 검을 집에 꽂으라. 검을 쓰는 자는 다 검으로 망한다"라고 책망하셨습니다. 베드로는 비로소 크게 실수한 것을 깨닫고 뒤로 물러서게 되었습니다.

베드로의 일생을 보면 유달리 실패가 많았다는 것을 알 수 있습니다.

마태복음 14장 24절 이하를 보면, 예수님께서 밤중에 물 위를 걸어 제자들의 배를 향해 오실 때 베드로는 "나를 명하사 물 위로 오라 하소서" 하고 요청한 일이 있었습니다.

예수님께서 "오라"고 명하셨습니다. 베드로는 서슴지 않고 물 위로 성큼성큼 걷게 되었습니다. 그러나 다음 순간 두려운 마음과 함께 물에 빠져들어 가게 되었고, 예수님께서 "믿음이 작은 자여 왜 의심하였느냐?"라고 책망하신 일이 있습니다.

또 마태복음 16장 21절 이하를 보면 예수님께서 십자가에 달리실 것을 미리 말씀해 주셨을 때 "주여, 그리 마옵소서. 이 일이 결코 주께 미치지 아니하리이다" 하고 간절히 간청한 일이 있습니다. 그때 예수님께서는 베드로에게 "사탄아! 내 뒤로 물러가라. 너는 나를 넘어지게 하는 자로다. 네가 하나님의 일을 생각하지 아니하고 도리어 사람의 일을 생각하는도다" 하고 책망하신 일이 있습니다.

마태복음 26장에는 좀 더 비참한 실패의 광경이 나옵니다. 예수님을 한 번도 아니고 세 번씩이나 모른다고 부인하고, 심지어 저주까지 하는 장면을 볼 수 있습니다.

겟세마네 동산에서 칼을 휘두른 것은 베드로 생애에 있어 돌이킬 수 없는 큰 실패 중의 하나였고, 그리스도의 사랑의 정신에 위배되는 행위이기도 합니다.

우선 이 일은 무모한 행위였습니다.

예수님이 한번은 조용히 말씀하시기를 "전쟁하는 사람이 싸우기 전에 1만으로 능히 저 2만을 당하겠는가를 생각하지 않겠느냐?"라고 말씀하신 때가 있었습니다.

베드로가 아무리 검술이 능하다고 할지라도 로마의 무장 부대는 당해낼 수 없는 것입니다. 그 결과가 어떻게 될 것은 알고도 남음이 있을 것입니다. 대부분의 혈기는 전후 분별없이 행하게 되는 것이지요.

프랭크는 말하기를 "격분하는 데는 이유가 없을 수는 없으나 정당한 이유가 있을 때가 드물다"라고 말했습니다.

그랏시아는 말하기를 "성급한 것은 어리석은 자의 약점이다"라고 말했습니다.

하나님 나라는 흥분과 혈기, 격분, 성급한 경거망동으로는 세울 수 없는 것입니다. 오히려 하늘나라를 파괴하는 실패를 가져오게 합니다.

베드로의 이러한 행동은 **그리스도의 사랑의 정신에 위반되는 행위이기도 합니다.**

마호메트는 검을 가지고 세상을 정복한다고 나섰습니다. 그러나 그리스도의 정신은 그것이 아닙니다. 예수님께서는 "칼을 네 집에 도로 꽂으라. 칼을 쓰는 자는 칼로 망한다"라고 엄히 금하셨습니다.

예수님이 제자들에게 3년간 가르치시고 친히 삶으로 보여주신 것은, 처음도

나중도 사랑의 정신과 사랑의 실천뿐이었습니다. 그럼에도 불구하고 그리스도의 근본정신과 정반대가 되는 폭력으로 적을 대한다고 하는 것은 중대한 실패가 아닐 수 없습니다.

"오른뺨을 치면 왼뺨이라도 대고, 겉옷을 달라 하면 속옷도 주고, 오 리를 가자고 하면 십 리라도 가주고, 심지어 원수까지도 위해 기도하며 사랑하라"고 하시는 것이 세상에서는 찾아볼 수 없었던 그리스도의 참사랑입니다. 그런데 어떻게 이런 사랑을 깨는 엄청난 실패를 할 수 있습니까? 이는 **십자가의 의를 말살하는 행위입니다.**

예수님께서는 "너는 내가 내 아버지께 구하여 지금 열두 영도 더 되는 천사를 보내시게 할 수 없는 줄로 아느냐? 내가 만일 그렇게 하면 이런 일이 있으리라 한 성경이 어떻게 이루어지겠느냐?"라고 말씀하셨습니다.

베드로가 막아주지 못해서 예수님이 붙들려 가시는 것이 아닙니다. 예수님 자신의 권능이 부족해서 붙들려 가시는 것이 아닙니다. 십자가를 져야만 전 인류의 죄의 구속이 이루어지기 때문에, 그 하나님의 뜻에 완전히 복종해서 붙들려 가시는 것입니다.

그것을 막는 정도가 아니라 도리어 무너뜨리는 행위를 연출하게 되었으니, 그야말로 형용할 수 없는 실패일 뿐만 아니라 죄악 된 생활이라고 할 수 있습니다.

물론 우리가 주목할 것은 **베드로는 그 동기가 어디까지나 선의였다고 하는 것입니다.** 오로지 주를 생각하며 **주님을 위하는 일념**으로 한 일임에는 틀림없습니다.

3년이나 모시던 주님을 무모한 악당 원수들에게 말 한마디 없이 그냥 내어드릴 수는 없었을 것입니다. "주께서 옥에 가시면 나도 같이 가겠습니다. 죽는 자리라도 함께하겠습니다"라고 고백했던 베드로는 가산 전토보다, 골육보다, 아니 세상의 그 어떤 것보다도 그리스도를 더 사랑하는 마음이 있었던 것은 사실입니다. 그 사랑으로 인해 마침내는 이렇게 하지 않을 수 없게 된 것도 기억해야 합니다.

또 어떤 의미에서는 남아다운 의분심에서 그렇게 했다고도 볼 수 있습니다. 세상이 용납해서는 안 될 나쁜 무리들에게 한번 본때라도 보여주어야겠다는 의분 때문에 그렇게 할 수밖에 없었을지도 모릅니다.

그러나 폭력으로 폭력을 없앨 수 있다고 하는 것처럼 어리석고 헛된 생각은 없다는 것을 잊어버린 것 같습니다. 폭력 더하기 폭력, 폭력 곱하기 폭력, 그 답은 뻔합니다.

예수님께서 가르쳐 주지 않은 폭력을 가지고 정의를 세워보고 하늘나라를 보호해 보겠다고 하는 잘못된 생각이 그를 그렇게 실패하게 한 것입니다.

그로서는 **최선을 다한다는 태도**였다는 데는 틀림없습니다. 예수님이 언젠가 베다니 촌에 들렀을 때 한 여인이 귀한 향유 한 옥합을 가지고 와서 예수님 발에 다 부어드렸습니다. 그때 예수님께서는 "이 여인은 힘을 다하여 내 몸에 향유를 부어 내 장사를 준비하였느니라" 하고 칭찬을 하신 적이 있습니다.

베드로도 이 여인 못지않게, 아니 그 이상으로 최선을 다해서 예수 그리스도를 위하자고 하는 태도였던 것입니다.

베드로의 일생을 가만히 보면 장점보다 단점이 상당히 많이 있었습니다. 말하자면 한 평범한 사람임에 틀림없고, 재료로 말하면 조잡한 재료밖에는 되지 않는다고 하는 것입니다.

겟세마네 동산에서 그가 아무리 선의의 동기로 그렇게 하였다고 하더라도 이것은 예수님 앞에 용납이 될 수 없는 행동이었고, 후대 기독교 역사상에서도 용납이 되어서는 안 되는 중대한 실패였음에 틀림없습니다.

그런데 이렇게 실패뿐인 베드로를 예수님께서는 넘치도록 사랑해 주셨고, 특별히 그를 놀라운 위대한 인물로 만들어주셨다고 하는 사실입니다.

베드로가 이렇게 크게 실패하는 것을 보자마자 곧 주님께서는 말씀을 주셨을 뿐만 아니라 말고의 떨어진 귀도 붙여주셨습니다. 사실 말고는 귀만 떨어질 것이 아니라 목까지 떨어져도 마땅한 사람입니다. 그럼에도 불구하고 베드로의 실수를 덮어 주시기 위해서 그 귀를 붙여주셨습니다.

예수님은 자신의 생명을 노리는 위급한 시간, 자기가 위태로운 상황인데도 한

제자의 실수를 돌보시고, 그 허물을 덮기 위해 기적까지 행하시면서 말고의 귀를 낫게 해 주셨습니다.

이것은 예수님이 한 제자를 얼마나 사랑하셨느냐 하는 것을 엿볼 수 있는 장면입니다. 아마도 성경 중에 믿음이 없이 물론 아무 공로도 없이 고침을 받은 자가 있다면 말고뿐이었는지도 모르겠습니다. 사랑하는 제자의 허물과 실패를 덮어 주기 위해 예수님께서는 거기까지 사랑을 나타내 보여주셨음을 발견할 수 있습니다.

더욱이 극도의 육체적 고통과 생사의 갈림길에서 정신을 차릴 수 없는 상황임에도 불구하고, 사랑하는 제자의 실패를 메꾸어 고쳐 주시려고 하신 것입니다. 대부분의 사람들은 자기 목숨이 위태로워지면 골육 친척도 관심 밖으로 둘 수밖에 없는 것인데, 예수님께서는 자신의 생명이 위급한 순간에도 오히려 사랑하는 제자의 실수를 덮어 주면서 그를 바로잡아 주려고 하셨습니다. 참으로 형용할 수 없는 감격스러운 장면입니다.

십자가에서 피를 다 쏟으시는 장면에서도 한 회개하는 강도에게 "네가 나와 함께 낙원에 있으리라"고 말씀하셨습니다. 이 강도는 일생 자기 목숨뿐 아니라 가정을 파괴하고 사회를 파괴하고 단 한 번도 옳게 살지 못했던 사람임이 틀림없습니다. 그러나 그가 회개하는 것을 기뻐하시면서 마지막 순간까지 사랑을 베푸셨습니다. 더욱이 원수를 위해서 죄를 용서해 달라고 기도까지 하신 것을 볼 수 있습니다.

그런데 이렇게 베드로에게는 참으로 용납되지 못할 실수와 실패가 많았음에도 불구하고, 예수님께서 베드로를 사랑하시되 상상할 수 없는 지극한 사랑으로 사랑해 주셨습니다.

성경을 보면 **베드로의 생애에는 장점도 굉장히 많습니다.** 그리고 그는 가장 위대한 최초의 대발견을 한 사람이라고 할 수 있습니다.

"주는 살아 계신 하나님의 아들이십니다"라고 말하였습니다. **그리스도가 하나님의 아들임을 최초로 발견한 사람입니다.** 성령께서 가르쳐 주신 것입니다. 가장 위대한 발견을 맨 처음 한 인물입니다.

또 베드로야말로 **가장 큰 약속을 받은 인물입니다.**

예수님께서는 "너는 베드로니라. 이 반석 위에 내 교회를 세우리라"고 약속해 주셨습니다. 우리 기독교가 가지는 최초의 신앙 고백자가 베드로인 동시에 바로 예수님이 인정해 주시는 바른 믿음 안에서 최초의 교인임에 틀림없습니다. 그리고 그에게 약속한 이 교회는 어떠한 세력도 당해 낼 수 없는 위대한 확장과 성장이 있을 것을 약속해 주셨습니다.

그리고 베드로야말로 **최대의 명령을 받은 사람**이라고 할 수 있습니다.

예수님이 부활하신 후에 디베랴 바닷가에서 "네가 이 사람들보다 나를 더 사랑하느냐?" 하고 세 번 반복해서 물으셨을 때 "내가 주님을 사랑합니다. 내가 주님을 사랑하는 줄을 주께서 아십니다"라고 반복해서 고백을 했습니다.

그때 주님은 베드로에게 "내 양을 치라 내 양을 먹이라"고 하셨습니다.

맨 처음에 그를 부르실 때는 "사람을 낚는 어부가 되리라"고 말씀하시기도 했습니다. 사랑의 눈으로 사람을 보면 허물은 보이지 않고, 지금은 부족하지만 장래에 위대한 사람이 될 것이 보이는 것입니다.

예수님께서는 이 실패뿐인 베드로의 단점은 하나도 보지 않으시고, 오히려 미래의 위대해질 수 있는 놀라운 인물, 세상을 바꾸어 놓을 만한 거대한 인물이 될 베드로를 내다보신 것입니다.

로버트 슐러 목사는 이런 말을 했습니다.

> "만약 내가 2000년에 아직 살아 있다고 하면 74세일 텐데, 이때 젊은 목사들에게 다음과 같이 말할 것이다. 현재 미국 교회의 강력한 힘과 영향을 이렇게 감격적으로 느끼며 감사한다. 당신들 가운데에는 1960년대 혹은 1970년대 초기의 교회 지도자들이 교회 소멸을 예고한 것을 생각할 수 있을 것이다. '장래 교회는 토지와 건물을 다 잃어버릴 것이고, 소그룹이 작은 집이나 개인 가정에서 모일 것이다'라고 했었는데, 그들이 얼마나 어리석었는지를 이제 알게 되지 않았는가?
>
> 나는 2천 년의 미국을 내다보면서 매우 흥미 있게 생각한다. 수많은 심령을 고치며 사람들에게 요구되는 꼭 필요한 것을 채워 주기 위한 굉장한 프

로그램을 진행하는 각 주요 도시에 크게 조직된 큰 교회들을 보는 감격이 있다. 주일이면 수천 수만의 사람들이 모이는 교회가 많아지는 것을 내다보면서 감사한다."

그렇습니다.

우리 각 개인들을 보면 허물투성이, 실패투성이입니다. 오늘의 한국 교회는 발전했지만 결함으로 가득 차 있고, 어떤 의미에서 실망을 안겨주는 면이 없지 않아 많이 있습니다.

그러나 로버트 슐러 목사가 미국의 2천년대 교회를 내다보는 이상으로, 한국 교회는 2천년대에 동남아뿐 아니라 전 세계를 향해서 가장 유능하고 능력 있는 말씀의 증거자이고, 그리스도의 나라를 건설하는 힘 있는 주체인 것을 내다볼 수 있습니다.

수많은 핍박과 환난 가운데에서 수난과 형극의 길을 걸어오면서 하나님의 기적을 체험한 한국 교회는, 마치 베드로의 결함과 같은 있어서는 안 될 단점들이 많이 있지만, 그리스도께서 베드로를 사랑하신 것 이상으로 한국 교회를 놀랍게 사용해 주실 것을 확신하는 것입니다.

베드로는 있어서는 안 될 실패를 경험했습니다. 그러나 이 경험을 통해서 그는 새로운 산 교훈을 받았습니다.

그는 이 쓴 경험을 통해서 만사에 하나님의 계시를 대망하는 것을 배웠습니다. 자신의 생각, 자신의 계획, 자신의 활동이 아무리 민활해도 하나님 나라 건설에 유용하지 못할 뿐이며, 오로지 하나님의 지식, 하나님의 명령, 하나님의 섭리, 하나님의 경륜 안에서 움직일 때만 위대한 역사가 이루어진다는 진리를 실질적으로 배웠습니다. 또 베드로는 인간의 **혈기는 아무 소용이 없다는 것을 깨달았습니다.**

모세같이 거대한 인물도 혈기를 한번 썼는데, 이후 미디안에서 40년의 수양이 필요했습니다. 이렇듯 하나님 나라는 진정한 사랑과 위대한 희생, 그리고 하나님이 명하시는 대로 할 때에만 가능하다고 하는 것을 그리스도를 통해서, 또 이 쓴 경험을 통해서 다시 한번 재확인할 수 있습니다.

그리고 베드로는 하나님의 어리석음이 사람의 지혜보다 낫고, 하나님의 약한 것이 인간의 강한 것보다 더 낫다고 하는 것을 체험했습니다.

베드로는 평소에 예수님의 행하시는 일에 좀 만족하지 못했던 것이 아닌가 하는 생각이 듭니다. '왜 우리 예수님은 능력을 갖고 계시고 지혜가 뛰어나시면서 저렇게 약하게 살아야 하며, 저렇게 양보만 하고, 저렇게 이해와 아량만 베풀며 살아야 하는가? 불의한 세상을 두들겨 패주고, 좀 혁혁한 위대한 기적을 나타내고, 불의한 자들을 진멸하는 강력한 지도력을 보이실 수 있는데 어찌하여 쫓겨다니며, 핍박을 받으며, 어찌하여 참고 인내하며, 어찌하여 양보하며, 어찌하여 희생해야만 하는가?' 하는 잠재의식이 좀 있었던 것 같습니다.

그 마음이 겟세마네에서 그렇게 한번 터진 것 같습니다.

그러나 후일 성령의 충만함을 받은 다음에 베드로는 인간의 혈기나 강력한 힘이 세상을 개조하는 것이 아니라 오직 그리스도의 십자가뿐임을 깨닫게 됩니다. 세상을 변화시킬 수 있는 놀라운 힘은 그 위대한 사랑뿐이며 놀라운 용서뿐이라며 줄곧 예수 그리스도의 사랑을 전파했습니다.

그는 실패를 통해서 진정한 의미의 하늘나라 건설의 위대한 힘이 무엇인가를 배울 수 있게 된 것입니다.

그리고 베드로는 **하나님께 완전히 복종하는 법을 배웠습니다.** 예수님께서 편안하실 때뿐만 아니라 목숨이 위태로운 십자가를 눈앞에 둔 상황에서도 오로지 하나님 앞에 완전히 복종하는 모습을 직접 목도했습니다.

이제 내 앞에 어떠한 고난이 있더라도, 어떠한 난관이 있더라도 오로지 하나님의 뜻에 복종할 것이라는 것을 배웠습니다.

《쿼바디스》라고 하는 작품에서도 볼 수 있듯이, 전설에 의하면 베드로가 핍박의 나라 로마를 피해 새벽에 아비아 도로를 통해서 젊은 제자와 함께 지팡이를 짚고 도망가고 있었습니다. 그런데 맞은편에서 걸어오시는 부활하신 예수님을 만나 뵙게 되었습니다. 그래서 "주여, 어디로 가시오니이까?"(도미네 쿼바디스) 하고 물었습니다. 그때 주님의 대답이 "네가 버리고 가는 로마의 이 어린양들을 위해서 내가 다시 십자가에 못 박히러 들어가노라"고 말씀하셨다는 것입니다.

그때 베드로는 침통한 얼굴로 한참 넋을 잃고 섰다가 마음에 뜨거운 열정과 함께 결심이 일어났습니다. 그리고 지팡이를 길가에다 콱 꽂아놓고 지팡이 없이 가던 길을 되돌아 로마로 돌아왔다는 것입니다.

후일 그 지팡이에서 싹이 났다는 이야기도 있습니다. 그리고 돌아온 베드로는 수난 속에 고난당하는 성도들의 선봉이 되어 활발하게 그리스도의 사랑을 나타내며 복음적 역할을 하다가, 마지막 바티칸 언덕 위에서 자원해서 거꾸로 십자가에 순교를 했다는 것입니다. 처음에 실패했던 베드로는 그다음에는 어떠한 난관이 오든지 오로지 하나님의 뜻에 복종하였습니다.

실패한 베드로는 별 값어치가 없었을 뿐만 아니라 그에게서는 어떤 위대함도 기대할 수 없었습니다. 실패를 통해서 새로운 교훈을 받은 베드로, 또 마지막까지 사랑해 주신 그리스도의 넘치는 은총과 사랑 안에서 **후반의 베드로는 너무나도 위대했습니다.** 그는 1세기 초대교회를 대표하는 능력의 종이었습니다. 교회에 생기와 활력을 불러일으켰고, 썩은 대로마제국을 변화시키는 위대한 하나님의 종이 되었습니다.

오늘 이 시간 우리도 조용히 자신을 돌아보며, 실패하던 베드로의 모습과 같은 나의 부족함을 주님 앞에 고백할 수 있기를 바랍니다. 실패의 자리에서 다시 일어나 하나님의 놀라운 역사를 이루어간 후반의 베드로처럼 변화되기를 결단하십시오. 그리하여 우리 자신뿐만 아니라 우리 한국 교회가 복음을 땅끝까지 전하는 일에 귀하게 사용될 수 있기를 바랍니다.

아버지와 아들

누가복음 15:11-24

어느 설교가가 인도에서 예수님이 하신 탕자 비유를 가지고 설교를 했는데, 청중 가운데 한 사람이 설교자에게 조용히 찾아와 하는 말이 “당신은 누구에게서 내 과거 비밀을 들었습니까? 그것은 나의 과거 생활이었을 뿐입니다”라고 말하였다는 것입니다.

예수님이 하신 여러 가지 비유가 모두 그렇듯이 이 탕자 비유 속에도 우리 자신의 모습이 숨겨져 있습니다. 그리고 매우 중요한 문제가 담겨 있습니다.

먼저, 예수님이 하신 말씀 가운데 이 탕자의 마음, 즉 동기를 볼 수가 있습니다.

“아버지 재산 중에서 내게 돌아올 것을 내게 주소서” 하는 말에서 이 탕자의 마음을 엿볼 수 있습니다. 탕자의 “내게 주시오” 하는 ‘나’라고 하는 말이 문제가 되는 것입니다. 이 청년은 자기중심, 자기 본위, 자기만족에만 관심이 있었습니다. 이 청년은 자기 의지는 자유이고, 아버지의 의지는 속박으로 생각하고 있었습니다. 그래서 속히 아버지의 의지에서 벗어나 자기 의지대로 살아가겠다는 생각으로 가득 차 있었습니다.

아마도 이 청년은 여러 면에서 탁월한 점이 많았을 것으로 생각이 됩니다. 우선 전통 있는 집에 태어난 다복한 자손이지요. 또 생각하는 방법도 비범해서 다른 사람들보다 뛰어나지요, 재질도 풍부하지요, 미래에 대한 큰 꿈을 갖고 있지요, 더욱이 남자다운 모험심과 독립심도 가지고 있습니다.

그러나 그 마음이 자기중심적이다 보니 그 가문도 도리어 불만의 장소요, 그 재질은 야심으로 둔갑이 되고, 그 독립심과 모험심은 고삐 끊긴 야생마처럼 안하무인의 방종이 되고 말았습니다. 더욱이 자기 본위의 눈으로 보다 보니 아버지마저도 참을 수 없는 폭군처럼 여겨졌습니다. 그리하여 하루속히 이 아버지 집에서 자유스럽게 뛰쳐나가야겠다고 생각하고 있었습니다.

심리학은 인간의 모든 병고가 한 가지 원인, 즉 자기중심의 편견에서 발생된다고 보고 있습니다.

신앙의 탕자도 마찬가지입니다. 하나님의 의지는 속박이고 내 의지는 자유라고 생각되는 자기중심에 빠지게 될 때에 불순종, 불만, 야심, 교만, 반항 등 온갖 영적인 깊은 병에 들게 됩니다.

그러고 나서는 아버지와 아버지의 집 밖에 참된 인생과 빛나는 이상적 생활이 있는 것처럼 여겨져서 하나님의 품을 떠나는 자유를 찾게 되는 것입니다.

본래 사람은 자기 것을 중요시하는 근본 성질이 있습니다. 자기 지식, 자기 힘, 자기 계획이 가장 귀하고, 자기 것들을 가장 좋아하게 되어 있습니다. 남의 의지에 의해 산다는 것을 매우 싫어하는 존재입니다. 철저하게 자기 자신, 즉 자기 힘을 가지고 자기 계획대로 자기 생을 살아가고 싶어하는 것이 인간의 이상입니다.

그렇게 해서 성공도, 실패도, 단맛도, 쓴맛도 보자는 것이 가장 강한 욕구입니다. 그리고 하나의 자기 왕국을 세운다는 것이 목표로 되어 있습니다. 그러나 이 탕자가 "내게 주시오" 한 다음부터 아래로 향하여 떨어지기 시작했습니다. 돼지 치는 자리까지 내려갔습니다.

아무리 굉장한 계획과 이념을 가졌더라도, 자기중심의 병든 마음을 가진 사람은 활발하게 활동할수록 떨어지고 내려갈 따름입니다. 마지막에는 지옥에까지 떨어지게 됩니다.

그런데 이 아들의 문제는, 아버지 의지에 불복하고 자기중심으로 살고자 하며, 아버지에 대한 효에서 완전히 떠나 자기만 살고자 하면서도 '아버지'란 말을 사용하고 있다는 사실입니다. 이것이 탕자의 모습입니다.

우리 신앙생활에도 흔히 있기 쉬운 모습입니다. 하나에서 열까지 자기중심이고 하나님 앞에 아무런 효도, 충도, 복종도 없는 생활을 하면서도 교회 출입을 해가며 예배에 참석을 하면서 '아버지'라는 말을 사용합니다.

그렇습니다. 아무리 종교심을 가졌을지라도 자아 중심일 때에는 탕자입니다. 하나님께서 원하시는 것은 입으로 부르는 아버지가 아니라 마음의 방향이 중요한 것입니다.

여기 본문을 보니 자식이 그런 태도로 재산을 청구했는데도 아버지는 그대로 나누어 주었습니다. 그런데 아무리 생각해도 좀 이상합니다. '어찌해서 거절하지 않았을까? 거역하는 아들의 청을 왜 들어주었을까?' 하는 점입니다.

'그렇게 아들의 자유를 존중해 준다는 뜻인가? 그렇다면 방탕과 범죄의 자유를 자유라고 할 수 있는 것인가? 그것이 귀중해서 재산을 나누어 주었단 말인가?'

이런 것들이 이유가 아닌 것은 분명하지요. 다른 뜻이 있을 것입니다.

만약 아버지가 거절하고 재산을 주지 않으면 그 자식은 비록 몸은 집에 있다고 할지라도 저 먼 방탕의 길을 떠나가지 못해서 그 마음은 항상 아버지에게 불만스러울 것입니다. 반역하는 마음만 가득할 것입니다. 먼 나라로 방탕의 길을 배회할 것입니다.

여기서 먼 나라는 지역과 장소가 아니라 정신적인 것을 말합니다. 정신, 그것이 중요합니다. 아버지는 마음이 떠난 형식적 효는 바라지 않습니다. 오히려 마음으로부터 간절한 효를 요구하였기에 나누어 주었던 것입니다.

탕자는 이 잘못된 선택에서 오는 온갖 무서운 파멸을 당할 수밖에 없게 되었습니다. 단순히 물질적 재산의 파멸뿐만 아니라 영적 파멸, 도덕적 파멸, 정신적 파멸, 신체적인 파멸, 모든 생활력을 파멸당하고 말았습니다.

고향을 등지고 아버지를 떠난 탕자는 생활의 세계가 한순간에 변했습니다. 한마디로 아버지 없는 세계가 되었습니다. 다양한 생활의 변화가 왔습니다. 하지만 아버지 없는 방황입니다.

그런데 이 청년의 생활을 주의해서 살펴보면, 우선 이 청년은 마음껏 살아보게 되었는데 그의 자본은 다른 것이 아닌 아버지께 빼앗다시피 가지고 나온 재산입니다.

물론 그 재산은 선하게 사용하는 것만이 아닙니다. 도리어 범죄에만 사용하고 있습니다. 그럴 때에도 아버지께 받은 자본을 재료로 죄를 짓고 있는 것입니다. 이 청년은 아버지에게서 받은 것을 깨쳐 나아가며 죄를 범하고 있습니다.

죄라는 것은 하나님이 창조해 주신 풍성한 재료를 역시 하나님께로부터 받은 힘으로 깨쳐 나가는 행동입니다.

또 한 가지 주의해 볼 점은 인간의 자유 문제입니다.

옛날 아담과 하와에게 있어서 에덴동산에서 누리던 자유는 명실상부한 완전한 자유였습니다. 아담이 선을 행하고자 하면 그 생각과 동시에 선을 힘들이지 않고도 수월하게 완전히 이룰 수 있었습니다. 마치 대기권 밖에서는 공기의 저항이 없기 때문에 열(10)만큼의 힘으로 던지면 어디까지든지 열(10)의 힘으로 달릴 수 있는 것처럼, 에덴 낙원 안에서는 아무런 저항도 받지 않고 방해도 없이 열(10)만큼의 선을 행하고 싶으면 열(10)만큼 얼마든지 행할 수 있었습니다.

이것이야말로 강력하고도 확실한 참된 자유입니다. 그러나 현세에 우리가 체험하는 자유는 그런 것이 아닙니다.

이 청년의 경우를 살펴보면, 아버지의 집을 떠나서 완전히 자유의 몸이 되었습니다. 그러나 그 자유는 두려울 정도의 자유였습니다.

'선과 참'으로 끌어가는 자유가 아니라 타락으로 끌어가는 자유요, 한 걸음 한 걸음 혼돈과 악한 행실과 범죄로 들어가게 되는 자유였습니다. 사실 어거스틴이 말한 "악마의 자유"입니다. 이것이 곧 하나님 아버지 없는 자유인 것입니다. 아버지를 떠난 자유는 위기적 자유가 됩니다.

이 청년은 이 자유를 타고 낭비하였습니다. 방탕에 몸을 던지고 향락에 돈을 뿌렸습니다. 아버지가 없다 보니 자기중심적 생활에 빠져들어 가게 된 것이지요. 자기만 만족하는 생활, 자기만 기쁘게 하려고 하는 생활, 자기 지식, 자기 소유, 그것만을 뽐내는 생활, 자기 힘, 자기 의지, 자기의 모든 것을 중심으로 하는 생활이 되는 것입니다.

물 쓰듯 모든 것을 자기의 쾌락과 정욕을 위해 쓰고 나니 순식간에 궁핍이 닥쳐왔습니다.

하나님 아버지 없는 자유는 아무리 위대한 욕망과 꿈을 가져 보아도 인간을 참으로 자유롭게 해주지 않습니다. 도리어 여지없이 나락으로 떨어뜨리는 것입니다.

이 청년은 돼지 치는 자리에까지 내려갔습니다. 돼지는 배불리 먹는데 돼지가 먹는 쥐엄 열매로 배를 채우자니 먹을 수도 안 먹을 수도 없는 굶주림에 빠지게 됐습니다. 출발점은 찬란했는데 도착점은 비참했습니다.

무엇이 그를 이렇게 만들었습니까? 이 청년의 의지가 약했습니까? 아닙니다. 강한 의지가 있었습니다. 환경이 불우했습니까? 아닙니다. 오히려 행운아였습니다. 재주와 지식이 모자랐습니까? 아닙니다. 탁월하고 뛰어난 재주와 지식을 가졌습니다.

그런데 무엇이 그를 이렇듯 비참하게 만들었습니까? 단 한 가지 아버지를 떠난 것 때문에 그는 이렇게 비참해진 것입니다. 그러므로 이 청년은 아버지 집으로 돌아가지 않으면 절대로 문제가 해결되지 않습니다. 이것이 근대 문화의 상징이라고 보아야 합니다.

중세로부터 근대에 이르기까지 이 세상 모든 사람들의 세태는 바로 이 청년의 상태 그대로입니다.

"인생은 즐겁다. 산다는 것처럼 좋은 것은 없다", "네가 하고 싶은 것은 무엇이든지 마음대로 해보라"는 것이 현대인들의 구호입니다.

순전히 인간만의 문화를 쌓고 있습니다. 그럴듯한 인간 문화의 결과는 무엇입니까? 결국은 인간에 의한 무서운 지배, 착취, 독재, 전쟁과 함께 정신적 빈곤과 무기력이 오게 되었고, 감각이라든지 기계 조직과 과학에 의한 인간의 지배만 남게 되었습니다. 정신과 물질과 사회가 분열되고 말았습니다. 자연 속에서도 고향을 잃었고, 사회의 틈바구니 속에서 사람들은 고향을 잃었고, 우리들의 자유와 정신 속에서도 고향을 잃었습니다. 고독이 왔고, 굶주림이 왔고, 말할 수 없는 온갖 질병들이 찾아왔습니다.

그런데 이 본문 속에서 한 가지 더 배울 수 있는 것은, **탕자는 자기 죄를 깨닫고 완전히 회개하여 회복되었다는 점입니다.**

17절을 보니까 "이에 스스로 돌이켜"라고 했습니다. 이 말씀은 '비로소 본심으로 돌아갔다'는 말입니다. 죄를 범하면 본심을 잃어버리게 되고, 또 제정신이 아닌 다른 정신에 살게 되고, 인생의 본 궤도에서 벗어나는 행위를 할 수밖에 없습니다.

죄를 짓는 것이 바르게 사는 것보다는 좀 더 즐거운 쾌감이 있습니다. 사람은 정신을 잃어버릴 때 즐거움을 느끼는 것입니다. 인간의 타락성이지요.

학생이 학생으로서 못하는 짓을 할 때에 무척 재미가 납니다. 아내가 아내로서 못하는 행동을 조금씩 숨어서 할 때 재미가 납니다. 공무원이 공무원으로서 못하는 일을 할 때 좀 스릴이 있습니다. 직무를 악용해서 부정 이득을 조금씩 취해 보고, 권리를 남용해서 남의 등을 조금씩 쳐보고, 문서 위조를 해서 사기 협잡을 꾀하는 일 등등 하지 말아야 될 일을 조금씩 하는데 쾌감이 생긴단 말입니다.

정상적인 것보다는 비정상적인 것이 무척 흥미가 있어 보이고 기분이 납니다. 그러나 그것은 죄가 가져오는, 본심을 잃어버린 순전한 정신 착란입니다.

우리가 기억할 것은 죄악에는 결합력이 없다는 것입니다. 그리고 우주 안 그 어디에서도 절대로 지지받지 못합니다. 아무리 친하게 사귀었던 친구라도 죄에서 얻은 친구라면 결합되는 법이 없습니다. 뿔뿔이 흩어지고 맙니다. 만약 죄 중에 사귄 친구를 친구인 줄 안다고 하면 썩은 떡을 양식으로 아는 것과 마찬가지입니다.

불의로 묶어진 남녀의 관계가 일생 동안 행복하리라고 생각하는 것은 썩은 새끼줄로 맹수를 묶어 보겠다고 하는 타산입니다. 죄로는 묶이지 않습니다. 죄는 반드시 무서운 해독과 비참한 결과를 가져옵니다.

그런데 이 탕자는 비로소 본심으로 돌아왔습니다. "내가 하늘과 아버지께 죄를 얻었습니다. 지금부터는 아버지의 아들이라 일컬음을 감당하지 못하겠습니다"라고 고백합니다.

그는 세 가지 방면에서 자기 죄를 발견하게 된 것 같습니다.

먼저, **'하늘께' 비인격적인 도덕 법칙에 대해서 죄를 지었다고 느꼈습니다.** 흔히 불신자들도 "하늘 무서운 줄 모르고 그런 짓을 하느냐?"라고 하는 말을 종종 합니다. '인생이 지켜야 할 공도인 도덕 법칙을 그렇게 함부로 범할 수 있느냐?' 하는 의미입니다.

비록 신앙이 없는 사람일지라도 '불효한다든지, 살인한다든지, 간음한다든지, 도적질을 한다든지, 거짓말을 한다든지 하는 것은 해서는 안 되는 일'이라고 깨닫는 법입니다. 이런 양심을 가진 사람들이 반드시 지켜야 할 최소한의 도덕 법칙은 스스로 깨치기 어렵기 때문입니다. 탕자는 이 법칙을 완전히 어긴 것을 발견하고 부끄러워하며 참회한 것입니다.

그리고 **아버지께, 즉 인격적인 부친의 사랑에 죄를 지었다는 고백입니다.**

하나님 아버지나 인간 아버지의 사랑을 거역하는 것처럼 큰 죄는 없습니다. 사랑을 미움으로 혹은 악용하는 죄는 다시 걷잡을 수 없는 비애, 고독, 패망에 빠지게 합니다.

탕자가 저지른 최대의 죄는 바로 아버지의 그 애끓는 완전한 사랑을 거역하고 배반한 것입니다. 인간들이 아버지 사랑에 대하여 거역하면 그것은 어디서도 해결할 수 없는 멸망을 자처하는 길입니다.

가룟 유다의 죄가 크다는 것은, 예수님께서 "형제여 차라리 나지 않았다면 좋을 뻔했구나" 하는 말씀에서 볼 수 있듯이, 마지막까지도 주님의 순수한 사랑을 거역해 가면서 오히려 거짓으로 가장하고 그리스도를 원수에게 팔았다고 하는 점입니다. 죄 중에 가장 무서운, 해결 받지 못할 죄입니다.

그런데 이 탕자는 늦게나마 아버지 앞에 저지른 죄를 깨닫고 나아와서 이 큰 죄를 회개하는 것입니다.

그리고 **"감당치 못하겠나이다"는 자기 자신에 대해서 죄를 범했다는 말입니다.**

자기 영혼, 자기 육신, 자기 생명, 자기 생애, 자기 존재, 자기 행동 등 가장 귀중히 아껴야 할 것들을 스스로 파괴해서 멸망케 하였다는 사실입니다.

우리 인류의 행복은 바로 그리스도께서 말씀하시는 진리 그대로 불순종의 죄를 회개하고 하나님의 품안으로 돌아가는 것입니다. 그것이 바로 한 개인이 사는 길이고, 한 가정이 사는 길이며, 인류 전체가 사는 길입니다.

누가복음 15장의 탕자 비유가 인류 전체에게 있어 가장 위대한 구원의 첩경이 되는 까닭이 여기에 있습니다.

이 아침 우리 모두가 스스로를 살펴서, 아직도 잔존해 있는 자기 본위가 있다면 그것들을 근본적으로 파괴시킵시다.

아버지 없이 살아가는 그 자리를 떠나 이제라도 속히 아버지 앞으로 돌아갑시다.

우리 하나님의 영접을 받고 나의 공로가 아닌 그가 베푸시는 새 옷, 새 신, 살진 소, 아름다운 가락지를 끼고, 영혼과 정신과 인격과 생활에 위대한 변화를 받으실 수 있기를 바랍니다.

남긴 칠천

열왕기상 19:15-18

이스라엘 민족은 하나님께서 일으켜 주신 특별한 민족입니다. 신앙의 조상 아브라함, 율법의 전달자 모세, 위대한 예언자 엘리야를 비롯해서 8백여 년간 예레미야나 이사야, 아모스, 에스겔 같은 하나님의 사람들을 세워 하나님의 섭리를 가장 많이 계시해 준 선민입니다.

그럼에도 불구하고 백성들이 하나님을 참 신앙으로 섬기지 않고, 오히려 반대로 풍요의 신 바알을 섬기며, 국고금을 털어서 신당을 짓기에 바빴습니다. 그리고 쾌락의 신이며, 또한 연애의 신이라고도 말할 수 있는 아세라 신상을 만들어서 섬겼습니다.

바알의 선지자 450명, 아세라 선지자 400명이 국민의 정신과 생활을 유물적으로 만들고, 음란함에 빠져들어 가게 하고 있었습니다.

이런 때에, 마치 가장 위험한 해안가에 매우 밝고 큰 등대를 세우듯이, 예언자들 중에서도 가장 대표적인 엘리야 선지자를 세우셔서 하나님의 사람으로 맹활약을 하게 하셨습니다.

당시 북쪽 이스라엘 왕 아합은 남방 유대 나라와 손을 잡는 한편 페니키아의 두로 왕 엣바알의 딸 이세벨을 아내로 맞아서 그 나라와 연맹을 맺었습니다. 유력한 상업국과 인연을 맺은 것은 국방적으로나 경제적으로 이득을 보자는 정치적 수완이기도 하였습니다.

그리하여 이스라엘은 매우 큰 번영과 발달을 하게 되었습니다. 그러나 이런 정치적 활동은 마침내 두로의 미신을 수입하는 일이 되어 사회는 극도로 혼란에 빠지게 됐습니다.

바알 신, 아세라 신, 기타 여러 가지 미신적 잡신들을 끌어들여서 이런 우상 신앙이 백성들을 지배하게 되었습니다. 이렇게 가장 혼란스러운 암흑기에, 가장 위대한 신앙 운동을 한 이가 엘리야입니다. 엘리야의 신앙, 엘리야의 종교는 참으로 위대하였습니다.

먼저, 엘리야는 용감하게 일어나서 "살아 계신 하나님 앞으로 돌아오라"고 외치면서 우상 파괴를 위한 활동을 시작했습니다.

엘리야는 국가가 아무리 부강하고 백성이 번영을 누리더라도, 하나님을 섬기는 바른 신앙과 도덕이 없으면 무의미하다는 것을 담대하게 외치며 하나님 앞으로 돌아오라고 부르짖었습니다.

이러한 신앙 운동은 아합과 이세벨의 미움과 핍박으로 이어졌습니다. 그로 인해 결국은 사형 선고까지 받게 된 셈이지요. 하는 수 없이 그는 호렙산에 들어가서 조용히 기도했습니다. 그런데 환상 중에 폭풍이 지나갔습니다. 지진이 지나갔습니다. 불이 지나갔습니다. 그다음에 조용하고 세미한 하나님의 음성이 들렸습니다. 사실 엘리야의 신앙 운동을 반영시켜 주는 듯합니다.

엘리야는 한때 폭풍 같은 기세로 선지자 일을 했습니다. "비가 오지 않을 것"이라고 예언하면 비가 오지 않았고, "비가 올 것이다"라고 하면 3년 6개월이나 가물던 하늘에서 비가 내리기도 했습니다. 폭풍 같은 사역이었습니다.

또 지진 같은 활동을 하기도 했습니다. 엘리야는 아하시야 왕에게 죽으리라 하니 죽었고, 사렙다 과부의 독자가 죽었을 때 그 아이를 다시 살리기도 했습니다. 세상 모든 사람들의 마음이 모두 녹을 정도로 흔들어 놓은 것은 그의 지진 같은 위력이었습니다.

그뿐만 아니라 엘리야는 불의 사자였습니다. 갈멜산상에서 바알과 아세라의 거짓 선지자 850명과 대결할 때에 하늘에서 하나님이 내려주신 불이 떨어졌습니다. 제단을 태웠습니다. 거짓 선지자 850명은 기손 강가에서 다 죽었습니다.

세상이 모두 다 대항해도 막을 수 없을 만큼 강한 불의 세력이었습니다. 이렇듯 엘리야의 신앙은 폭풍, 지진, 불로 표현할 수 있는 놀라운 신앙이었습니다.

그러나 호렙산에서 보여주신 이런 놀랄 만한 활동과 신앙은 지나가는 것에 불과하다는 것입니다. 그 속에는 하나님이 계시지 않으시다는 말씀이었습니다. 이것이 모두 지나간 후에 세미한 소리로 하나님의 음성이 들렸습니다.

이것이 중요합니다. 즉 신앙은 밖으로 나타나는 현상이나 놀라운 활동, 혹은 번거로운 역사이기 전에 깊은 영성과 하나님을 닮은 인격이 속성화되어야 한다는 것입니다.

하나님의 형상을 회복한 참 영성을 가지게 될 때, 비로소 하나님의 음성이 들리고 하나님께서 임재해 주시는 것입니다.

진정한 회개가 이루어지고, 참된 그리스도의 모습이 내면에 형성되고, 죄와의 인연이 끊어지고, 하나님과의 막힘이 없는 영적 교제가 이루어지는 시간에 하나님이 함께하시고 음성을 들려주십니다.

주로 미신 종교일수록 겉으로 요란하고 떠들썩합니다. 참 하나님을 섬기는 가장 놀라운 현상은 우리 영성, 즉 내면의 인격 속에 하나님의 형상을 지어주시는 것입니다. 우리 기독교가 우상을 타파하며 미신을 쫓아내게 되는 것은 외형적으로 보이는 무슨 번거로움이 아닙니다. 개인의 인격 속에 새로운 하나님의 형상이 이루어지도록 변화를 일으키는 것입니다. 그럴 때 온갖 죄악과 미신과 모든 불순한 암흑적 요소가 물러가게 되는 것입니다. 엘리야가 배운 것이 바로 이 점이었습니다.

유물적인 우상과 색욕적 타락으로 가득 찬 이 시대에도 이런 엘리야적인 활동이 꼭 있어야 합니다. 살아 계신 하나님은 오늘도 천하보다도 귀한 영성을 지닌 우리 각자의 중심에 하나님의 형상을 재창조해 주십니다.

영성의 변화, 죄에 대한 생리의 변화, 그 변화된 새 생활에서 인격의 향기를 떨치게 되고, 그 속에서 새로운 사회가 건설되기 시작하는 것입니다.

국가와 민족의 힘은 외형상의 물량적인 힘에 정비례하는 것이 아니라, 고귀한 인격과 영성의 변화에서부터 진정한 힘이 산출되는 것입니다.

그런데 **엘리야는 단독 투쟁을 하다가** 그만 지쳐버렸습니다. 갈멜산상에서 위대한 승리를 거두어 많은 불의한 세력을 물리쳤음에도 불구하고 죄악의 세력은 멸절되지 않았습니다.

도리어 민중들은 하나님 앞으로 돌아오려 하지 않고 우상에게 더 애착을 가지게 되었습니다. 엘리야를 대적하였습니다. 그래서 엘리야는 사막으로 후퇴를 했습니다. 비관하는 기도를 드렸습니다.

바로 그때 하나님께서는 "내가 이스라엘 가운데에 칠천 명을 남기리니 다 바알에게 무릎을 꿇지 아니하고 다 바알에게 입맞추지 아니한 자"라고 말씀해 주셨습니다.

남기신 칠천 명이 있다는 것입니다. 이 사실은 엘리야에게 있어서 놀라운 일이 아닐 수 없었습니다.

불의의 역사나 미신운동은 아무리 강력해 보이고 그 세력이 활발해 보일지라도 그것으로 하나님의 자녀를 완전히 멸할 수는 없습니다.

우리 **기독교의 신앙 운동은 생명의 길입니다.** 생명 운동입니다.

다른 모든 것을 다 합쳐도 생명 하나에 비교할 수가 없지요. 죽음이 암흑이라고 한다면 생명은 빛입니다. 인생은 어떤 환경 속에 있든지 죽음을 상징하는 암흑을 기뻐하지 않습니다. 반드시 영원한 생명을 상징하는 빛을 그리워하는 것입니다.

그런데 이 생명은 근원이 있습니다. 생명은 땅에서 나는 것이 아닙니다. 또 사람이 자라게 할 수도 없습니다. 이 세상을 다 합쳐도 이 생명은 운영할 수가 없습니다. 가령 저를 위해서 유엔 총회가 만장일치로 "100세를 살아라" 하며 가결을 해준다고 하더라도 제 생명과는 아무 관계가 없습니다.

세계가 나의 생명을 운영하지 않기 때문입니다. 오직 우리 생명은 하나님께로부터 오는 것이고, 하나님으로 말미암아 보전되는 것이며, 하나님께로 돌아가게 되는 것입니다. 하나님을 떠난 생명은 생명 아닌 생명이 됩니다. 생명의 가치를 잃어버리게 되는 것입니다. 오직 영원한 생명은 그리스도로 말미암아 하나님 앞에서만 얻어집니다.

또 우리 기독교 신앙 운동이란 사랑의 길입니다. 인생은 사랑 없이는 살아갈 수가 없습니다. 가까이는 부부간에 혹은 부모 자식 간에, 형제간에, 이웃간에 사랑에 얽혀서 살아갑니다. 멀리는 원수까지 사랑의 대상입니다.

다른 것은 없어도 사랑이 없으면 안 되게 되어 있습니다. 그런데 이 사랑도 근원이 있습니다. 이 사랑은 오직 하나님이십니다.

세상에서도 사랑을 귀하게 여겨 시와 음악, 문학으로도 표현을 하고 있고, 연극과 예술에서도 다루고 있습니다. 남녀노소 모든 사람의 입에 오르내리는 것이 사랑이고, 또 은연중에 간절히 찾고 있는 것도 사랑임에 틀림이 없습니다.

그러나 세상 사람들이 외우고 있고, 주고받는 사랑은 거의가 타락한 사랑입니다. 상대적 사랑입니다. 네가 좋아하니 나도 좋아하고, 네가 미워하니 나도 미워하고, 네가 때리면 나도 때리고, 네가 주면 나도 주고, 이는 이로 갚고, 눈은 눈으로 갚고, 칼은 칼로, 피는 피로 갚는 사랑, 즉 상대적인 사랑이지요.

또 세상의 사랑은 대부분 조건적입니다. 이상이 맞는다, 고향이 같다, 한 동창이다, 동업을 한다, 같은 민족이라고 하며 어떤 조건에서만 사랑하는 사랑입니다. 또 세상 사람들이 가진 사랑은 대부분 타산적입니다.

이로울 때에 사랑하고 손해나면 미워하고, 어떤 때는 침이 마르도록 칭찬하다가 어떤 때는 혀가 닳도록 욕을 합니다. 어떤 때는 살점이라도 떼어줄 것처럼 하다가 어떤 때는 소리 안 나는 권총이 없어서 쏘지 못할 정도입니다.

이런 사랑 속에서는 위대한 변화도 행복도 오지 않습니다. 인간들은 그 사랑을 그리워하면서 사랑을 준다고 하지만, 사실은 근본적인 사랑에 접촉하지 못했기 때문에 피눈물을 흘려야만 하는 것입니다.

사랑에는 근원이 있는데 하나님이십니다. 하나님의 사랑은 상대적이 아닌 절대적인 사랑입니다. 조건적이 아닌 무조건적인 사랑이고, 타산적이 아닌 무타산의 사랑입니다. 이 사랑을 아가페의 사랑이라고 합니다.

이 위대한 사랑을 우리에게 내려주시는 것입니다. 바로 그리스도인들과 하나님의 자녀들이 이 땅 위에 실천하고 또 힘써 나가는 사랑이 이 위대한 아가페의 사랑입니다.

그리고 우리 기독교 운동은 구원의 길입니다. 재생의 길입니다. 사람은 범죄와 타락에 빠져서 스스로는 아무런 희망을 가질 수 없게 되었습니다. 10번 뒤집어 놓아도 죄인이고, 100번 갈고 닦아도 죄인입니다. 죄인+죄인=죄인, 죄인×죄인=죄인, 죄인은 100만 명, 1,000만 명, 몇 억만 명 모여도 죄인입니다.

하나님께서는 이 위대한 사랑으로 죄에 멍들어 버린 우리 인생을 그대로 두실 수 없어서 예수 그리스도를 이 땅에 보내셨고, 골고다 언덕 위에서 우리의 죄와 허물을 위해 십자가를 져주심으로 인하여, 그 피로 말미암아 우리에게 재생의 길을 열어 주셨습니다.

인류의 새로운 생활은 골고다 언덕 위 그리스도의 십자가에서부터 새 출발이 되는 것입니다. 예수 그리스도는 실질적인 아가페의 사랑으로 이 땅위의 모든 인생들에게 표현해 주신 속죄애인 것입니다.

사실 과거에 말할 수 없는 죄 가운데 묻혔던 생명들이 그리스도 안에서 옛사람을 벗어 버리고 새사람으로 개조를 받으며, 하나님의 완전한 자녀가 되어 놀라운 변화된 생활을 하게 되는 것이 바로 그리스도 안에서 받는 위대한 축복입니다.

이 생명, 이 사랑, 이 구원이 바로 하나님께서 우리 모든 그리스도인들을 통해 하시는 역사입니다. 이 생명 운동, 이 사랑 운동, 이 구원의 역사는 인류의 어떠한 활동으로도 막아낼 수 없습니다.

엘리야는 이것을 깨달았습니다. 수의 다소가 문제가 아니고 그 환경과 조건이 문제가 아니라, 이 모든 일이 바로 하나님이 하시는 위대한 역사임을 알고 이 생명 운동, 사랑 운동, 구원의 역사를 힘있게 감당하였던 것입니다.

오늘 이 위기의 시대에 우리 그리스도인들도 우리의 전 존재를 걸고 이 생명 운동에, 이 사랑의 역사에, 이 구원의 위대한 사명에 최선을 다합시다.

그리고 엘리야가 또 한 가지 깨달은 것은 칠천 명의 교우가 있다는 사실입니다.

하나님께서는 우상숭배와 음란함으로 타락된 사회에서도 하나님께서 기억하시는 칠천 명을 숨겨두셨다는 것입니다.

말하자면 그들의 인격과 영성에 하나님을 모시며, 생명과 위대한 아가페의 사랑, 그리고 자신의 구원뿐만 아니라 남을 구원할 수 있는 사람, 눈에 보이지도 않고 소리도 나지 않지만 남은 칠천 명이 바로 그 사회 속에 있었다고 하는 사실을 다시 한번 이 아침에 확신하시기 바랍니다.

외형상으로 볼 때 세계 지구상에서 가장 비참한 장소인 북한 땅에도, 마음속에 하나님을 모시고 변화된 영성을 가지고 진정한 참된 생명과 사랑과 구원을 체험하고 있는 칠천 명은 있다는 것을 기억합시다.

아니 중국이라든지 소련이라든지, 오늘날 세속화되고 있는 복잡한 우리 사회 속에도 반드시 하나님께서는 이 위대한 역사를 쓰실 남은 칠천 명을 두셨다는 것을 다시 들려주시는 것입니다.

하나님께서 남기신 칠천 명은 결코 암흑적인 이 세파를 두려워하지도 않고, 불의와 죄악과 타협하지도 않습니다. 마침내는 이 남은 칠천 명이 하나님의 위대하고 놀라운 구원의 역사를 이루게 됩니다.

특히 우리 한국 교회와 모든 그리스도인들은 이 시대에 위대한 역사를 이루기 위해 남겨두신 남은 칠천 명이라는 것을 기억합시다.

한국 그리스도인이야말로 어떤 의미에서 20세기 후반의 갈멜산과도 같은 대결을 하고 있습니다. 무신론, 유물론의 세속의 세력을 물리치고 하나님의 위대하신 역사를 나타내야 합니다.

오순절의 120명, 그들은 별로 기대할 만한 존재들이 아니었지만, 그들로 인해서 예루살렘과 온 유대와 사마리아와 땅끝까지 위대한 구령의 역사가 이루어졌습니다.

오늘 이 시대에 우리는 예루살렘, 즉 음란함으로 물들어 버린 우리 조국과 사마리아, 즉 유물과 무신에 기울여져서 매우 암담해진 북한과 발칸, 마게도니아, 대로마와도 같은 중국, 소련, 아니 온 세계를 향해서 이 위대한 생명 운동, 이 사랑의 운동, 이 구원의 역사, 그리고 내면의 인격과 영성의 개조를 힘차게 이루어가도록 합시다.

하나님을 위하여 미친 삶

고린도후서 5:13-19

옛날 고린도라는 도시는 육로로나 해상으로 교통이 매우 좋은 곳이었습니다. 그래서 동서 각국의 모든 사람들이 같이 살 뿐만 아니라 당시 리비아의 상아, 바벨론의 고급 주단, 길리기아의 염소털, 르가오니아의 양모, 부르기아의 노예까지 인기 보물들이 거래되는 고대 세계의 최고 상업과 무역의 중심지였습니다.

따라서 헬라의 사교장이라고 불리던 고린도는 온갖 죄악과 부도덕이 가득 찬 타락과 방탕의 도시이기도 했습니다. 말하자면 죄악이 번창한 사회였습니다.

이러한 때에 지중해 구석구석까지도 찾아다니며 나사렛 예수 그리스도를 증거하며 양심의 각성을 촉구하는 한편 인간을 근본적으로 구원하려고 목숨을 걸고 힘쓴 이들이 있었습니다. 이들이 바로 사도 바울을 필두로 한 소수의 그리스도인들이었습니다.

당시 모든 사람들은 이렇게 복음을 증거하는 바울과 그 일행을 향해서 미쳤다고 비방했습니다.

본문에도 보니까 고린도인들을 향해서 사도 바울도 말하기를 “우리가 만일 미쳤어도 하나님을 위한 것이요 정신이 온전하여도 너희를 위한 것이니”(13

절)라고 고백하고 있습니다.

사도행전 26장을 보면 아그립바 왕의 허락을 받아서 그 앞에서 관원이 엄중히 지켜보는 가운데 당당하게 복음을 말하니 듣던 베스도가 크게 소리를 지르며 "바울아 네가 미쳤도다 네 많은 학문이 너를 미치게 한다"(행 26:24)라고 하였습니다.

당시에 고관이나 평민들이나 또 자타가 모두 비웃고 그 일행을 미쳤다고 보았습니다. 모든 사람들이 바울과 그리스도인들을 미친 사람이라고 보았던 것은 물론 지식이 부족하다는 말이 아닙니다. 이성의 결함으로 보았다는 의미도 아닙니다. '보통사람들과 전혀 다르다'는 이야기입니다. '상식적으로 이해가 잘 안 된다'는 말입니다. '도저히 이해하지 못할 차원의 사람들'이라는 뜻입니다.

어쨌거나 당시 바울과 그리스도인들의 모습을 보고 느낀 대로 표현한 용어임에 틀림이 없습니다. 그들이 미쳤다고 보게 된 이유가 여러 가지 있을 것이지만, 그중 몇 가지를 짐작할 수 있습니다.

우선 이들은 하나님 안에 사는 영감으로 가득 차 있었기 때문에 미친 것처럼 보였을 것입니다.

어떤 유명한 무용가에 관한 기사를 읽은 적이 있습니다. 세계를 황홀하게 하는 무용수가 자기 연습장에서 엄격한 아버지의 감독 아래 맹연습을 매일매일 아주 혹독하게 했다고 합니다. "발을 잘못 짚는다, 손을 너무 폈다, 상체를 너무 앞으로 숙였다, 눈을 크게 떠라, 손을 힘 있게 펴라" 등등 벽력 같은 아버지의 음성에 맞추어서 팽이처럼 뱅뱅 돌며 나비처럼 발돋움해서 뛰기를 한두 시간 이상 하면 마침내 정신을 잃고 마루에 쓰러지고 만다고 합니다.

이마와 전신에는 땀이 비 오듯 하고 얼굴이 창백해지며 피로에 지쳐서 꼭 죽은 사람처럼 의식을 잃게 된다고 합니다. 옆에 있던 교수들이 아버지 감독의 지시대로 냉수를 끼얹어 주고 약을 먹여 별실에서 안정을 시키면 몇 시간 혼수상태에서 쉬게 된다고 합니다.

세계적인 무용가가 되어서도 매일 그렇게 맹연습을 계속하고 무대에 서곤 했다는 것입니다. 그래서 그녀의 무용은 보통사람들이 볼 수 없는 일종의 영감 있는 무용을 했다는 것입니다.

바울 사도는, 사도행전 26장 17-18절을 보면 "이스라엘과 이방인들에게서 내가 너를 구원하여 그들에게 보내어 그 눈을 뜨게 하여 어둠에서 빛으로, 사탄의 권세에서 하나님께로 돌아오게 하고 죄 사함과 나를 믿어 거룩하게 된 무리 가운데서 기업을 얻게 하리라"고 하는 말씀을 듣고서는 이 엄청난 사업에 크게 감격하여 오로지 이 사명을 위해서 최선을 다해 뛴 것입니다.

인간 아버지의 감독과 연습이 아닙니다. 하나님 아버지의 부르심을 입어서 그가 명하시는 일을 하려 한 것입니다. 사람들의 안목을 만족시키는 예술인 무용이 아닙니다. 영적 차원에서 가장 숭고한 위대한 사명에 이바지한 것입니다.

바울 사도야말로 어떤 의미에서 신인융화, 즉 하나님과 함께하는 극치의 생활을 했다고 할 수 있습니다. 그는 먹고, 자고, 기거하는 모든 일상생활을 하나님과 함께하는 영적인 힘과 영감 있는 생활 속에서 살았던 것입니다.

본문에도 보니까 "그리스도의 사랑이 우리를 강권하시는도다"라고 하였습니다. 하나님과 함께하는 생활이 약간의 지식 변화와 다소 간의 인격의 개조와 생활의 변화가 아니라, 온전하신 아가페 하나님의 참사랑의 노예가 되어서, 그 사랑에 사로잡혀 그 사랑을 실천하는 놀라운 과정에 들어가게 되는 것입니다.

사랑은 불가능이 없습니다.

사랑은 일시적이 아닙니다.

사랑은 무한하고 위대한 위력을 발휘하며, 기적을 나타내는 영감 있는 생활을 하게 됩니다. 그래서 바울이 이르는 곳마다 하나님 나라가 확장되었습니다. 새 사회가 이루어져 나갔습니다. 어떤 곳에서도 교회가 세워지고 점점 성장하여 왕성해져 갔습니다. 세상 사람들이 볼 때 미친 것처럼 여겨질 정도로 영감 있는 생활, 하나님과 동행하는 생활을 했던 것입니다. 하나님 나라는 매일매일 하나님과 동행하는 영적인 사람들에 의해서 발전되어 가는 것입니다.

또 바울과 이 그리스도인들은 열광적 구령 활동, 즉 다른 사람을 살려내고자 하

는 활동 때문에 미친 것으로 보였던 것 같습니다.

너무 열심히 전도하기 때문에 "아무래도 저 사람들은 미쳤다"라고 평가할 수밖에 없었던 것 같습니다. 세상에 가장 큰 비극이 있다면 열심 없는 생활입니다. 열심 속에서 점점 원숙한 인격이 이루어집니다. 열심이 있을 때 만족한 생활과 일을 다 이루어지게 하는 것입니다.

열심은 사람으로 하여금 크게 활동하게 하는 활력소와 생기가 됩니다.

우리들의 심장은 70년 아니면 90년, 아니면 세상을 떠나는 시간까지 쉬지 않고 움직입니다. 아무 일도 하지 않는 것처럼 보이지만, 실은 24시간 동안 마치 기차의 화차 한 칸 정도의 분량의 피를 우리 몸 안의 각 부분으로 보내고 있는 것입니다. 이것은 매일 20톤 분의 모래 자갈을 허리 정도 높이의 플랫폼에 삽으로 떠올리는 노동량과 같다고 합니다.

비단 우리 심장만 이렇게 엄청난 일을 하는 것이 아닙니다. 우리 인체 각 부분의 모든 활약이 전부 다 그런 엄청난 일을 하고 있는 것입니다.

우리에게 이렇게 엄청난 몸을 왜 주셨는지 아십니까? 가장 고상하고 위대한 일, 중요한 일에 열심히 뛰게 하시려고 이런 고성능의 몸을 주신 것입니다.

엠 도우트 박사가 이런 말을 했습니다.

> "많은 사람들은 파이프 오르간을 연주해야 하는 때에 포타블 올갠을 연주하여 소리를 속이고 있다. 많은 사람들은 아주 좋은 고급 카스텔라를 만들어야 할 때에 이제 막 만든 빵을 만들고 만족하고 있다. 많은 사람들은 뛰어야 할 때에 엉금엉금 기고 있다. 많은 사람들은 궁궐을 지어야 할 때 움막을 짓고 만족하고 있다."

말하자면 사람들이 하나님 앞에 최선을 바치지 않고, 가장 숭고한 사명을 열심히 충성스럽게 하지 않고 게으르고 나태하게 한다는 것을 이렇게 알기 쉽고 재미 있게 표현한 것 같습니다.

토머스 에디슨은 우리가 잘 아는 대로 하루 평균 4시간밖에 자지 않았습니다. 부족한 수면은 틈틈이 의자에 기대어서 잠깐씩 보충해 가면서 일생 동안 부지런히 일했다는 것입니다. 그가 전구의 필라멘트를 개발할 때에는 11만

번의 실험을 해본 뒤에 성공했다고 합니다. 그가 이 연구를 끈질기게 되풀이하는 것을 보고 영국의 어떤 과학자는 이렇게 말했습니다.

> "전구의 필라멘트가 실현 가능하다고 말하는 사람은 정신병자라고 단정하였습니다. 그러나 상상할 수 없는 발상과 노력으로 토머스 에디슨은 성공해 놓고 말았습니다."

인간사회의 공간에 광명을 찾기 위해서도 정신병자라는 별명을 받으며 미친 듯이 최선을 다하고 열심으로 희생과 노력을 기울여서 얻었다고 하면, **적어도 우주보다 귀한 한 생명 한 생명의 심령에 광명을 찾아 영원한 구원으로 인도한다고 하는 것은, 거의 미친 사람이라고 하는 별명을 받을 정도의 열심이 아니고서는 불가능합니다.**

바울 사도는 고린도후서 11장 24-27절에 "유대인들에게 사십에서 하나 감한 매를 다섯 번 맞았으며 세 번 태장으로 맞고 한 번 돌로 맞고 세 번 파선하고 일 주야를 깊은 바다에서 지냈으며 여러 번 여행하면서 강의 위험과 강도의 위험과 동족의 위험과 이방인의 위험과 시내의 위험과 광야의 위험과 바다의 위험과 거짓 형제 중의 위험을 당하고 또 수고하며 애쓰고 여러 번 자지 못하고 주리며 목마르고 여러 번 굶고 춥고 헐벗었노라"고 하였습니다.

한 생명을 살리기 위해서 어떠한 고난도 개의치 않고 이 일을 위해서 부단히 전진했다는 것은, 평범한 사람의 눈으로 볼 때는 미친 것처럼 보일 수밖에 없습니다.

그러나 이들의 미친 듯이 힘쓴 이 위대한 열심과 노력이 많은 생명을 건져내게 된 것입니다.

또 한 가지 이들을 미친 사람처럼 여기게 된 것은, 그 신앙과 생활을 취미처럼 했다고 하는 점입니다.

원래 사람은 취미에 미치면 죽을지 살지 모르는 법입니다. 바울 사도는 아주 다재다능한 분이었습니다. 그는 유능한 설교가였습니다. 또 어떤 면에서는 뛰어난 논리학자이기도 했습니다.

특히 그가 기록한 글을 보면, 요즘 말하는 스포츠에 대해서 관심이 많고 아주 흥미가 있었던 것 같습니다. 더군다나 사도행전 17장을 보면, 시도 잘 짓고 철학에도 정통한 사람이었던 것을 알 수 있습니다. 사실 그는 정치가이기도 했으며, 탐험가이기도 하고, 또 뛰어난 심리학자라고도 할 수 있었습니다.

구약의 다윗 왕을 보면 그는 운동을 잘하는 스포츠맨이었고, 시인이었고, 음악가였고, 군인이었고, 철학자였고, 제왕 정치가였고, 그의 아들 솔로몬도 다재다능했습니다.

잠언 3천에다 1,500수의 시를 지었습니다. 레바논의 백향목에서 석축에 돋는 잡초에 이르기까지 맹수와 각종 조류, 그리고 바닷속 어족까지도 노래로 표현하고 있습니다.

인간은 살아갈 때 어떤 고차원의 취미에 정통하게 되면 그 안목이라든지 생활 전체가 아주 차원을 달리한다는 것을 볼 수 있습니다.

미국의 유명한 실업가 로버트는 어느 날 조지아주에 있는 그의 공장에 용무가 있어서 자가용 비행기로 가는 도중에 착륙장치가 고장이 나서 조종사가 매우 당황하게 되었습니다.

그래서 사우스캐롤나이나주 앤더슨 공항에다가 무선으로 "착륙이 어려워졌습니다. 만반의 준비를 해주십시오"라고 연락을 하였습니다.

신문 기자들, 카메라맨들이 모여들었습니다. 공항 비행장 안에 있던 모든 사람들은 숨이 멎을 정도로 긴장했습니다.

마침내 그의 비행기가 비행장에 나타나서 내리는데 동체 착륙을 했습니다. 바퀴 없는 배로 땅을 기어 내려야 하는 모험을 하게 되었습니다. 천만다행히도 큰 사고 없이 간신히 착륙을 했습니다.

한참 고요하다가 문이 활짝 열리더니 사장이 내렸습니다. "지금 심정이 어떠냐? 어떻게 된 일이냐?" 하며 경위를 물어보려고 하는데, 사장이 내리자마자 하는 말이 "나, 자가용차 좀 빌려줄 수 없는가? 약속 시간이 넘어서 그러는데, 어떻게든 공장에 빨리 가는 방법을 좀 주선해 주면 좋겠다"라고 했다는 것입니다.

언젠가는 누가 그에게 "선생님은 언제 휴가를 가지십니까?" 하고 물었다고 합니다. 그가 대답하는 말이 "제게는 휴가가 필요없습니다. 제가 일하는 것은 노는 것이나 마찬가지입니다. 놀고 있는 사람에게 무슨 휴가가 필요하겠어요?"라고 대답했다는 것입니다.

목숨이 오가는 위태로운 상황에서도 그는 자기가 하고자 하는 일에 미쳐 있었던 것입니다. 세계적 규모의 큰 사업을 경영하면서도 자기 마음에 단 한 번도 피곤하다든지 괴롭다든지 너무 지친다든지 하는 생각을 가져본 일이 없다고 합니다. 그는 마치 취미에 맞는 스포츠를 하는 것처럼 매일 기쁨에 넘쳐서 즐겁게 일했던 것입니다.

바울 사도는 하나님 일을 할 때 마치 자기 기호에 맞고, 하고 싶은 취미 생활을 하듯이 했기에 어떠한 일을 만나든지 즐겁기만 하고 기쁘게 그 일을 잘 해낼 수 있었습니다. 그렇기 때문에 그가 위대한 복음의 역사를 써 내려갈 수 있었던 것입니다.

현대 그리스도인들의 가장 슬픈 맹점이 어디에 있습니까?

우리가 드리는 예배, 기도, 전도, 교회 봉사, 성경 봉독 등 하나님의 일들을 마치 하기 싫은 일을 마지못해서 하는 것처럼 피곤을 느끼고 있다는 점이 비극인 것입니다.

우리의 예배는 피곤한 일이 아닙니다.

우리의 기도 생활은 해도 되고, 안 해도 되는 일이 아닙니다.

우리의 교회 생활의 모든 일들은, 그리고 한 생명을 살려내기 위한 하늘나라의 모든 사업은 재미와 취미 이상의 취미로서, 감격으로 감당해야 할 놀라운 역사들입니다.

우리 모두가 바울 사도나 그 일행처럼 기쁨에 겨워서 복음에 힘쓸 때 나의 생의 가치와 의미를 찾게 됩니다. 그리고 많은 창조적인 역할과 수많은 결실, 새로운 개조를 체험할 수 있습니다.

저는 확신합니다. 우리 민족은 팔레스타인의 이스라엘 민족 이상으로 살아 계신 유일하신 하나님을 섬기는 민족이라고 믿습니다.

오늘은 북한 땅에 교회 종소리가 끊어졌고, 예배드리는 제단이 무너져서 수십 년 동안 답답한 생활을 하고 있지만, 발칸반도, 마케도니아, 대로마제국의 그 미신, 그 사치 풍토, 그리고 무신론과 유물 사상, 이런 것들이 깨져 나가면서 위대한 복음 왕국이 건설되었던 이상으로, 오늘 북한이나 우리 남한이나 우리 신자들을 위시한 우리 겨레가 자체만 아니라 이 동남아까지라도 위대한 복음 전파의 날이 오늘도 내일도 지속될 것을 확신합니다.

다만 바울이나 그 성도들과 마찬가지로 하나님께 붙잡힌 바 되어 하나님과 동행하며 하나님의 강권하심을 입은 영감에 찬 사람, 다른 생명을 건지고자 하는 열심에 미치고, 교회적 사명과 복음 아래서의 임무, 그리고 우리가 감당해야 할 역할, 그 모두를 취미 이상의 취미처럼 즐거움으로 감당하는 우리 모두가 되어야 합니다. 이를 이행할 때 우리 미래에 위대하고 놀라운 영적 건설이 이루어질 것입니다.

묵은 땅을 기경하라

호세아 10:12

호세아 10장 12절을 보면 "너희 묵은 땅을 기경하라"는 말이 있습니다.

사실 흙이야말로 신비로운 존재입니다.

사람은 흙에서 왔다가 흙으로 돌아갑니다. 모든 동식물이 흙과 관계가 없는 것이 없습니다. 모든 생물체에 필요한 식물을 제공하고 의류, 연료, 자연계의 보존, 그리고 아름답게 미화하는 역할을 하고 있습니다. 땅이 하는 역할은 너무나도 큽니다

여기에 두 가지 땅이 있습니다.

하나는 묵은 땅입니다.

즉 호미도 곡괭이도 트렉터도 대지 않은 땅입니다. 어떤 학자의 말과 같이 흙은 성질을 가지고 있고, 마치 인간이 마음을 가지고 있듯이 과학적으로 말하면 어떤 목적성이 있다고 하는 것입니다.

그런데 그 땅을 그대로 버려두었을 때 땅 자체로 생각하면 매우 편할지도 모릅니다. 안전성이 있다고 할 것입니다. 그러나 그 땅에서는 성장의 기적을 볼 수 없습니다. 생명의 약동을 느낄 수 없습니다. 새싹이 움터나오는 놀라움도 느낄 수 없습니다. 물론 열매가 익어가는 아름다움도 볼 수가 없습니다.

다른 하나는 기경한 땅입니다.

땅의 입장에서 볼 때 매우 괴로움을 더할 수밖에 없을 것입니다. 호미나 삽이나 곡괭이로 깊이 파헤칩니다. 냉혹하기 그지없을 만큼 샅샅이 그리고 깊이 모두 뒤집어엎는 것입니다. 조용하고 평안하던 땅에 농부들의 고함소리와 트랙터의 시끄러운 기계 소리로 뒤덮일 것입니다. 이 땅이야말로 해산하는 고통을 당하는 것입니다. 유린을 당하고 침입을 당하고 마구 휘둘러 치는데 산산조각으로 부서짐을 당하는 것입니다.

그런데 시간이 흘러갈수록 새로운 세계로 변해버립니다. 뿌려진 씨들이 모두 생명의 운동을 일으키고 하나님의 놀라운 창조의 역사를 실천하게 되는 것입니다. 움이 트고 자라고 성숙하고 결실합니다. 거기에 아름다운 미가 있습니다. 훈훈한 향기를 떨치게 됩니다. 풍요로움이 일어나게 됩니다. 따라서 존재의 가치와 목적이 달성되는 것입니다. 그런데 성경에는 땅에 대해서 말씀하는 것이 아닙니다. 인생의 심령을 말씀하는 것입니다. 우리 인생이 그렇습니다.

묵은 땅과 같은 인생이 있습니다.

자기 자신이 가지고 있는 기존 열매로 족하다고 생각합니다. 새롭게 파고 헤치는 어떤 괴로움도 받기를 원치 않습니다. 침범당하는 것을 기뻐하지 않습니다. 회개도 부흥도 열매 맺기 위한 해산의 고통도 당하고 싶지 않습니다. 도리어 이만했으면 충분하다는 우월감만 가지고 있습니다.

앞으로 전진하기 위한 모험심도 없습니다. 제자리에 서 있는 현실 그것뿐입니다. 늘 하던 일을 익숙히 하는 충실은 있을지 모르겠으나 이러한 생활에는 열매가 맺히지 않습니다. 어떤 양과 질에 고정되어버리고 마는 것입니다.

기경한 땅과 같은 인생이 있습니다.

자기만족이 아니라 자기 부족을 절실히 깨닫고 근본적으로 회개하며 환경의 압력과 마음의 타성을 모두 부셔버리고 하나님의 명령에 절대복종하려고 하는 자기 혁명이 있습니다. 하나님께서 주신 진리가 30배, 60배, 100배로 결실하도록 온갖 해산의 고통을 감수하는 것입니다.

교회사를 보아도 이 두 가지 종류가 있다고 할 수 있습니다. 하나는 동적인 면이고, 또 하나는 정적인 면을 볼 수가 있습니다.

동적 시대에는 모든 그리스도인들이 하나님의 명령을 행하기 위하여 분발하였습니다. 복음을 세계에 전파하기 위하여 두려움 없이 어디든지 나아갔습니다. 하나님의 능력을 힘입기 위해서 모험적으로 희생하며 기도했습니다. 성도들의 하는 일에는 위대한 기적이 나타났습니다.

정적인 시대에는 하나님의 백성들이 모두 피곤해져 버렸습니다. 그저 평화와 안전한 생활로 만족해 버렸습니다. 특히 중세시대가 대표적입니다. 수도원이나 대성당을 짓고 울타리 안에서 동상과 조각을 만들어 놓고 아무런 모험도 전진도 하지 않았습니다. 이런 때에 부패와 타락이 왔습니다.

성경의 역사를 보더라도 그렇습니다. 아브라함은 믿음의 조상입니다. 그의 신앙은 위대한 모험의 연속이었습니다. 하나님께서 "죄악의 땅을 떠나라" 하시면 말씀대로 떠났고, "약속의 땅으로 가라" 하시면 순종했습니다. 그의 생활 속에 계시가 있었고 하나님을 뵈올 수 있었습니다. "하늘의 별과 같이 바닷가의 모래와 같이 번성하리라" 하는 풍성한 약속을 부여잡고 무엇이든지 실천할 수 있었습니다.

하나님의 뜻을 이루기 위해서는 어떠한 모험도 무릅쓰고 그대로 복종했습니다. 심지어 "독자 이삭을 바치라" 하시면 그대로 시행했습니다.

모세의 경우도 마찬가지입니다. 그는 하나님의 음성을 듣고 바로 왕의 실권을 계승할 만한 왕좌를 내어버리고 자기 민족과 함께 고난받기를 즐거워했습니다. 또 부르시는 음성대로 애굽에서 약속의 가나안 땅까지 오합지졸 같은 자기 민족을 이끌어 가는 데 온갖 모험을 다 겪었습니다.

하나님께서는 이런 용감한 신앙 전진에 항상 함께하셨습니다. 심지어 적과 싸울 때 손을 들면 승리가 있고 손을 내리면 패할 정도로 세미하게 역사하시는 하나님을 체험했습니다.

신약시대 초대교회 모든 신자들도 그랬습니다. 아무것도 가진 것이 없이도 오로지 하나님의 명령을 지키기 위해서 온갖 모험적인 활동을 했습니다. 합심 기도를 했습니다. 전적으로 구령을 위해서 활동을 했습니다. 희생적인 구제를 했습니다. 결사적인 충성을 했습니다. 멸아적인 즉 자기 자신을 죽이고 희생적인 사랑을 표현했습니다. 모이는 데에도 뜨겁게 열심히 모였습니다. 예배에도 생명력이 움직였습니다. 선교에 과감했습니다. 이것이 산 교회의 모습입니다.

하나님께서는 매달려 호소하는 그리스도인들에게 풍성한 은혜를 내려 주시고, 활동하는 그리스도인들과 함께 역사하시는 것입니다.

교회가 틀에 박힌 울타리 안에서 기본 재산으로 안정예산을 짜놓고 한정된 활동만으로 족하게 생각할 때에는 하나님께서 기적을 주시는 법이 없습니다. 위대한 일을 할 수 없게 되는 것입니다.

흔히 주변에 아무런 영향도 끼치지 못하는 교회, 구령의 결실도 별로 없는 교회, 하나님의 능력을 찾아볼 수 없는 교회, 영적 향상도 발전도 없는 교회라면 묵은 땅처럼 된 교회입니다.

안정과 평안이면 된다고 생각하고 그리스도의 명령을 지키기 위한 아무런 모험도 하고 싶지 않다면 묵은 땅 같은 신자입니다.

교회는 막사에서 적과 대치하고 있는 전투 본부입니다. 그럴 때에 승리가 오는 것입니다. 어디까지나 자기 자신의 새로운 영적 체험과 그 생명의 약동을 실감하는 것이 그리스도인입니다. 남의 경험을 배우는 것은 중요하지 않습니다. 교회는 어디까지나 실험 농장이어야 합니다. 묵은 땅을 갈고 많은 열매를 뿌려서 풍성한 수확을 거두어들여야 하는 것입니다.

예수님께서는 최초로 제자들을 파송하실 때나 70인을 보내실 때 아무것도 가지지 않은 채 가라고 하셨습니다. 오직 그리스도께서 함께하시는 능력 안에서 위대한 구령의 역사를 이루어 가게 하셨습니다. 이것이 선교사업입니다.

예수님께서는 언제나 묵은 땅을 기경하는 전도자와 함께하시며, 개척지에 기적을 나타내 주십니다.

이스라엘 민족은 고토를 잃어버리고 수천 년 동안 세계 각처에 흩어져 살았습니다. 고국의 흙 한 줌을 가지고 그 나라를 떠났습니다. 독립 후에는 곧바로 자기 고국에 돌아갔습니다. 그러나 메마른 사막뿐이었습니다. 사방에 적들이 포위하고 있는 상황 속에서도 그 땅을 기경하기 위해서 힘을 모았습니다. 지금은 푸른 낙토를 만들고 있습니다.

우리 한국은 묵은 땅입니다. 특히 영적 상태에 있어서 우리 민족은 시급히 개간되어야 하는 묵은 땅입니다.

모든 교회, 모든 그리스도인들은 기회를 잃지 말고 우리들의 묵은 땅, 심령 개발을 위해서 적극적인 힘을 쏟아야 할 것입니다. 그렇게 할 때에 하나님께서는 세계 어디에서도 볼 수 없는 복음의 향기로운 아름다운 동산으로 만들어 주실 것입니다.

이 새봄을 그리스도인들의 우렁찬 기경의 시기로 삼읍시다. 한국인들의 심령이 개간되어 풍성한 열매를 맺음으로 더 힘차게 세계를 향하여 전진합시다.

기다리고 영접하는 믿음

이사야 30:18-19

예수님의 성탄을 보다 뜻있게 지키기 위해 성탄 전 4주간을 Advent, 대강절(待降節), 대림절(待臨節)로 지킵니다. 왕이 어느 고을을 방문한다고 하면 그 고을에 사는 온 백성은 사는 곳도 깨끗이 하고 마음도 새롭게 합니다. 이와 같이 하나님을 믿는 백성의 당연한 예절로서 예수께서 세상에 오시는 것을 미리부터 기다리고 영접하는 믿음을 가져야 하는 것 역시 타당합니다.

이사야 30장 18-19절에 "여호와께서 기다리시나니 이는 너희에게 은혜를 베풀려 하심이요 일어나시리니 이는 너희를 긍휼히 여기려 하심이라 무릇 그를 기다리는 자는 복이 있도다"라고 하였습니다.

세 가지 의미에서 예수님 오심을 간절히 기다리고 영접해야 합니다.

1. 역사 속에 오신 예수님을 새롭게 생각하며 기다리고 영접하는 믿음

요한복음 1장 14절에 "말씀이 육신이 되어 우리가운데 거하시매 우리가 그의 영광을 보니 아버지의 독생자의 영광이요 은혜와 진리가 충만하더라" 하신 대로 하나님께서 인간의 모습을 쓰고 세상에 오신 분이 예수님이십니다.

하나님께서 인간을 하나님과 직접 사귀며 함께 살아가는 하나님의 자녀로 창조해 주셨습니다. 그러므로 인간은 언제나 하나님께 예배드리고 서로 사랑하면 행복뿐이고 아무 문제가 있을 수 없었습니다.

그런데 아담이 범죄함으로 하나님과의 교제가 죄로 인해 단절되었습니다. 따라서 인간관계도 모두 파괴되었습니다. 인간이 하나님을 떠나고 나니 영적으로 죽은 상태가 되어 모두 범죄뿐인 존재가 되었습니다. 사는 목적과 의미를 잃었습니다. 만족이 없어졌습니다.

그러므로 인간은 하나님을 찾는 일이 최대 문제요 급선무가 되었습니다.

그런데 타락한 인간은 하나님을 바로 찾을 힘이 없습니다.

일본인들은 천조대신(アマテラスオ-ミカミ)을 자기들의 신으로 섬기는 외에 야호요로즈노가미(やほ よろずの かみ) 800만의 신을 섬깁니다. 인도 사람들은 3억 3천만 신을 섬깁니다.

세계에는 3억 6천만 가지나 되는 우상이 있다고 조사한 결과도 있습니다.

마치 나라에 왕이나 대통령이 있듯이 신도 나라의 신이 있다고 생각하여 단군을 섬기는 사람들도 있습니다. 이는 아직 세계나 우주를 알지 못하고 우물 안의 개구리처럼 마을과 나라만 알던 미개시대 미신일 뿐입니다.

태양이 동양의 태양, 서양의 태양이 따로 있지 않습니다. 미국의 태양, 일본의 태양, 중국의 태양이 따로 있는 것이 아니듯 한국의 태양이 있을 수 없습니다.

태양은 나라마다 따로 있다고 생각하지 않으면서 태양을 창조하신 하나님은 나라마다 따로 있다고 생각하는 것은 얼마나 어리석은 일입니까.

만약 나라마다 있는 신이 따로따로 있어서 그 신마다 취향대로 사람을 창조하였다면 어떤 나라 사람은 눈이 하나이고 어떤 나라 사람은 손이 여러 개 있는 등 각각 달라졌어야 할 것이지만 전 세계 어디서 사는 어느 나라 사람이거나 인류가 동일한 질서와 조직으로 창조되어 있습니다.

이렇게 분명하게 알 수 있는데도 영혼의 아버지 하나님이 창조하셨다고 믿지 못하는 것이며 좀 더 어리석은 것은 사람들이 제 손으로 깎아 신을 만들어놓고 절을 하며 복을 달라고 비는 것입니다.

어떤 미개 지역의 사람들은 아침에 사냥을 나가다가 맨 먼저 만난 몽둥이를 세워놓고 엎드려 절을 하며 "오늘 사냥 많이 하게 해주소서"라고 빌고 갑니다.

그날 짐승을 많이 잡으면 '몽둥이 신이 도와주었다'고 생각하고 정성껏 몽둥이 앞에 감사의 예를 드리지만 사냥 결과가 신통치 않으면 돌아올 때 "이 몽둥이 신이 도와주지 않았다"고 몽둥이를 빼어 짓밟고 강에 던져 버립니다. 사람들이 제 입맛에 따라 신을 떼었다 붙였다 하는 것입니다.

타락하고 범죄한 인간들은 하나님을 바로 찾지 못한다는 의미입니다. 사신 우상을 섬기며 온갖 우매하고도 누추한 방법으로 복 받기를 빕니다. 이것이 인간의 최대 비극입니다.

그런데 지금 우리나라에 무당이 60만 명이 활약하고 있습니다. 우상숭배하는 자들이 날로 늘어나고 있습니다. 심지어 세계 여러 나라의 무당들을 초청해서 굿판을 벌이기도 합니다. 사람의 이성이 발달된 지금도 인간이 하나님을 바르게 찾는 일은 여전히 어렵다는 증거입니다.

그러므로 하나님께서 인간의 몸을 쓰고 인간 속에 오셔서 하나님과의 교제를 회복시킬 수밖에 없으셨습니다. 하나님께서 인간의 몸을 쓰고 오신 이가 예수 그리스도이십니다.

요한복음 3장 16절에 "하나님이 세상을 이처럼 사랑하사 독생자를 주셨으니 이는 그를 믿는 자마다 멸망하지 않고 영생을 얻게 하려 하심이라" 하신 대로, 예수님이 인간을 하나님께로 인도하는 구원의 길이십니다.

예수 그리스도를 믿으면 하나님을 믿게 되는 것으로 예수님께서 "나를 본 자는 아버지를 보았다"라고 하셨고 "내가 곧 길이요 진리요 생명이니 나로 말미암지 않고는 아버지께로 올 자가 없느니라" 하셨습니다.

예수 그리스도를 믿음으로 우주를 창조하신 영혼의 아버지를 섬기게 됩니다.

문제는 예수님을 나의 구주로 확실히 믿는 것입니다. 복음은 배우는 것이 아닙니다. 믿는 것입니다. 하나님의 말씀은 기억하거나 외우는 것이 아니요 순종하고 실천하는 것입니다.

왜 배웁니까? 믿기 위해 배웁니다.

왜 외우고 기억합니까? 순종하고 실천하기 위해 외우고 기억할 뿐입니다.

배우기만 하고 외우기만 하는 것으로 만족하지 않고 순종하고 실천하지 않으면 미신이 됩니다.

신자가 복음과 말씀을 믿고 순종하면 그것이 은혜 받는 길입니다. 이 은혜를 받으면 영육간 생명과 건강이 넘치게 됩니다. 이 은혜는 하나님께서 주십니다. 믿고 순종하는 신자에게 생명과 건강의 은혜를 주십니다.

전에, 평양 지방에 나이 칠십이 넘은 노인이 예수님을 믿기로 작정하고 교회에 나왔습니다. 며느리도 교회로 인도했고 온 가정이 믿음의 은혜 안에 거하면서 기쁨 가운데 생활하였습니다.

노인은 세례 받기를 원했습니다. 당시에는 세례 받는 규정이 까다로워서 선교사는 노인 신자에게 십계명과 사도신경과 주기도문을 암송하라고 하였습니다. 그러나 칠십 노인은 열심히 외우려고 노력했지만 정작 선교사 앞에서는 더욱 긴장하여 외우지 못했습니다.

그 바람에 노인의 세례는 2년이나 지연되었던 것인데 3년째 되던 해 세례 문답하려고 온 노인에게 선교사는 역시 "사도신경을 외워 보시오"라고 했습니다.

노인은 "목사님, 갓난아이가 주기도문, 십계명을 못 외워도 영아 세례를 주지 않습니까, 나를 어린아이로 여기고 세례를 주십시오"라고 하였고, 자신을 어린아이로 여기고 세례 받기를 원하는 칠십 노인의 믿음을 보고 선교사는 세례를 베풀었다는 것입니다.

예수께서 세상에 육신을 입고 오신 것은 죄인을 구원하기 위해 오셨습니다. 시간과 공간이라는 역사, 세상에 친히 인간의 몸을 쓰고 오신 예수님을 나의 구주로 영접하는 믿음을 가지면 전날의 어리석었던 행위와 생활이 완전히 변하여 구원받은 새 사람이 됩니다.

이번 성탄절을 맞으며 나 자신이 역사 속에 인간으로 오신 예수님을 구주로 받아들이는 믿음이 확실하게 되기를 바랍니다.

2. 재림의 예수님을 기다리고 영접하는 믿음

히브리서 9장 28절에 "이와 같이 그리스도도 많은 사람의 죄를 담당하시려고 단번에 드리신 바 되셨고 구원에 이르게 하기 위하여 죄와 상관없이 자기를 바라는 자들에게 두 번째 나타나시리라"고 하신 대로 그리스도는 다시 오십니다.

주님의 재림은 그리스도인들에게 주신 놀라운 보증이요 소망입니다.

많은 그리스도인들에게 있어서는 "메시아가 오셨는데 왜 이 세상이 더 악해지는가?" 하는 의문이 있을 것입니다. 이것은 마치, 유대교인들에게 "이 세상이 이렇게 악해졌는데 왜 메시아가 오지 않는가?" 하는 것이 문제가 된 것과 같습니다.

예수님은 이 양면의 문제를 해결하기 위하여 반드시 재림하십니다.

우선, 예수님께서 "다시 오겠다"라고 친히 말씀하셨습니다. 신약 성경에 재림에 관한 말씀이 418개나 됩니다. 예수님께서는 이 재림의 약속을 지키시기 위해 오십니다.

예수님은 그때와 기한은 가르쳐 주지 않으시고 징조만 가르쳐 주셨습니다. 오늘날은 재림이 임박한 징조가 도처에 넘칩니다.

화학자들의 말에 의하면 "1년에 지구상에서 가솔린 2,000만 톤을 불태우는 데 공기의 질, 기온, 물, 토질 등을 해쳐 나무와 식물들이 말라죽고 동물 어족들이 멸종되고 있다" 하는데, 공해 연구자들은 "인류를 생태학적 위기에서 건지기에는 이미 늦었다"라고 하였습니다.

요즘은 화산, 지진이 나면 수만 명의 사상자가 납니다. 인류 역사상 최악의 지진 피해 10개 중 아홉이 20세기에 일어났습니다. 지질학자들의 예고에 의하면 라팔마도 쿰부레 비에카 화산이 폭발하면 메가 쓰나미가 일어날 것인데 파고가 30m가 넘고 파장이 길어 계속 덮치게 되는데 그 피해가 지구 반대쪽까지 상상할 수 없는 대 재난이 될 것이라고 경고하고 있습니다.

성경에 세계 인구 3분의 1이 죽는 일이 일어난다는 예언이 눈앞에 다가온 것입니다.

지금은 목회자들보다 과학자들이 더 말세의 현상에 대하여 경고하고 있습니다. 세상은 무섭게 변하였습니다. 사회구조의 충격적인 변화로 사람들이 도덕 윤리가 완전히 파괴되고 있는 것은 어제 오늘의 이야기가 아니요 불법과 무법은 우리의 상상 이상입니다.

성적 타락이 극도에 달해 가정이 깨지고 동성애가 합법화되고 있습니다. 옛날에는 소돔 고모라만이 타락 도시였는데 오늘날은 세계 모두가 소돔 고모라 이상으로 썩고 있습니다.

예수님의 재림이 임박한 말세 현상의 징조들로서 문제는 이렇게 재림이 임박했는데 예수님의 재림을 기다리고 영접하는 그리스도인들의 신앙 자세입니다.

루터가 "하나님이 주신 축복의 약속은 수천 가지가 있다, 그러나 우리의 믿음 없이 받을 수 있는 약속은 하나도 없다"라고 하였습니다.

지금이야말로 우리 그리스도인들이 주님의 재림을 기다리는 확고한 신앙 안에 있어야 할 때입니다.

3. 영으로 우리 속에 함께하시는 그리스도를 기다리고 영접하는 믿음

"보라 처녀가 잉태하여 아들을 낳을 것이요 그 이름을 임마누엘이라 하리라 하셨으니 이를 번역한즉 하나님이 우리와 함께 계시다 함이라"(마 1:23).

"볼지어다 내가 세상 끝 날까지 너희와 항상 함께 있으리라"(마 28:20).

"예수 그리스도는 어제나 오늘이나 영원토록 동일하시니라"(히 13:8).

예수님은 약속하시고 그 약속을 이루신 분으로 재림은 예수님이 하신 최고, 최대의 약속입니다.

예수님은 영원하십니다. 언제나 우리의 마음 문을 두드리고 계십니다. 주님을 마음속에 영접하여 모시고, 주님과 함께 살아가는 것이 신앙생활입니다.

영혼은 육체의 생명입니다. 영혼이 육신을 떠나면 육신이 죽는 것과 마찬가지로 하나님은 영혼의 생명이십니다. 하나님께서 사람의 영혼을 떠나시면 그 영혼에게는 멸망만이 기다리고 있습니다.

언제나 그리스도와 함께하는 생활로 그리스도의 재림을 기다리는 성도로 살아가십시다.

크리스마스를 앞둔 대강절에 우리 그리스도인들은 무엇보다 역사 속에 인간의 몸을 입고 오신 예수님을 기다리고 영접하는 신앙을 가져야 하고 이미 예수님의 재림이 가까웠음을 깊이 깨닫고 간절히 기다리고 영접하는 믿음을 가져야 할 것입니다.

영으로 우리 속에 항상 함께하시는 주님을 기다리고 영접하는 심정으로 모시고 살기를 다시 한번 다짐하십시다.

초판 당시의 교패

네 떡을 물 위에 던지라

전도서 11:1

"너는 네 떡을 물 위에 던져라 여러 날 후에 도로 찾으리라."

이 말씀은 여러 가지로 해석하였습니다.

그중의 하나가, 애굽의 나일강 상류로부터 오랜 세월 동안 흘러내려 쌓인 하류의 비옥한 땅 얕은 물위로 배를 타고 사방에 종자를 물에 던져놓으면 여러 날 후에 많은 수확을 거두게 되는 것을 비유한 말씀이 중동 지역에 널리 퍼져 있었다는 해석입니다.

역대하 8장 17-18절을 보면 당시 솔로몬 왕이 대형 선박을 건조하여 해외 무역을 하였다는 기록이 있는데 그중에 몇이 지중해 폭풍 때문에 파선되거나 해적의 습격으로 실패가 많았지만 물 위에 양식을 던지는 줄 알고 계속하면 큰 이익을 얻는 것을 두고 하신 말씀으로 해석하기도 합니다.

모두 일리는 있지만 흡족하지는 못한 해석입니다. 본문 말씀은 성경 중에 이해하기 어려운 난해구입니다. 이 시간 이 말씀을 생각하는 것은 이 말씀이 우리 그리스도인이나 교회가 평생 좌우명을 삼아 실행할 만한 매우 중요한 지침이라고 여겨지기 때문입니다.

1. 구제나 자선하는 일은 반드시 도로 찾게 됩니다.

"너는 네 떡"(양식, 식물, 빵, 밥) 즉 사람의 생명이나 건강을 위한 양식을 "물

위", 즉 "묻지 말고 사람들"에게 "던지라" 즉 "구제나 자선으로 거저 주라"는 말씀입니다. 누구를 도와주거나 선을 행할 때 즉시 되돌려 받지는 못하지만 여러 날 후에 되돌려 받게 된다는 뜻입니다.

아라비아 사람들 가운데 옛날부터 속담처럼 이어 내려오는 이야기가 있습니다. 열 일곱, 여덟 살쯤 된 소년 왕자가 목욕하려 바그다드 강에 나갔다가 갑자기 물이 크게 불어나면서 떠내려갔습니다. 왕자가 죽은 줄 알고 왕이 사람들을 동원하여 시체라도 찾으려고 널리 찾게 되었는데 7일 만에 바그다드로부터 멀리 떨어진 하류의 강 한가운데 있는 바위 위에서 왕자가 살아 있는 것을 알게 되었습니다.

죽은 줄 알았던 왕자가 살아 있으니 큰 기쁨 가운데 왕이 "7일 동안이나 강의 바위 위에서 배가 고파서 어떻게 지냈느냐? 무엇을 먹고 살았느냐?"라고 물어보니까 왕자가 하는 말이 "이상하게 바위에 앉아 있었는데 매일 아침과 저녁으로 떡이 떠내려 와서 그 떡을 먹고 살았습니다"라고 대답했습니다.

왕자가 가지고 있는 떡 봉지를 보니 한 사람의 이름이 적혀 있었는데 전국적으로 그 이름을 찾아서 그 사람을 불러들여 "어찌해서 그렇게 매일 아침저녁으로 떡을 떠내려 보냈느냐?" 하고 물었습니다. 그랬더니 그가 대답하기를 "대왕께서 아시는 바와 같이 우리나라에 옛날부터 떡을 물 위에 던지면 여러 날 후에 다시 찾는다는 속담이 있지 않습니까? 그래서 그 말이 맞는지 안 맞는지 알아보려고 금년 정월 초하루부터 오늘까지 아침, 저녁에 강물 위에 던졌습니다"라고 대답하는 것이었습니다. 왕이 너무 기뻐서 "그대 때문에 우리 귀한 아들이 살았다" 하고 치하하여 많은 상금과 함께 다섯 고을을 다스리는 벼슬을 주었다는 이야기가 있습니다.

"떡, 양식을 물 위에 던지면 여러 날 후에 다시 찾는다"고 하는 그 옛날 속담이 성경말씀에서 전해진 것인지는 분명치 않지만 그 사람은 떡을 물 위에 던져서 여러 날 후에 큰 것으로 도로 찾았다는 실증이 되었습니다. 왕의 아들이 살았다는 것은 기쁜 일이요, 남에게 좋은 일을 하려는 선량한 사람은 나라의 힘이요 가치요 희망이 됩니다. 이런 선량한 사람이 백성을 다스리는 것은 국가 번영의 기반이라고 여겨 다섯 고을을 다스리게 한 것도 큰 유익이 된 것입니다.

하나님께서 우리 인생들에게 "너는 네 떡을 물 위에 던지라"고 말씀하시는 것은 이런 구제와 자선이 개인을 살리고 나라를 평화롭게 하면서 그것이 하나님 나라를 세워가는 바탕이 되기 때문입니다.

미국 피츠버그에 살고 있는 앤더슨 대령은 불우한 어린이들에게 큰 관심을 가지고 있었지만 그 많은 아이들에게 물질적으로 도와줄 만한 형편이 되지 못하였습니다. 그리하여 자기가 가지고 있는 적지 않은 책을 내놓아 어린이들에게 필요하고 유익한 책들을 더 많이 사다가 특히 가난하여 공부하지 못하는 어린이들을 집으로 초대하여 책을 읽게 하였고 빌려가서 공부하도록 하였습니다. 그 어린이들 가운데 앤디라는 소년이 누구보다 열심히 책을 많이 가져다가 읽었는데 그가 장성하여 세계 최대의 철강회사를 이룩하였는데 바로 앤드류 카네기로 미국 굴지의 부자가 되었습니다.

어렸을 때 앤더슨 대령을 통해 많은 독서를 하여 실력을 키운 것인데 앤더슨 대령의 남을 돕는 생활을 본받아 우선 받은 사랑에 보답하기 위해 앤더슨 대령에게 큰 도서관과 많은 책들을 기증하였습니다. 그리고 계속 남을 돕는 교육과 문화사업 등 자선사업에 진력하여 전 세계 각국에 2,509개의 공공 도서관을 세워주었습니다. 카네기 공과대학, 카네기 교육진흥재단 등 각종 평화재단 건립에 전 재산의 90퍼센트를 기부하였습니다.

카네기는 자기의 떡을 세계라는 물 위에 수도 없이 던지는 일을 많이 한 것입니다.

잠언 11장 24-25절에 "흩어 구제하여도 더욱 부하게 되는 일이 있나니 과도히 아껴도 가난하게 될 뿐이니라 구제를 좋아하는 자는 풍족하여질 것이요 남을 윤택하게 하는 자는 윤택하여지리라"고 하였고, "가난한 자를 불쌍히 여기는 것은 여호와께 꾸어 드리는 것이니 그의 선행을 그에게 갚아 주시리라"(잠 19:17)고도 하였습니다.

무조건 하나님 말씀대로 실천하면 하나님께서 갚아주신다는 말씀입니다.

2. 하나님의 말씀을 던지는 일은 반드시 도로 찾게 됩니다.

신명기 8장 3절에 "너도 알지 못하며 네 조상들도 알지 못하던 만나를 네게 먹이신 것은 사람이 떡으로만 사는 것이 아니요 여호와의 입에서 나오는 모든 말씀으로 사는 줄을 네가 알게 하려 하심이니라"고 하였습니다.

하늘로부터 우리에게 주신 양식 만나, 즉 사람의 영의 생명과 건강을 위한 하나님의 말씀을 흘러가는 물 위, 대중, 인류에게 거저 주라는 말씀입니다.

전도서는 현세의 영광이나 축복은 허무하다는 것을 밝히 말씀하면서 인생을 슬기롭게 살아가는 길은 하나님을 경외하며 그 말씀을 따라 살아가는 것임을 보여 주는 책입니다. 어떤 목회자가 "나는 수십 년간 교회 강단에서 말씀을 전하였는데 그것은 마치 강변에서 흘러가는 물 위에 떡(食物)을 던지고 있는 것과 같았다. 나는 한 곳에서 전하지만 받는 대중은 흘러오고 흘러갔다"라고 말하였습니다.

물론 흘러가는 심령들에게 말씀을 전하는 것이 목회자와 교회의 사명입니다. 여러 날 후에 많은 열매로 거두게 될 것입니다.

우리나라 선교 초기, 어떤 크리스천이 기차 안에서 전도지를 돌리고 있었습니다.

그런데 한 승객이 전도지를 받더니 찢어서 창 밖으로 던져 버리는 것이었습니다. 그런데 마침 기차선로에서 일하던 인부 중 하나가 그 찢어진 종이를 주워서 보았더니 "나는 생명의 떡이다, 내게로 오는 사람은 결코 주리지 아니하리라"는 말씀이 적혀 있었습니다.

그 사람은 이 말씀에 큰 감동을 받아 교회의 목사를 찾아가서 생명의 떡이 무슨 뜻인지 더 자세히 듣고 신약성서 한 권을 선물 받아서 양육 받기 시작했습니다. 이 노동자는 후에 능력 있는 복음 전도자가 되었을 뿐 아니라 자손 가운데서도 목회자가 나왔다는 기록을 볼 수 있습니다.

3. 사랑으로 계속 주는 것은 반드시 도로 찾게 됩니다.

흘러가면 그뿐인 강물, 즉 감사도 보답도 없는 상대에게 나의 가장 귀중한 떡을 던지는 것, 즉 거저 주는 구제나 자선을 계속하라는 것입니다. 스티븐 그

렛이 "나는 이 세상을 한 번만 지나가는 것이다. 내가 할 수 있는 어떤 선행이나 그 어떤 친절도 미루지 않고 당장 실천한다. 왜냐하면 나는 다시는 이 길을 지날 수가 없기 때문이다"라고 하였습니다.

한경직 목사님도 자주 인용하여 말씀하신 바 있는데 하루는 급성 맹장염으로 당장 수술하지 않으면 곧 죽게 된 소년 아들을 데리고 급히 병원에 찾아온 젊은 엄마가 의사 선생에게 "저는 남편도 없고 돈도 없는데 하나밖에 없는 아들이 죽게 되었습니다, 불쌍히 여겨 내 아들을 살려주세요!"라고 애원하였습니다.

그 의사는 평소에도 불쌍한 이들에게 무료치료를 많이 해 주었는데 평소 하던 대로 불쌍히 여겨 무료로 수술하고 정성껏 치료하여 살려주었습니다. 그리고 잊어버렸습니다.

얼마 안 있어 6.25 전쟁이 일어났습니다. 이 의사는 미처 피난하지 못했고 서울에 검거선풍이 돌아 꼼짝 못하고 많은 유지들과 함께 체포되어 인민재판장에 끌려갔습니다. 차례로 심문을 받고 '반동분자'의 죄목으로 총살 아니면 구타로 처형되는 극형뿐으로 분위기가 살벌하였습니다.

이 의사는 의사 신분에 기독교 신자이니 살 희망은 전혀 없고 극형에 처해질 것이 뻔하였습니다. 이미 체념하고 "하나님 나라에 영접하여 주소서!"라고 마지막 기도만 간절히 할 뿐이었습니다.

드디어 이 의사 차례가 되어 나가 섰는데 아무런 할 말도 없었습니다.

그런데 난데없이 한 번도 본 일이 없는 이름도 얼굴도 전혀 모르는 젊은 공산당원이 나서더니 "이 의사는 부르주아이지만 많은 가난한 환자를 무료로 치료해준 사람이오. 죽이면 안 됩니다"라고 변호해 주었습니다. 그 젊은 공산당원의 말 한마디에 즉석에서 풀려나 살아났습니다. 모두가 극형에 처해지는 자리에서 상상도 하지 못했던 일입니다.

알고 보니 몇 달 전에 무료로 맹장수술로 치료해 준 소년의 아버지인데 그는 공산당원으로 지하공작을 하다가 잡혀서 서대문 교도소에 갇혀 있다가 인민군이 들어오자 나와서 활약하는, 말하자면 열성 공산당원인데 아내에게 자세한 이야기를 듣고 아들을 살려준 의사를 살려준 것입니다.

물 위에 던진 사랑의 떡이 폭도, 공산당원에까지 효과가 미쳐진 것입니다.

도스토예프스키가 "사랑만 있다면 이 세상은 살아갈 수 있다"라고 하였습니다. 뒤집어 말하면 "아무리 행복하고 모든 것을 갖추어 가졌다 해도 사랑이 없으면 살아갈 수 없다"는 말이 됩니다.

사랑은 모든 조건을 초월하여 사람이 살아가는 삶의 절대 근본이 됩니다. 사랑은 신분과 이념을 초월한다는 것으로서 신분보다 이념보다 귀한 것은 생명이요, 생명보다 더 귀한 것은 사랑입니다.

이 사랑의 클라이맥스, 절정이 예수 그리스도의 아가페 사랑입니다. 모든 죄인도 모든 원수도 예수님의 속죄 구원으로 서로 사랑하며 서로 살려주는 삶이 되어야 합니다.

오늘같이 욕심으로 부정과 비리에 익숙한 사회의 병을 무엇으로 고칠 수 있습니까? 우리 그리스도인들이 "너는 네 떡을 물 위에 던지라. 여러 날 후에 도로 찾으리라"는 하나님의 말씀을 확신하고 이 말씀을 따라 떡, 하나님의 말씀이라는 떡을 한 번 지나가면 영원히 다시 만나지 못하는 물 같은 사람들에게 사랑으로 계속 던지고 또 던지십시다.

하나님께서 여러 날 후에 도로 찾게 하실 것입니다.

지금 알았더라면

누가복음 19:41-44

예수님께서는 전 세계 모든 사람들을 사랑하시기에 이 땅에 온 인류의 구주로 오셨습니다. 그러나 그는 먼저 유대인부터 사랑하셨고, 유대 나라에 오셨습니다.

주후 28년 가을 예수님께서는 멀리 예루살렘 성 골고다 언덕에서 그를 기다리고 있는 십자가를 바라보면서 "다시는 돌아오지 않으리"라고 하는 굳은 각오로 고향 갈릴리를 떠났습니다. 그리고 마침내 마지막 예루살렘 성에 메시아로서의 열광적인 대환영을 받으며 들어가실 때에 바로 한눈에 시내 전경을 내려다볼 수 있는 곳에 이르러서는 예루살렘을 위하여 우셨습니다. 예루살렘을 극진히 사랑하셨기 때문에 우신 것입니다.

예수님께서 어떻게 해서든지 가장 사랑하는 유대 나라를 멸망에서 건져내야만 하겠다는 생각에서 우신 것입니다.

단테가 플로렌스를 사랑하여 "오! 플로렌스! 플로렌스!" 하며 울었던 것 같은 눈물입니다.

사람은 말로 도저히 표현할 수 없을 때 비감이 일어나게 되고, 그럴 때에 눈물이 흐르게 됩니다. 누가 말한 것처럼 "눈물이야말로 말없는 슬픔의 언어"인 것입니다. 사람은 말과 함께 눈물을 가지고 있습니다. 그러므로 눈물이 없는 사람은 사람이 아닙니다.

예수님께서 우셨다고 하는 것은 예수님이야말로 사람다운 사람의 근본이 되심을 의미하는 것입니다. 더욱이 "사랑함이 적은 자에게 미소를 주고 진정으로 사랑하는 자에게는 눈물을 준다"는 말대로 마지막 사랑을 남김없이 베풀어 주신 증거이기도 합니다.

그런데 이 세상에 있어서 가장 깨끗하게 사는 이의 눈물, 가장 용기 있는 이의 눈물, 가장 옳게 사는 의인의 눈물, 가장 거룩하게 사는 이의 눈물, 가장 사랑이 넘치는 이의 눈물은 전 인류가 잊어서는 안 되는 의미가 깊은 울음입니다. 아니 예수님의 눈물은 하나님의 눈물입니다. 만약 당시 예루살렘 사람들이 이 눈물의 뜻을 알았다면 망하지 않았을 텐데, 그들은 전혀 그 뜻을 깨닫지 못하였기 때문에 주후 70년경에 망하고 말았습니다.

인간 구원이 없는 경우에는 사회 정책을 아주 치밀하게 세워 놓아도 사회 질서는 더욱 어지러워집니다. 노동문제도 해결책을 잘 마련해 놓았어도 실직자와 빈민의 수가 더욱 증가합니다. 오곡백과가 대풍작을 이루었음에도 불구하고 생활은 더 빈핍해집니다. 경찰을 더 많이 보강해 놓고 법을 엄중하게 만들어도 범죄율은 증가되고, 끔찍한 사건들은 더 빈발하며, 병력을 증가시키는데도 국방문제는 갈수록 어려워집니다.

그 까닭은 단 한 가지 때문입니다. 그것은 우리 인간이 죄에서 완전히 구원받지 못했기 때문입니다. 욕심에다가 관을 씌우기도 하고, 금고를 맡기기도 하고, 칼을 잡혀주기도 하며, 도장을 찍게도 한다면 아무리 감독을 잘하고 좋은 방법을 세워도 바로 되는 일이 없을 것입니다. 도리어 생각지도 않았던 온갖 불행한 일이 발생하는 것입니다.

정직의 손에다 농사를 맡기고, 정직의 손에다 장사를 하게 하고, 정직의 손에다 예술을 하게 하고, 정직의 손으로 공장을 운영하게 하면 모든 일이 바로 될 수밖에 없습니다. 따라서 온갖 행복이 그 속에 있게 되는 것입니다. 문제는 사람 자체가 아직 욕심이 있느냐, 정직하게 바뀌었느냐에 달려 있습니다. 그러므로 국가 사회에 있어서, 아니 전 인류 생활에 있어서 무엇보다도 급선무인 동시에 가장 중대한 문제는 사람 자체가 모든 죄에서 구원받아야 하는 문제입니다.

바로 이 인간을 죄에서 구원하기 위하여 예수 그리스도께서 오셨습니다.

예수님은 "회개하라, 천국이 가까웠다"라고 말씀하셧습니다. 사람의 마음 문은 외부에 손잡이가 없기 때문에 내부에서 열어야만 합니다. 우리 자신이 하나님을 떠난 죄인인 것을 깊이 알고 스스로 하나님을 향하여 마음의 문을 열어야 합니다. 이것을 회개라고 합니다. 그리고 그리스도를 내 마음 중심 보좌에 영접하여 모시는 것입니다. 이것을 신앙이라고 합니다. 예수 그리스도를 모신 신앙생활이 될 때에 우선 지나간 죄 문제의 사유를 받게 됩니다.

인간은 나면서부터 죄인이고, 하나님을 등지고 반역하고 불효하는 죄만을 저질러 왔습니다. 스스로의 힘으로는 하나님 앞으로 나아갈 수 없을 뿐만 아니라 죄의 한 가지도 제거할 수 없습니다. 다만 우리의 죄의 대가로 지불해 주신 그리스도의 피로써 완전히 근본적으로 사죄를 받았습니다.

또한 그리스도로 말미암아 현재를 위한 새 힘도 얻는 것입니다.

인간의 비극은 10번, 100번 아니 무수하게 결심을 해도 여전히 실패를 되풀이하는 점에 있습니다. 그런데 살아 계신 예수 그리스도와 함께하는 생활을 할 때에 놀라운 능력을 힘입어서 전날에 하지 못하던 위대한 생활을 할 수 있습니다.

그리고 미래에 새 희망을 찾게 됩니다.

우리는 내일을 전혀 알지 못합니다. 그러므로 현재라는 시간을 범죄로 물들이고 맙니다. 그래서 주검은 어차피 공포의 왕입니다. 그러나 그리스도 안에 거할 때 현세는 다만 지나가는 나그네길이요, 오늘이라고 하는 생을 영원한 목적에 부합하는 아름다운 사명 완수의 도장으로 살아가게 되는 것입니다.

예수님은 말씀하셨습니다.

"내가 세상에 온 것은 죄인을 불러 회개시키러 왔노라."

예수님께서는 이미 죄로 말미암아 썩고 부서지고 깨진 재료를 가지고 새것으로 재창조하여 인간 개조의 건축을 해주시는 분입니다. 우리 인간 자체가 그리스도 안에서 새로 지음 받을 때에 사회 개혁이 이루어지게 되는 것이고, 안녕과 질서도 생겨나게 되고, 진정한 평화가 이루어지게 되는 것입니다. 이러한 근본적인 평화를 알아야 합니다. 이 평화를 찾기 위하여 그리스도 앞에서 먼저 힘써야 하는 것입니다.

또 오늘 본문을 보니까 "지금 네 눈에 숨겨졌도다"라고 말씀하셨습니다. **눈이 어두워진 상태를 개탄하신 것입니다.** 조국이 망하게 되었는데 그들은 그런 것을 생각하지도 않고 현실에만 눈이 어두워지고 말았습니다. 비극은 위기 그 자체가 아닙니다. 위기를 위기로 알지 못하는 것이 비극입니다. 해야만 될 그 무엇을 보지 못합니다.

무엇을 기대하고자 하지도 않습니다. 무엇을 계획하는 것도 없습니다. 무엇에 정진하려고 하는 것마저 다 상실해 버렸습니다.

언제나 죄악은 사람 눈을 어둡게 합니다. 당시 예루살렘 사람들은 **물욕 때문에 눈이 어두워져 있었습니다.** 심지어 하나님을 경외하는 성소 안에서도 제물을 판다는 명목하에 돈 바꾸는 일 등을 통해서 물욕을 채우려고 하고 있었습니다. 그 사회상은 더 살필 필요조차 없었습니다.

인간의 조상 아담과 하와가 에덴동산에서 범죄한 원인도 **물욕 때문이었습니다.** 욕심이 잉태하면 죄를 낳고, 죄가 자라서 사망을 이룬다고 하였습니다. 욕심이 마음 가운데 자리 잡을 때 사기나 횡령, 약탈, 도적, 부정, 중상, 테러, 강도, 살인, 그리고 어두운 눈으로 전쟁을 일으키고, 나아가서는 수많은 사람들의 피를 쏟게 하는 참혹한 일도 서슴지 않게 되는 것입니다.

가룟 유다는 예수님의 제자로 발탁된 사람이면서도 욕심에 눈이 어두워지다 보니 스승 예수 그리스도를 은 30에 팔기까지 했습니다. 세상에서 가장 무서운 물욕 때문에 눈이 어두워진 상태입니다.

당시 예루살렘 사람들은 **정욕 때문에 눈이 어두워졌습니다.**

요한복음 4장에서 예수님이 사마리아 여인에게 "네 남편이 다섯이 있었고 지금 있는 남편도 네 남편이 아니라"고 하는 말씀을 하신 기록이나, 예루살렘 거리에서 백주에 간음하다 현장에서 잡혀온 한 여인의 재판문제가 사회문제화되었던 것도 당시 음란함이 얼마나 극심했는가를 말해 주는 사실입니다.

헤롯 왕이 사는 궁중을 비롯해서 끼니를 잇지 못하는 빈민굴까지 바로 이 무서운 음란의 죄악이 관영해서 당시 모든 사람의 눈이 어두워져 있었습니다.

세상에 가장 무서운 죄 중의 죄는 정욕의 죄입니다. 건강이 파괴되고, 가정이 깨어지며, 인격 혹은 정신이 모두 파괴되고, 나라가 망하고, 고아와 불쌍한 사람들만 남겨 놓는 끔찍한 죄입니다. 잠언 6장 32-33절을 보면 "여인과 간음하는 자는 무지한 자라 이것을 행하는 자는 자기의 영혼을 망하게 하며 상함과 능욕을 받고 부끄러움을 씻을 수 없게 되나니"라고 말씀하고 있습니다. 하지만 가장 무서운 죄악은 음란의 죄입니다.

세계적인 대전도자 빌리 그레이엄 목사는 런던 한복판에서 크게 외치기를 "현대는 섹스의 깊은 병이 들어서 하나님마저 저버리고 있다"라고 통탄했습니다.

오늘 우리 사회도 어디를 보든지 바로 이 무서운 독소, 뜻있는 사람의 눈을 맹목으로 만들어 버리고 사람의 영혼까지도 말살시키는 무서운 죄악이 범람하고 있습니다. 삼손의 그 거대한 힘을 빼앗아 버릴 뿐만 아니라, 탁월한 다윗 왕으로 하여금 일생 피눈물의 길을 걷게 했던 이 무서운 정욕의 죄악이 이 땅에 있는 많은 생명을 오염시키고 있습니다.

또 당시 예루살렘 사람들은 **질투의 죄로 가득 차 있었습니다.** 무죄하신 예수님을 십자가에 매어 달기 위하여 별별 수단을 꾸며내었습니다. 에덴동산에서 쫓겨난 후 맨 먼저 지은 죄가 시기, 질투의 죄입니다. 가인이 동생 아벨을 시기하여 돌로 쳐 죽였습니다.

그리스에 이런 이야기가 있습니다.

어떤 도시 사람들이 경기에서 늘 승리하는 인기 선수의 동상을 세웠습니다. 이것을 못마땅하게 여기는 경쟁자 선수가 질투심에서 "내가 저놈의 동상을 넘어뜨리고야 말리라" 하여 밤마다 몰래 가서 밑으로 구멍을 뚫었다고 합니다. 마침내 보기 좋게 산산조각이 나고 부서져 버렸습니다.

그런데 그것을 헐던 선수는 그 동상이 넘어가는 바람에 그 밑에 깔려 죽었다고 합니다. 질투가 눈을 어둡게 하여 결국은 자기를 죽이고 만 것입니다.

당시 예루살렘 사람들이 예수님의 눈물을 이해할 수 없었던 것은, 물욕과 정욕과 시기의 죄로 눈이 어두워져 있었기 때문입니다. 분명히 국가나 사회 속에서, 아니 하나님의 자녀들로 이루어져야 하는 이 인간관계에서 무엇보다도 가장 중요한 것은, 이런 죄로 인해서 눈이 어두워지는 일이 없어야 한다는 사실과, 예수 그리스도는 사죄와 동시에 이 영의 눈을 밝게 뜨게 하며 동시에 우리 생활 일체의 모든 방면에 광명을 주신다는 사실입니다.

그리고 이 본문에서 찾아볼 수 있는 것은 '오늘날'과 '지금'이라는 말씀을 하시며 거듭 탄식하셨다는 점입니다. 그리스도께서 지금도 우리 속에 역사하실 때에 꼭 기억할 것은, '오늘'이라고 하는 시기에 회개하며 그리스도 앞에 나오는 심령에게는 바로 내일이 아닌 오늘 사죄의 은총을 내리시고 능력을 입혀주십니다.

이다음이 아닌 '오늘' 마가 다락방에서 합심해서 간절히 기도하던 120명에게 각 사람의 머리 위에 성령의 충만을 내려주셨습니다. 오늘 교회에 봉사하는 이에게, 오늘 복음을 증거하는 전도자에게, 오늘 무릎 꿇고 하나님의 말씀을 봉독하며 그 말씀에 순종하는 각 심령들 위에 계속해서 영화롭고 놀라운 위대한 능력을 입혀주십니다.

많은 사람들이 '오늘'과 '지금'이라고 하는 이 중요한 시간을 범죄의 날로 삼으면서 보다 중요한 일은 내일과 미래로 미루는 까닭에 우리에게 생명이 고갈되고 성장과 발전이 없어지는 것입니다.

예수님께서 당시 위기에 직면한 예루살렘 도성을 보시며 우신 까닭은, 바로 평화에 관심을 두지 않고 있는 백성들이 오늘 하나님의 뜻을 나타내시고자 하는 사실을 깨닫지 못하고 어두운 생활을 하는 것을 슬퍼하신 것입니다. 영의 눈이 어두워져 죄악 된 생활을 하는 것을 보고 슬퍼하셨다는 사실을 이 시간 우리는 깊이 명심해야만 되겠습니다.

국가와 민족의 위기에 직면한 우리 한국 그리스도인들은 눈을 어둡게 하는 물욕, 정욕, 질투의 죄악을 벗어버리고, 개인과 전체가 참 평화를 누릴 수 있는 길은 오직 예수 그리스도로 말미암음을 깨닫고 힘써 복음을 전파합시다.

삼손의 실패와 회복

사사기 16:28-30

구약 시대 삼손은 성경에 나오는 인물 중에서 가장 로맨틱한 인물이었습니다. 그의 생애는 하나의 소설로서도 흥미진진한 줄거리가 됩니다. 따라서 모든 인생들에게 그의 장점도 단점도 풍부한 교훈이 될 만한 발자취를 남겼습니다.

삼손은 날 때부터 하나님의 약속의 아들로 출생하여 나실인으로 성장하였습니다.

옛날 이삭이나 사무엘, 혹은 세례 요한, 우리 주님 같은 분들은 미리 출생할 것을 예고해 주셨습니다. 삼손도 그런 출생자였습니다. 이미 날 때부터 하나님의 택하심을 입었습니다. 더욱이 나실인이라고 하는 것은 사사기 13장에 자세히 기록되어 있는 대로 '성별자'라는 뜻입니다. 하나님의 사람으로서 하나님의 일을 위해 헌신한 사람을 가리키는 것입니다.

일단 나실인이 되면 몇 가지 꼭 지켜야 할 점이 있었습니다. 머리에 삭도를 대지 않았습니다. 포도주나 독주를 마시지 않았습니다. 시체를 가까이하지 않았습니다. 그리고 더러운 것을 먹어선 안 되었습니다.

삼손이야말로 그의 일생을 종합해 보면 순진하고 진실한 마음씨의 소유자였습니다. 또한 줄곧 믿음으로 일관한 사람이었습니다. 그리고 큰일이 있을 때마다 반드시 기도하여 응답을 받아서 움직였습니다. 또 하나님께서 그를 사용하실 때에 가장 힘 있고 능력 있게 사용해 주셨습니다.

더욱이 그는 단 지파 출신이었습니다. 단 지파는 팔레스타인 서남부의 블레셋 접경에 있었는데, 40년간이나 블레셋의 지배를 받는 이스라엘을 삼손이 구출해 내도록 섭리해 주셨던 것입니다.

삼손의 일생을 가만히 보면 나귀 턱뼈 하나를 가지고 블레셋의 일천 무장 군인을 물리쳤습니다. 적군이 포위하였을 때 가사 성문을 뽑아 메고서 산등성이까지 뛰쳐 올라가기도 했습니다.

삼손은 하나님의 능력만 믿고 세상의 무기 같은 것은 쓰지 않고 블레셋을 그때마다 용감하게 물리치는 영웅이었습니다.

그러면서도 부모님에게까지 이야기하지 않은 것을 보면 겸허한 점도 있고, 심중이 깊은 데가 있는 사람이었습니다. 그는 가장 깊은 은혜와 능력을 체험한 자로서 놀라운 역사를 하며 하나님의 뜻을 이루어 나가는 참신자였습니다.

어떤 날은 블레셋 사람들이 그를 꽁꽁 묶어 버렸습니다. 그러나 성령의 힘으로 일어나서 마치 불탄 삼오라기처럼 끊어버리고 자유자재로 활동하였습니다.

흔히 세상은 이기면서도 자기 육체의 습관이나 나쁜 버릇을 끊지 못하고 이런 것에 묶여서 자유를 잃어버리는 참패의 생활을 하는 그리스도인들도 없지 않아 있습니다. 그런데 그는 우리에게 성령의 능력이 임할 때는 이런 것을 썩은 새끼줄처럼 모두 끊어버리고, 위대한 힘을 발휘하면서 승리하는 삶을 살아갈 수 있음을 보여주고 있습니다.

삼손이야말로 악마를 이기는 사람, 세상도 넉넉히 이기는 사람, 육체의 악습도 모두 극복하고 이겨내는 놀라운 하나님의 사람이었습니다.

그는 어렸을 때부터 놀라운 체험으로 성장하여 나라와 민족을 위해 다시없는 영웅적 삶으로 하나님의 역사에 동참해온 사람이었습니다.

그러나 그는 그렇게 위대한 승리로 끝내지 못했습니다.

그의 엄청난 성공에 비해서 도리어 상상할 수도 없는 비극과 대실패로 떨어지게 되었습니다.

사사기 16장 21절을 보면 "블레셋 사람들이 그를 붙잡아 그의 눈을 빼고 끌고 가사에 내려가 놋줄로 매고 그에게 옥에서 맷돌을 돌리게 하였더라"고 기록되어 있습니다. 더 이상의 참담함이 없을 만큼 큰 실패를 하게 된 것입니다.

그런데 이렇게 실패한 그의 모습을 가만히 보면, 그저 어디서든지 누구에게나 다 있을 평범한 일로 시작이 되었습니다.

블레셋의 들릴라라고 하는 한 아리따운 미모의 여인에게 혹한 것이 그만 이런 실패를 초래하고 말았습니다.

그 범죄의 대가로 눈을 뽑혔습니다.

그렇습니다. 실패로 범죄가 오게 되었을 때 맹목이 생겨납니다. 눈이 어두워집니다. 환상을 잃어버립니다. 비전이 없어집니다.

참된 그리스도인들은 성경을 읽을 때마다 진정 위대한 비전을 발견하게 됩니다. 생활 속에서 매 순간 그리스도를 만나 뵈옵고 동행합니다. 아무리 고달프고 복잡한 생활 속에서도 앞길에 환하고 밝은 빛이 있습니다. 내적인 힘이 불끈 솟아오르는 것입니다. 영적 생활, 교회 봉사, 전도 활동 등 어느 것에서나 위대한 사명을 발견하게 되는 것입니다.

그런데 범죄하게 되면 눈이 어두워집니다. 이런 것이 다 없어지는 맹목이 되어 버리는 것입니다.

또 **삼손은 놋줄로 매였습니다.** 전에는 그런 것들은 툭툭 다 끊어버릴 수 있었습니다. 하지만 이제는 그 결박을 벗어날 힘이 없습니다. 악마의 줄에 매여 부자유가 되었습니다. 세상의 줄에 노예가 되었습니다. 자기 악습의 감옥에 갇혀버려서 꼼짝하지 못하는 죄악 생활을 하게 되었습니다.

그리고 **맷돌을 돌리고 있었습니다.**

유대 나라에서는 짐승이 맷돌을 돌리게 되어 있습니다. 짐승이 해야 하는 일을 이른 새벽부터 밤까지, 아니 계속해서 돌리고 있었습니다. 앞을 못 봅니다. 쉴 수도 없습니다. 재미도 없습니다. 보람도 뜻도 모릅니다. 그저 맷돌만 돌립니다.

신앙생활처럼 좋은 일이 어디 있습니까? 속죄와 구원과 감격과 기쁨이 넘칩니다. 교회생활처럼 좋은 것이 어디 있습니까? 위대한 사명과 하나님 앞에 헌신하고 공헌할 수 있습니다. 사회에 나아가 사업하는 것이 얼마나 행복합니까? 우리의 있는 자원을 다 지불해서 하나님의 뜻을 나타내며 살아갈 수 있습니다.

우리들의 가정이 얼마나 낙원입니까? 하나님이 주시는 은총을 누리며 가족들과 함께 하나님의 은총 안에 살아가는 것이 복된 일입니다.

그러나 범죄하게 되면 마치 눈먼 장님의 맷돌 생활과 같습니다. 피곤하기만 하고 뜻도 없고 보람도 남지 않고, 지루하고 고달프기가 그지없는 것입니다.

그뿐 아니라 삼손은 블레셋 사람들에게 노리갯감이 되었습니다.

멸시를 받게 되었습니다. 전에는 블레셋 사람들이 삼손이라는 이름을 듣기만 하면 그저 전 국민이 떨었습니다. 그러나 이제는 블레셋 사람들의 멸시와 조롱의 대상이 되어버리고 말았습니다. 세상에 살아 있는 교회 혹은 교인들에게 능력이 있을 때는 세상이 혹독히 미워하거나 혹은 두려워할 수 있습니다. 그러나 만약 교회가 타락하고 범죄가 일어나거나 속되게 변한다면 세상은 오히려 멸시와 조롱으로 대하게 되는 것입니다.

여기서 **삼손의 실패 원인 몇 가지**를 찾아볼 수 있습니다.

첫째, 그는 세상과 짝한 것입니다.

이념이 다릅니다. 생활이 같지 않습니다. 목표와 방식도 같지 않습니다. 그는 블레셋 여인과 짝한 것입니다. 선민으로서의 성별과 경건을 잃었습니다. 결코 고립이나 배타적으로 살자는 것이 아닙니다.

우리 그리스도인은 하나님께서 세상을 사랑하신 것처럼 사랑할 것입니다. 그러나 속화나 동화는 될 수 없습니다. 세상은 더러워져도 그리스도인은 더러워져서는 안 됩니다.

둘째, 그는 하나님과의 서약을 깼습니다.

하나님 앞에 바치기로 서약한 자신의 전 생애를 육적 쾌락 때문에 스스로 모두 다 깨쳐 버리고, 마시고, 취하고, 그만 달콤한 잠에 깊이 빠져들어 버리고 말았습니다. 아담도 하나님과의 약속을 어기게 되었을 때에 죽음과 질병과 재난과 불행이 오게 되었던 것입니다. 그러므로 그리스도인들은 하나님과의 약속을 결코 어겨서는 안 됩니다.

셋째, 그는 근본적인 변화가 부족했습니다.

삼손은 은혜도 받았고 체험도 많고 능력도 있었지만, 한 가지 부족한 점이 있었습니다. 즉 세속 방면의 약점을 근본적으로 해결하지 못했습니다. 사람에 따라서는 그 약점의 종류가 다를 수 있습니다. 그러나 우리가 은혜를 받고 변화를 받으면 그 약점이 뿌리째 변화를 받는 놀라운 은총이 있어야 합니다.

넷째, 그는 덕이 결여되어 있었습니다.

사람은 힘으로 세상을 지배할 수 없습니다. 금력, 지력, 재력, 그 무엇으로든지 아무것도 지배하지 못합니다. 그러나 사랑과 덕으로 지배할 수가 있습니다. 덕이라고 하는 것은 자기 부족을 깨닫고 자제력을 가지고 겸허한 마음으로 하나님의 뜻에 복종하는 것이 덕입니다. 사실 우리 그리스도인들은 세상을 살아갈 때 무엇보다도 힘보다도 덕이 앞서야 할 것입니다.

그런데 **삼손의 사적 중에서 가장 고마운 결론**이 나고 있습니다.

그것은 그의 **회개와 구원**입니다.

그는 마지막에 부르짖었습니다.

> "주 여호와여 구하옵나니 나를 생각하옵소서 하나님이여 구하옵나니 이번만 나를 강하게 하사 나의 두 눈을 뺀 블레셋 사람에게 원수를 단번에 갚게 하옵소서 하고…삼손이 이르되 블레셋 사람과 함께 죽기를 원하노라"(삿 16:28-30).

그는 이렇게 기도하고 이제 우상 제전에 모인 모든 만조백관과 왕을 위시해서 관중만도 3천이 넘는 사람들이 있는 가운데서 두 기둥을 힘으로 넘어뜨려서 마침내는 그 우상 전당에 모인 블레셋 사람들을 전멸하였던 것입니다.

그래서 성경을 보면 "삼손이 죽을 때에 죽인 자가 살았을 때에 죽인 자보다 더욱 많았더라"(30절)고 기록되어 있습니다.

삼손은 마지막에야 부르짖어 회개하며, 하나님이 주신 능력을 다시 힘입어서 사력을 다해 블레셋을 무너뜨리는 사명을 수행했던 것입니다.

어떤 해석자는 삼손의 사적을 성경에 자세히 기록한 것은 신앙적 모범 때문이 아니라 그의 실패를 경고하기 위함이라고 말하였습니다. 물론 경고할 만한 여러 가지 면이 있습니다. 그러나 그보다는 이렇게 실패하고 범죄했던 삼손을 하나님께서는 그 회개를 받으셔서 다시 능력 있게 사용하셨다는 점을 보여주는 것이라고 믿어야 합니다.

히브리서 11장 32절을 보면 "내가 무슨 말을 더 하리요 기드온, 바락, 삼손, 입다, 다윗 및 사무엘과 선지자들의 일을 말하려면 내게 시간이 부족하리로다"라고 기록했습니다. 삼손은 돌이켜 그의 생애 마지막에 회개하고, 위대한 구원을 이루고, 최후에 사력을 다한 사명의 한 사람이 되었음을 모든 믿는 자들이 기억해야 합니다.

오늘 삼손의 성공적인 모습을 배웁시다. 그의 실패의 원인과 결과도 명확히 깨달아 경계로 삼아야 합니다. 그러나 삼손이 타락하였던 그 자리에서 마지막으로 회개하고, 또 새로운 능력을 얻어서 목숨을 바쳐 헌신하였던 것을 우리는 더욱 배워야 하겠습니다.

오늘의 시대를 삼손 문화 시대라고 합니다.

어떤 의미에서 타락한 양상을 표현하는 말인 줄 생각합니다. 그러나 우리가 한 가지 꼭 기억해야 할 것은, 이렇게 어둡고 타락한 삼손의 실패 장면 같은 세상 속에서도 근본적인 회개와 사력을 다 기울인 사명 의식이 있다면, 오히려 그가 평범하게 살아 움직일 때보다 더 놀라운 변화와 또 원수를 넘어뜨리는 기적을 나타낼 수 있음을 확신해야 하겠습니다.

우리는 새 사회를 건설하고 새 시대에 들어가려고 하는 시점에 와 있습니다. 이때 우리는 우리 자신들의 실패를 자인할 줄 알아야 하겠고, 근본적인 회개와 동시에 삼손이 다시 일어나 이루었던 위대한 변화와 새로운 건설을 우리도 힘써 행할 수 있어야 하겠습니다.

해방 민족이 입을 새 옷

스가랴 3:1-5

1845년까지만 해도 옛날에 바벨로니아라고 하는 나라가 있었다는 것을 세계가 전혀 몰랐다고 합니다. 그전에는 성경 요나서에 니느웨 성이 있다는 기록은 볼 수 있지만 대다수 비평가들은 실제로 있었던 도시가 아닐 것이라고 생각했습니다.

그런데 1844년 앗시리아의 디글리스 강변인 모슬에 부임한 프랑스 영사 보타 씨가 그 지방 모래 언덕에서 매몰되어 있는 궁전을 발견하게 되었습니다.

2년간의 대 발굴작업 결과 옛날 대도시 바벨론 성이었음을 확인할 수 있게 되었습니다. 보타 씨의 발굴에 뒤이어서 영국의 레이요드 씨도 니느웨 부근을 발굴해서 그곳에서 도서관을 찾아내게 되었는데, 지하에 보존되어 있었던 3만 매의 토패를 발견하였습니다. 이것이 그 옛날 앗시리아 문화를 전 세계에 퍼지게 한 계기가 된 것입니다.

대 앗시리아가 1844년 이전에는 세계에 아무에게도 알려지지 않고 지하에 매몰되어 있어 옛날에 존재하였다는 사실마저 의심할 정도였습니다. 그 이유 중 하나는 옛날의 전쟁은 인간사회를 잔혹하게 멸종시키는 끔찍한 불장난이었기 때문입니다.

예루살렘 함락 때에도 사람들은 모조리 살육당하고 나머지는 노예로 팔리고 말았습니다. 그리고 거리 사방에 불을 질러 잿더미로 만들고 말았습니다. 돌 하나도 돌 위에 놓이지 않도록 멸종시킨 것입니다.

대도시 바벨론도 아무리 호화찬란하고 부강하였다지만 같은 운명을 당하여 땅속 깊이 묻히고 말았습니다. 대 바벨론의 굉장하던 옛 모습이나 그 찬란하였던 대문명도 땅속에 깊이 묻혀 흙덩어리가 되는 것으로 끝난 것입니다.

그런데 바벨론뿐만 아닙니다. 예루살렘도 똑같이 비참한 패배를 당하였습니다. 성벽은 무너지고 집들도 불타버리고, 백성들은 학살을 당하고, 포로로 끌려가기를 여러 번 했습니다. 그러나 바벨론은 없어졌지만 예루살렘은 없어지지 않았습니다. 바벨론과 예루살렘은 근본적인 큰 차이가 있기 때문입니다.

우리는 이 이스라엘 패망의 쓴잔을 마시던 때에 부흥운동을 일으킨 스가랴 선지자의 정신을 오늘 본문에서 찾아볼 수 있습니다.

스가랴 선지자는 "예루살렘은 불에서 꺼낸 그슬린 나무가 아니냐?"라고 말하고 있습니다. 사실 이스라엘 민족이 오늘 아직 지상에 존재하고 있는 것은 그 자체가 기적이 아닐 수 없습니다.

세계에 위대한 지도력을 발휘하고 세도를 가장 크게 휘두른 대 바벨론이 아주 망하여 땅에 묻혀 흔적도 찾기 어렵게 되었고 존재마저 의심하고 있을 때, **당시 가장 약소민족인 아브라함의 자손들이 그 존재를 계속하였다고 하는 것은 이상한 일이 아닐 수 없습니다. 그야말로 불에서 꺼낸 그슬린 나무임에 틀림이 없습니다.**

바벨론이 그 무엇 하나 남지 않고 땅속에 묻히고 말 때 이스라엘을 불에서 꺼내어 타지 않게 하시고, 존속하게 하시고, 위대하게 하시는 것이 하나님의 섭리였던 것입니다. 하나님께서 이스라엘을 마저 태우실 수 없었기 때문에 그렇게 섭리하신 것입니다.

1945년 8월 15일, 우리 대한민국은 큰 불에서 꺼냄을 받았습니다. 시편 126편 1-3절을 보면 "여호와께서 시온의 포로를 돌려보내실 때에 우리는 꿈꾸는 것 같았도다 그때에 우리 입에는 웃음이 가득하고 우리 혀에는 찬양이 찼었도다…여호와께서 우리를 위하여 큰일을 행하셨으니 우리는 기쁘도다"라고 기록되어 있습니다.

옛날 이스라엘 민족이 바벨론에서 포로생활을 하다가 생각지도 못한 해방을 갑자기 맞이하자 그들은 꿈꾸는 것 같았으며 "오직 하나님께서 하신 일입니다"라고 미칠 듯이 찬양을 올린 것입니다.

우리 민족의 해방도 바로 그러하였습니다.

우리도 미처 생각하지 못하였고, 우리를 지배하던 일본 사람들도 생각하지 않았던 일이었습니다. 만약 우리 민족이 해방을 쟁취하여 얻어야 한다면 당시 2천만 동포가 모두 피를 흘려도 얻을까 말까 한 막대한 선물인 해방이 하루아침에 우리 앞에 주어졌습니다. 나라를 되찾았습니다. 자유를 찾았습니다. 땅을 되찾았습니다. 생명을 찾았습니다. 정부를 찾았습니다. 아니 우리 민족을 찾았습니다. 찾았다기보다는 얻었습니다.

당시 우리 민중들은 신자이거나 불신자이거나 가릴 것 없이 하나님께서 살려 주셨다고 감격의 눈물을 뿌리며 하나님을 찬양했습니다. 나라를 사랑하는 마음으로 단결이 되어 있었습니다.

계급을 초월하여 한 사람이 좋은 의견을 내면 무조건 다 같이 힘썼고, 한 사람이 잘못된 것을 고치자고 제안을 하면 다 똑같이 고쳤습니다.

모든 사람의 입에 노래가 있었고, 모든 사람의 얼굴에 웃음이 활짝 피었으며, 모든 사람의 머리에 무한한 새 희망이 넘쳐 흘렀습니다. 별안간 골목마다 창조의 기운이 돌고 약동하는 맥박이 뛰게 되었습니다.

그러므로 우리는 하마터면 완전히 불타버릴 운명에서 기적적으로 꺼낸 그슬린 나무인 것을 잊지 말아야 할 것입니다.

옛날 다니엘의 세 친구 사드락, 메삭, 아벳느고가 7배나 더 뜨거운 불가마 속에서도 머리카락 하나 그슬리지 않고 주님의 보호로 말미암아 건짐을 받았던 그 기적을 20세기 우리 민족에게 재현시켜 주신 것입니다. 그러므로 우리는 해방의 감격을 잊지 말아야 합니다.

이스라엘 민족은 해방을 기념하는 유월절이 되면 쓴 나물과 누룩 없는 떡을 만들어 광야에 나가서 조상들이 애굽에서 받던 고통을 되새기는 한편, 하나님이 내려주신 해방의 감격과 그 깊은 은총에 다시 한번 감사하곤 합니다. 우리도 이 불가마 속에서 건져 주신 위대한 해방의 은총에 무한한 감사를 드려야 할 것입니다.

그런데 스가랴 선지자가 국민을 대표하는 여호수아에게 더러운 옷을 입고 있는 것을 책망하였습니다.

죽을 자리에서 살아났는데 그 은혜를 깨닫지 못하고 여전히 더러운 옷을 입고 있었다는 것이 스가랴 선지자를 통하여 주신 하나님의 책망입니다.

하나님께서 우리 민족에게 이렇게 놀라운 해방을 허락해 주신 것은 분명히 그 뜻이 있습니다.

갈라디아 5장 13절을 보면 "형제들아 너희가 자유를 위하여 부르심을 입었으나"라고 말씀했습니다. 하나님께서 우리를 속박에서 풀어 놓으신 것은 자유민으로 만드시고자 하신 것입니다. 예속민족이 아닌 자유민족이 되라는 뜻입니다.

그런데 지금 우리는 하나님께서 기대하신 참 자유민이 되지 못하고 도리어 반대가 되었습니다. 외형상의 생활은 모두 변모가 되고 발전하였습니다. 그러나 내면 생활은 비참하리만큼 너무 잘못되어져 있습니다.

레키씨가 《유럽 윤리학의 역사》를 기록하면서 로마 시대를 "도덕적 발광 시대"라고 표현했습니다만, 오늘 우리 사회를 깊이 살펴보면 바로 그렇게 되고 있음을 알 수가 있습니다.

술집은 매일같이 격증하고 있습니다. 거짓과 속임이 사회 풍조가 되어버렸습니다. 음란과 방탕, 가정파탄, 소년범죄율, 불신 풍조와 파벌, 다툼, 사기, 횡령, 그리고 연쇄적인 살인사건 등등 우리의 신경이 쉴 사이가 없을 만큼 연속해서 불안과 공포를 느끼게 됩니다.

이제는 애국이라고 하는 말은 입 밖에 꺼내기가 부끄러울 정도로 타락상이 극에 달해 가고 있습니다.

그 원인은 다른 데 있는 것이 아닙니다. 우리 인생이 죄에서 참 해방이 선행되지 못했을 때에는 자유도 육체의 기회로 삼고 범죄에 악용하게 되기 때문입니다.

인간은 죄의 속박 속에 있을 때 동물 이하의 악한 존재가 됩니다.

원숭이 세계에서는 대포를 쏘며 전쟁을 하는 일도 없고 비틀거리는 술주정뱅이나 깡패, 패싸움도 없습니다. 토끼는 재빨리 뛰지만 누구를 해치려고 뛰는 것이 아니라 적의 공격을 방어하기 위해서 뛸 뿐입니다.

거북이가 굳고 무거운 지붕을 수고스럽게 지고 다니는 것은 남을 죽이기 위한 것이 아니라 자기를 지키기 위해서 일할 뿐입니다. 새 종류들도 1만 수천 종류가 되지만 독수리, 매 등 몇 종류 외에는 피와 살을 먹는 새가 별로 없습니다.

대부분 무수히 늘어나는 곤충들을 먹거나 채식을 할 뿐입니다. 그들은 가끔 다투지만 전멸 경쟁은 없습니다. 상대를 뿌리째 없애는 법은 없습니다.

그러나 인간계를 보면 문명이라고 하는 것은 술, 사치, 허욕, 음탕, 대포, 폭탄, 이런 굉장한 파괴력을 가진 것을 재료로 한 혼합 사회입니다. 인간들은 4년 8개월간의 세계 제2차 대전을 통해서 8백만 명의 목숨을 죽이고, 히틀러는 자기 나라를 보전한다는 명분 아래 650만 명의 유대인을 가스 창고에 넣어 무참히 죽여 기름을 짜서 전쟁 물자로 썼습니다.

죄악을 그대로 가지고 있는 인간의 생활이라고 하는 옷은 날이 갈수록, 행동과 활동이 크면 클수록 더러워집니다.

마치 더러운 나병처럼 점점 더 죄악의 썩은 냄새가 나고 있습니다. 하나님의 특별하신 능력으로 해방을 입었는데, 이 백성이 이렇게 생활이 더러워져서 생활의 옷이 불결해지면 반드시 불행의 결말을 면치 못하게 되는 것입니다.

그런데 스가랴 선지자는 희망의 말씀을 줍니다. "네게 아름다운 옷을 입히리라."

옛날 바벨론 문화에서 벗어나 세세토록 위대한 업적을 남긴 인물이 아브라함이었습니다.

아브라함은 갈대아 우르에서 떠났습니다. 우르는 생활하기에 필요한 모든 것을 다 갖춘 곳이었습니다. 그러나 그곳은 신앙이 없는 곳이었습니다. 그러니 불신앙의 자리에서 떠나라는 것입니다. 하나님의 말씀에 순종한 아브라함은 영원한 불멸의 조상이 되었습니다.

신앙만이 참된 생명의 요소가 됩니다. 우리 민족의 살길도 신앙에 있습니다. 신앙을 가진 이스라엘은 다른 어떤 종족과도 다른 민족이 되었습니다.

그들의 역사는 피의 수난사였습니다. 하지만 그들은 하나님과 동행했습니다. 국란을 당할 때마다 왕으로부터 백성에 이르기까지 성전에 나아가 자기들의 죄를 회개하며 간곡히 기도드림으로 위대한 응답을 받아 왔습니다. 그들은 하나님의 말씀을 목숨을 걸고 지키며 보호해 왔습니다.

그들은 하나님의 명령을 수행하기 위하여 자기를 정복하며 실천해 왔습니다. 그들이 애굽에서 430년간이나 노예로 있다가 기적적인 해방으로 출애굽하여 광야에 나왔을 때에는 애굽에서 하던 모든 것을 나일강변에 떠내려 보내고, 자기들이 평생 중심으로 원하던 하나님을 경외하는 신앙의 새로운 길을 되찾았습니다.

이스라엘 민족에게서 신앙 혼을 빼버린다면 무의미해질 정도입니다. 그들의 총자본은 바로 살아 계신 하나님 아버지뿐이었습니다.

그러므로 그들의 애국 앞에는 적이 없습니다. 그들의 사업은 사막에 꽃을 피우며 세계에 알려질 정도로 부를 쌓아 번영했습니다.

그들의 과학이 세계를 놀라게 하고, 그들의 시는 온 인류가 읊어야 하는 불멸의 시가 되고, 그들의 혈족이 영구히 계승되는 것입니다.

바벨론, 앗시리아, 우르의 문화와 종족은 흙덩어리 속에 묻히고 말았지만, 가장 보잘것없고 학대받던 이스라엘 사람들은 존속이 된 것입니다.

지금도 이스라엘 민족은 하나님을 모시고 산다는 철두철미한 신앙을 가지고 있습니다. 세계의 주목을 받는 영향력 있는 나라로 역사에 등장하고 있습니다.

빈곤도, 불안도, 역경도, 쇠사슬도 빼앗아가지 못하는 하나님을 경외하는 참된 신앙의 혼만이 불멸의 생명이 되는 것입니다.

국가와 민족을 높은 수준에 올리고 아무도 범할 수 없는 영구한 종족으로 만들

려면 살아 계신 하나님을 경외하는 참된 신앙의 새 옷으로 갈아입어야만 합니다.

8.15 해방을 맞이하면서 우리 민족이 다시 한번 다짐해야 할 가장 중요한 것은, 우주의 지배자이시고 이 나라를 홀로 주장하시는 인격과 생명의 근원이신 하나님, 지금도 우리를 향하여 사랑을 베푸시는 하나님을 경외하는 참된 신앙으로 돌아가는 일입니다. 그때에 우리 땅은 피비린내와 시체가 쌓이는 곳이 아니라 주님을 향한 찬송과 영광으로 충만할 것입니다.

> "보아라 광야에 화초가 피고 말랐던 시냇물 흘러오네
> 이 산과 저 산이 마주쳐 울려 주 예수 은총을 찬송하네
> 땅들아 바다야 많은 섬들아 찬양을 주님께 드리어라
> 싸움과 죄악이 가득한 땅에 찬송이 하늘에 사무치네"(새찬송가 550장)

우리 대한민국이 이러한 위대한 옥토가 될 것입니다.
오늘 다시 한번 해방의 감격을 되새깁시다.
불에서 건져 주신 은혜에 감격하며 감사합시다.
우리가 지은 모든 죄들을 깊이 회개하며 뉘우칩시다.
그리하여 우리의 더러워진 옷을 벗고 신앙의 새 옷으로 갈아입읍시다.

새 사냥꾼

시편 91:1-8

오래전에 영국의 휴 주교가 "오늘날 영국에서 악마와 사탄의 종교만이 왕성해 가고 있다"라는 말로 기독교인들에게 경종을 울린 적이 있습니다.

우리 한국에서도 날마다 가장 기하급수적으로 많이 늘고 있는 것은 마귀의 식구들입니다. 사탄은 이미 6.25 때 인민군대 이상으로 마구 침략하여 벌써 많은 영역을 점령하였습니다. 이제는 교회와 그리스도인들을 범죄하고 타락하도록 만들기 위해 안방까지 침투하였습니다.

우리 그리스도인들은 사탄과 싸워 이겨야 하는 것이 급선무입니다.

사탄은 백방의 작전을 쓰고 있는데 본문 시편 91편 3절에 "새 사냥꾼"이라고 말합니다.

하나님께서 우리에게 사탄과 마귀가 새 사냥꾼 작전으로 한국 신자와 교회를 공격하고 있다고 알려 주시는 것입니다.

1. 새 사냥꾼은 위장술이 능합니다.

위장술이란 모양과 색깔을 똑같이 하여 가짜를 진짜처럼 만들어 남의 눈을 속이는 것으로 어떤 사람이 말하기를 "옛날 악마는 죽었다. 지금은 새로운 악마가 활약하고 있다"라고 하였습니다.

오늘날은 뿔난 악마나 기절할 정도로 무서운 사탄은 없어지고 악마는 말을 유창하게 잘합니다. 설득력이 강해서 한눈에 반해 버릴 만큼 멋진 신사와 숙녀로 다가와서 반갑게 영접하면 미혹에 빠져 스스로 죽는 자리에 들어가게 됩니다.

만들어낸 이야기에, 세계 사탄과 악마들이 비상대책회의를 했다는 것입니다. 주제는 "한국 교회 멸망 비책"이었는데 한 젊은 악마가 "간단합니다. 전부 죽여버리면 됩니다"라고 제안했습니다. 그러자 늙은 사탄이 "옛날에 주기철 목사, 손양원 목사를 위시하여 많은 기독교인들을 죽여보았지만 한 사람을 죽이면 순교의 피가 씨가 되어 기독교인들이 수천, 수만으로 늘어났다네. 그래서 우리가 실패했다네"라고 대답하였습니다.

다른 중견 사탄이 "교회 지도자들을 체포하여 감옥에 가두고, 예배당을 헐어버리고 종교서적을 모두 불태워 버리면 기독교는 없어질 것입니다"라고 말했습니다.

그때 늙은 사탄이 대답합니다. "우리가 6.25 전쟁을 일으켜 자네가 말한 그대로 기독교부터 모두 없애버렸지만 살아남은 기독교인들이 도리어 신앙이 더 깊어져 생명 걸고 전도하여 수가 급증하여 도리어 무너뜨리고 불태운 예배당보다 더 많이 지었소. 그것으로는 못 막아내오."

"그러면 이렇게 유례없이 성장해 가는 한국 교회를 어떻게 해야 망하게 할 것인가?"를 놓고 갑론을박에 연구에 연구를 거듭하는데 간교한 늙은 마귀가 "한국 교회를 망하게 하려면, 과거 실패했던 방법을 써서는 안 되고 지금은 반대 방법을 써야 하는데 잘 모이는 것, 기도 많이 하는 것, 성경 열심히 읽고, 전도도 부지런히 하는 것, 선교사도 많이 보내고, 사회 구제와 봉사도 더 크게 하는 것은 그대로 둬야 하오. 이런 것을 못 하게 하면 우리가 또 실패하오.

외부 탄압이나 핍박은 하지 않는 대신 교회 내부마다 서로 높은 자리에 앉기 위해 싸우게 하는 것이오. 화목하지 못하게 하는 것이고 교회를 경건과 절제를 잃어버린 자유와 세속적 생활을 즐기는 인간들의 사교 집단으로 만들면서 또 주력할 것은 헌금을 하나님 앞에 신앙적으로 바치는 제물이 아니라 아나니아와 삽비라처럼 성령을 속이는 방법으로 바치고 사용하는 것도 함부로 쓰게 하는 것이오. 좀더 중요한 것은 예수를 구주로 믿지 못하도록, 신앙생활을 교양이나 여가를 즐기는 정도로 하게 하면서 총회장, 감독 회장을 비롯한 교회 안의 모든 직분 선거에 돈을 많이 쓰게 하는 거요.

일반 신자들에게 십자가의 보혈은 믿지 않으면서 십자가를 순전히 장식용으로 사용하게 하는 것인데, 이 방법은 교인은 더 많아지도록 하되 참 신자는 줄어지게 하는 것이오."

그래서 이 제안을 만장일치로 결의했다는 것입니다.

물론 이것은 만들어낸 이야기로 우리 한국 교회가 이미 이 사탄의 위장전술에 말려들어 교세가 벌써 약화되고 있다는 것입니다.

옛날 구세군의 윌리엄 부스 대장이 "장차 올 세기에 가장 큰 위험은 종교는 있으나 성령은 없고, 교회는 있으나 그리스도는 없고, 속죄는 전파하나 중생은 없고, 도덕은 있으나 하나님께 대한 두려움이 없고, 천국은 말하나 지옥은 말하지 않는 시대적 흐름일 것이다"라고 말한 것이 우리의 눈앞에 펼쳐지고 있습니다.

교활한 새 사냥꾼은 새를 올가미에 빠뜨리기 위하여 똑같은 깃털의 새를 미끼로 사용하는데 그러면 부주의한 새가 자신의 동료를 무서워하지 않고 다가와서는 사로잡힙니다. 악마의 유혹은 우리 자신과 가장 닮은 모양을 하여 유혹하여 우리는 공공연한 적보다도 기독교인의 모양을 한 '세속적 그리스도인'을 더욱 조심해야 합니다.

예전에 한국의 그리스도인들은 핍박과 고난과 학살에서는 믿음으로 잘 지켰는데 오늘날 새 사냥꾼과 같은 마귀의 위장전술에 말려들어 사탄의 그물 속에 자진해 들어가 참 신앙을 잃어버리고 있는 것입니다. 단호히 사탄의 궤계를 물리쳐야 합니다.

십자가는 요단강을 건너게 하는 다리(橋)입니다. 천국 문에 이르게 하는 유일의 높은 사다리입니다. 십자가는 영적 생명의 근원으로서 호흡과 심장박동이 멈추는 순간까지 지키고 붙잡아야 합니다. 십자가를 통한 새 생명과 큰 구원과 근본적 변화와 영원한 승리를 경험하면서 십자가를 자랑하며 전해야 합니다. 십자가는 무거운 것도 괴로운 것도 아니라 영원한 나의 생명입니다.

"십자가, 십자가, 무한 영광일세.

요단강을 건넌 후 영원 안식 얻네!"

2. 새 사냥꾼은 적용성에 뛰어납니다.

사냥의 대상에 따라 적절하고 알맞은 방법을 쓰는 데에 비상합니다. 잡고자 하는 새의 생리와 상태를 잘 알아 꼭 알맞은 미끼와 덫을 사용합니다.

종달새를 잡는데 오리 덫을 쓰지 않습니다. 피라미를 잡는데 잉어 미끼를 쓰지 않습니다.

사탄은 한마디로 미끼 작전의 명수입니다. 6,000년 동안 무수한 신앙인을 유혹한 솜씨이기 때문에 내가 가장 빠지기 쉬운 미끼를 잘 압니다.

어떤 사람은 돈에 집착합니다. 돈이라면 무슨 일이라도 하는 사람으로 가룟 유다가 여기에서 실패하여 마침내 예수님을 은 30에 팔았습니다.

어떤 사람은 돈에 대해서는 믿어도 될 만큼 깨끗한데 이성에 대해서는 허약한 사람이 있습니다. 악마는 이것을 놓치지 않고 시험을 던져 블레셋의 모든 군대가 당하지 못한 천하무적의 장사 삼손에게는 들릴라의 무릎으로 무너뜨렸고 영감의 시인 다윗도 여기에서 넘어졌습니다.

어떤 사람은 돈이나 색에는 흔들리지 않는 데 비해 영적 우월감에 사로잡히는 약점이 있습니다. "나는 믿음이 좋다", "나는 흠잡을 것이 없는 깨끗한 생활을 한다", "나는 거룩하고 경건하다"라는 마음이 강해서 함부로 남을 정죄하여 세상 사람들을 모두 죄인시합니다. 마귀는 이런 사람에게 교만이라는 올무를 던져서 하나님을 대적하게 합니다. 무수한 바리새인들이 이 올무에 걸려 죄를 많이 지었을 뿐 아니라 심지어 예수님까지 정죄하여 십자가에 내주었습니다.

오늘날 사탄은 대부분 쾌락과 이익이라는 미끼와 올무를 많이 씁니다. 전세계 젊은이들, 남녀노소 모두가 술, 담배, 게임, 도박, 마약, 유흥업소, 불건전한 오락 등 사탄의 미끼에 걸려 온갖 죄를 짓고 있습니다. 교인이 주일에 예배에 가지 않고 야구장, 축구장, 아니면 등산을 가거나 아이들을 데리고 놀이공원, 산과 바다로 놀러 가게 합니다.

사막에서 자녀들을 교훈하면서 "가장 아름다운 선인장이 있는 곳에 가장 독한 독사가 살고 있다"라고 깨우친다는 것입니다. 클레오파트라는 독사가 들어 있는 꽃바구니를 가지고 다녔습니다. 가장 좋아하는 쾌락, 이익이라는 꽃바구니 속에 영과 육신을 한꺼번에 죽이는 악마의 독이 숨겨져 있습니다. 그곳에 함부로 손을 넣지 말아야 합니다.

구약의 요셉이 이성의 시험이 왔을 때 "내가 어찌 이 큰 악을 행하여 하나님께 죄를 지으리이까"(창 39:9하) 하면서 도망갔습니다. 그 자기를 떠나면 감옥 아니면 죽음이 올 줄 알면서도 요셉은 그것이 범죄보다 낫다고 생각하며 도망갔고 그 도망함으로 승리하였습니다.

이것은 "요셉의 성결 작전"이라고 이름을 붙여도 좋습니다. 주경가 매튜 헨리는 "금단의 열매를 먹지 않으려거든 금단의 나무를 가까이 해서는 안 된다"라고 하였고, 토마스 풀러는 "악마와 거래하고 싶지 않다면 악마의 상점에 가까이 가지 않도록 하라"고 하였습니다.

사탄의 미끼 작전은 요셉에게만 오는 것이 아니라 사탄이 가장 많이 쓰는 작전으로 많은 사람이 넘어졌습니다. 우리 중에 이 미끼에 걸렸거나 혹시 넘어갔더라도 늦지 않았습니다. 회개하면 됩니다. 그러므로 "요셉의 성결 작전"대로 도망가고 멀리하는 것이 승리의 비결입니다.

3. 새 사냥꾼은 "매"를 사용합니다.

새 사냥꾼은 그물이나 덫으로만 사냥하는 게 아니라 직접 매로 사냥하기도 합니다.

사탄은 유혹하다가 잘 먹혀들지 않으면 매를 띄우듯이 직접 공격합니다. 매과에 속하는 조류는 60여 종이라고 하는데 어느 매나 사냥의 명수입니다. 4-5킬로미터의 상공에서도 수풀에서 움직이는 작은 쥐를 볼 수 있고 한번 포착하면 그 물체를 마치 카메라 줌처럼 확대하여 그것을 잡기 위해 급강하할 때는 시속 200km 이상의 속력으로 내려갑니다.

매우 강하고 빨라서 어느 것도 피할 수 없고 억센 발톱으로 먹이를 움켜쥐며 그 충격으로 먹이를 죽이는데 오리, 도요새, 물떼새, 비둘기 따위가 여기에 희생됩니다. 꿩 사냥을 할 때는 날아가는 꿩 위쪽에서 발로 차서 떨어트려 잡기도 합니다. 꿩이 매 앞에 한번 걸리면 꼼짝없이 당합니다.

그런데 매는 매보다 위에 있는 새는 해하지 못한다는 것입니다. 비록 사탄이 신자를 물어 먹으려고 "매 작전"을 써도 매보다 위에 있으면 문제가 되지 않는다는 의미입니다. 우리 신자들이 꼭 기억해야 할 방어작전입니다.

14절에 "하나님이 이르시되 그가 나를 사랑한즉 내가 그를 건지리라 그가 내 이름을 안즉 내가 그를 높이리라"고 하셨고, 15절에 "그가 내게 간구하리니 내가 그에게 응답하리라"고 하셨습니다.

에덴 동산에서부터 예수님 재림하실 때까지 개인이나 가정이나 교회와 전 인류를 망하게 하는 최대 적은 암도 공산주의도 죽음도 아닌 사탄과 악마입니다.

그런데 사탄의 능력을 과대평가하는 이가 많습니다. "사탄이 한번 움직이면 큰일난다" 하면서 두려워하고 불안해하는 사람은 예수님께 충성할 수 없어 사탄이 마음대로 사용합니다.

그런가 하면 사탄의 능력을 과소평가하는 이들도 있습니다. 이런 사람은 사탄의 하는 일을 방심하거나 무관심하기 때문에 또 사탄의 술수에 넘어지고 쓰러집니다.

하나님을 참으로 사랑하고, 언제나 기도와 간구로 사는 신자 앞에서는 사탄도 악마도 꼼짝하지 못합니다.

예수님께서 제자들을 세상에 파송하실 때 먼저 복음 전하는 능력과 병 고치는 은사와 귀신을 내쫓는 권세를 주셨습니다.

오늘날 우리 한국 그리스도인들은 남북한 우리 조국을 사탄과 마귀의 나라로 만들게 내버려 둘 수는 없습니다. 사탄과 마귀를 항복시키고 이 나라를 주님이 다스리는 그리스도의 왕국으로 만들어야 합니다. 사탄의 위장전술에 말려들어 맥없는 겉모양만의 교인이 되지 말고 십자가 신앙으로 무장한 참 신자가 되십시다.

제3부

성령의 교통하심이

새사람을 입으라(신년주일)
인생의 아침(청소년주일)
어머니의 믿음(어버이주일)
행복한 가정(가정의 달)
경천애인(광복주일)
감사 인생(감사절)
구원의 소식(성탄절)
참 제자의 길(제자훈련)
일백쉰세 마리(부활절)
그리스도인의 직업(근로자의 날)
위기와 결단(사순절 예배)
정의 이상의 정의(인생관)
처음보다 나은 나중(연말주일)
오직 겸손과 충성으로(이임 마지막 설교)

새사람을 입으라
(신년주일)

에베소서 4:17-24

우리 사람은 적어도 세 가지의 특성적인 충동을 가지고 있습니다.

첫째는, 사람은 누구나 현재의 자기 이상으로 향상하려는 충동을 가지고 있습니다.

모든 예술, 모든 철학, 모든 종교에서 찾아볼 수 있는 공통적인 충동이 있습니다. 그것은 자신을 초월하여 보다 나은 자기로 향상하려고 하는 것입니다. 그러므로 어떤 사람은 세상 부귀영화를 다 내어버리고 입산수도를 하고, 어떤 사람은 골육 친척을 떠나 해외 먼 길로 배움의 길을 나섭니다.

사도 바울이 다메섹 도상에서 예수 그리스도를 만나 회개한 후에 그는 아라비아 사막으로 가서 3년 동안이나 기도 생활을 했습니다. 그는 자기의 심히 부족한 상태를 발견하게 되자 거룩하고, 보다 참되고, 보다 뜻 있는 하나님의 사람이 되기 위하여 그렇게 하지 않을 수 없었습니다.

둘째로, 사람들에게는 옳은 방향을 찾아 나아가려고 하는 충동이 있습니다.

윌리엄 H. 쉴든 박사가 여러 해를 두고 연구한 결과에 의하면 "사람에게는 성욕이나, 사회적 권세나, 지위 대한 욕망, 또는 소유욕보다도 더 심각하고 근본적인 욕망이 있는데, 그것은 곧 옳은 방향이 무엇인가를 알려고 하는 욕망이다"라고 말했습니다.

사람에게는 이런 충동이 있기 때문에 한번 옳다고 생각되면 일신의 온갖 즐거움도 다 버리고 고난을 자처하게 되며, 옳다고 생각할 때에는 단두대에 목을 내밀고 피 흘리는 것도 서슴지 않는 것입니다.

모세가 그 화려한 바로의 공주의 아들이라고 하는 자리를 내던지고, 오히려 학대받는 자기의 동족과 함께 고난받기로 한 것은 그 길이 옳은 길임을 알았기 때문입니다.

셋째로, 사람들에게는 하나님과 다시 결합하려고 하는 충동이 있습니다.

철학자 존 엘로프 뿌딘은 말하기를 "인간의 마음속에는 통일에 대한 열망이 있다. 사람은 한 개의 숨은 본능으로 우주의 큰마음과 다시 결합하지 않을 수 없다"라고 하였습니다.

그러므로 지구상에 종교가 없는 곳이 없습니다. 헌법이 없고, 아직 화폐가 없는 나라나 지방은 있어도, 우주의 큰마음, 즉 하나님을 찾으려고 하는 종교가 없는 곳은 없습니다.

유명한 어거스틴이 방탕의 길에서 돌이켜 완전한 신앙에 들어와 고백하기를 "하나님이시여! 당신은 당신을 위해서 우리를 지으셨습니다. 그러므로 우리가 당신을 위해서 살 때만 참 만족이 있나이다"라고 하였습니다.

인간은 하나님과 결합되기 전에는 어떤 조건으로도 만족이 없습니다.

우리 인간에게는 이러한 특성들이 있기 때문에 결코 옛사람으로 만족할 수 없습니다. 누구나 반드시 새사람 되기를 강력하게 요구하게 되는 것입니다. 이것은 인간만이 가진 특성입니다.

그런데 성경을 보면 새로 나지 못한 인간을 죄와 허물로 죽은 인생이라고 불렀습니다. 반드시 새사람이 되어야 할 인생이 죄로 죽은 사람이 되었습니다. 죽은 송장에서는 생명이 나올 수가 없습니다. 죄로 죽은 성질 속에서는 바른 생활이 나오지 못하는 것입니다. 여러 번 바르게 살고, 깨끗하게 살고, 선하게 살려고 결심해 보지만 실패로 돌아가고 마는 것입니다.

속에서는 보다 향상하기를 간절히 원하고, 옳은 길을 따라 살기를 요구하며, 하나님과 합치된 생활을 하기를 간절히 원하지만 실제 생활은 죽은 활동

뿐입니다. 이것이 인생 최대의 고민입니다. 이러한 인생들에게 성경은 "옛사람을 벗어버리고 새사람을 입으라"고 하였습니다.

예수님께서는 "사람이 새로 나지 아니하면 천국에 들어갈 수 없다"라고 말씀하셨습니다. 옛사람을 버리고 새사람을 입는 신생이 꼭 필요한 것입니다. 누구나 육신으로 세상에 태어난 것만으로는 부족합니다.

새로 나는 재탄생이 필요합니다. 그런데 이 새로 나는 일은 우리 자체에서 시작되거나 자체의 의지로 되는 것이 아닙니다. 분명한 것은 새사람을 입으라는 말씀입니다.

새사람을 만들라고 하는 것은 아닙니다. 이는 수동형의 말씀입니다. 새사람으로 지음을 받으라는 말씀입니다. 우리는 양과 소의 털이 어떻게 나는지는 잘 모릅니다. 마찬가지로 옛날 율법학자 니고데모처럼 거듭남의 원리는 모릅니다. 그러나 받아들이면 거듭남의 생활 속에 살게 됩니다.

신생을 받아들이는 데는 회개와 신앙이 꼭 필요합니다.

먼저 우리는 옛사람의 생활을 회개해야 할 것입니다. 옛사람이라고 하는 것은 하나님의 부르심에 전혀 반응이 없는 대리석처럼 단단해진 굳은 마음입니다. 영적 지각과 능력을 상실한 상태입니다. 또 자기의 소유욕을 위해서는 수단과 방법을 가리지 않고 인격과 품위도 돌보지 않는 마약 중독자처럼 되어 방탕에 자신을 방임하는 생활입니다. 또 자기 욕심을 채우기 위해서는 남을 마구 해치고 죽이는 생활을 거리낌없이 합니다.

이런 옛사람의 모습을 스스로 인정하고 근본적으로 회개해야 하는 것입니다. 확실한 신앙 가운데 있을 때에 하나님의 생명이 우리 영 속에 투입되는 것입니다. 그리고 생명의 그리스도만을 신앙하는 자리로 나아가야 합니다.

새로 지음을 받는다는 것은 하나님의 생명이 인간의 영 속에 부어져서, 이로 인하여 하나님의 자녀가 되는 것을 말합니다. 완전히 하나님께 속한 사람이 되는 것입니다. 이것을 새사람을 입는다고 하는 것입니다.

이렇게 새사람을 입게 되면 몇 가지 특징이 있습니다.

새 생활은 앞을 향해서 전진하는 것을 의미합니다. 즉 전진과 향상이 생겨납

니다.

옛 생활, 즉 낡은 생활이라고 하는 것은 뒤를 돌아보며 퇴보하는 상태입니다. 생명이 있는 존재의 특징은 전진, 향상입니다. 우리 신앙생활에도 전진과 향상이 있어야 산 신앙생활입니다.

우리 신앙생활은 첫 단계에서 자기 수양에 힘쓰게 되는 것이 보통입니다. 인간으로 살아가기 위해서는 도덕을 알아야 하고, 적어도 인생 문제를 해결해야 하며, 인격과 품성을 함양하여 인간으로서 존귀함을 갖추게 됩니다. 그렇게 신앙생활에 힘쓰게 됩니다. 그러나 좀 더 나아가게 되면 봉사에 힘쓰게 됩니다. 자기를 위한 수양만 하고 있을 때가 아님을 깨닫게 됩니다. 그리스도의 이름으로 봉사하지 않을 수 없게 됩니다.

모든 일에 이타, 박애 정신으로 희생적인 봉사를 해 나갑니다.

나의 재산도, 시간도, 재능도 남을 위해서 던지며 봉사할 수 있게 됩니다. 그러나 이런 단계만으로는 참 변화가 오지 않습니다. 예수님께서 "나를 따르라"고 말씀하셨습니다. 예수님의 부르심에 순종하여 따를 때 참 생명의 길로 들어가게 됩니다. 신앙은 그렇게 부단히 전진하고 향상할 수 있어야 하는 것입니다.

또 새사람을 입게 되면 영적 활동이 있게 됩니다.

창세기 1장 1절을 보면 "태초에 하나님이 천지를 창조하시니라"고 말씀하였습니다. 창조한다고 하는 것은 새로운 생활의 시작입니다. 예수님께서 "내 아버지께서 이제까지 일하시니 나도 일한다"라고 말씀하셨습니다.

하나님께서는 매일 매순간 새로운 일을 하십니다. 없는 데서 있게 하시고, 있는 것을 새롭게 하십니다. 오늘 떠오르는 아침 해는 어제 태양과 달라진 태양입니다. 오늘 내리는 비는 어제 내린 비와는 전혀 다른 비입니다. 오늘 마시는 공기는 어제 마신 공기와 다른 공기입니다.

하나님께서는 매일 새하늘과 새땅을 창조하고 계십니다. 우리 인간의 몸도 시시각각으로 신진대사를 하고 있습니다. 만약 이 신진대사가 없으면 그 사람은 죽고 말 것입니다. 하나님께서는 사람만 아니라 우주에, 또 만물 전체에 신진대사를 행하고 계십니다.

넓은 바다의 물도 숨을 쉬고 있습니다. 바닷물 속에 독물이 들어갈지라도 곧 변화를 받아서 고기들이 먹어도 괜찮은 것으로 바뀌게 합니다. 그러고 보면 우주와 인생 모두가 날마다 새로워지는 것이 사실입니다.

그저 시간적으로 변화하는 것을 네오스(νέος)라고 하는데, 그것만으로는 의미가 없습니다. 신선한, 거룩한 성화, 그것을 카이네(καινή)라고 하는데 이것이 필요합니다.

그리스도 안에서 카이네, 즉 거룩하게 변화된 성도는 피곤이 없습니다.

하나님의 일에 무한한 힘을 내어서 활동합니다. 하나님이 하시는 새로운 건설에 헌신하게 되는 것입니다. 이런 활동과 건설에 의하여 많은 사람들의 인격이 변화되고 사회의 개조가 이루어져 나가는 것입니다.

우리는 또다시 희망의 새해를 맞았습니다. 그리스도 안에서 신성한 변화를 받아 전진 향상하며, 그리스도의 이름으로 봉사하여 하나님의 역사에 동참하여 큰일을 많이 하는 복된 해가 되도록 합시다.

하나님께서 우리에게 이 고귀한 새해를 주신 것은, 우리를 새롭게 하여 이 새해에 큰일을 하게 하시려는 경륜임을 기억하셔야 합니다. 이것이 나라와 이 세계를 새롭게 하는 하나님의 뜻입니다.

인생의 아침
(청소년주일)

시편 90:14-17

시편 90편 14절을 보면 모세는 "아침에 주의 인자하심이 우리를 만족하게 하사 우리를 일생 동안 즐겁고 기쁘게 하소서"라고 기원을 드렸습니다.

여기서 아침이라고 하는 것은 하루의 아침이 아니라 인생의 아침을 가리킵니다.

즉 인생의 아침, 젊었을 때, 청소년 시절을 가리키는 것이 분명합니다. 그렇다면 젊었을 때에 주의 인자를 베푸사 평생의 아름답고 은혜로운 생활을 하게끔 인도해 달라고 하는 기도일 것입니다.

아침은 하루 중에 가장 중요한 시간입니다.

모든 것을 시작하는 때입니다. 새로운 태양이 동쪽에서 떠오르기 시작합니다. 신선한 바람이 불어오기 시작합니다. 새들이 노래하기 시작합니다. 농부들은 논밭에서, 상인들은 점포에서, 학생들은 교실에서 일하며 공부하기 시작합니다.

청소년기는 인생의 아침입니다. 인생길의 시작이라고 할 수 있습니다. 학문도 이때에 시작하고, 사업도 이때에 시작하고, 가정도 이때에 시작하며, 사회생활도 이때에 시작합니다. 성격도 이때에 시작이 되고, 도덕적 기반도 이때에 시작이 됩니다.

아침은 하루 중에 가장 희망을 가지는 시간입니다.

어제의 모든 피곤도 거뜬히 사라지고 온갖 염려와 복잡하던 모든 문제도 잊어버리고 새로운 희망으로 무언가를 하려고 하는 때입니다. 청소년기는 일생 중에 가장 희망이 가득 찬 때입니다.

알렉산더가 17세에 세계를 장중에 넣으려고 대군을 호령하며 유럽을 향하고 아시아를 밟았는데, 그가 인도를 정복하고 어느 강변에 이르렀을 때에 땅에 펄썩 앉아서 눈물을 흘렸다고 합니다.

좌우의 부하들이 그 뜻을 물으니 "내가 정복할 땅이 이제는 다하여 더 얻을 토지가 없구나. 이것이 슬프지 않고 무엇이 슬프겠는가"라고 대답하였다는 것입니다.

알렉산더가 젊었을 때에 얼마나 큰 희망을 가졌는지 알 수 있습니다. 사람은 누구나 젊었을 때에는 모두 알렉산더인 것입니다. 희망을 크게 가졌기 때문에 젊은이요, 또 위대한 일을 하게 되는 것입니다.

아침은 하루 중에 가장 아름다운 때입니다.

하늘도 아름답고 바다도 아름답고 거리도 아름답고 마을도 아름답습니다.

청소년이야말로 아름답습니다. 붉은 얼굴도 아름답고 튼튼한 팔다리와 씩씩한 몸집이 모두 아름답습니다. 활기가 넘치는 사상과 무엇이나 해보려고 하는 마음씨가 모두 아름답습니다.

이렇게 청소년기는 인생의 시작이요, 희망이요, 또 아름다운 시절입니다.

피히테는 "한 나라의 장래를 알려면 그 나라의 청소년을 보라"고 했습니다. 인생의 아침인 청년 시절은 각 개인에게 있어서나 국가, 사회에 중대한 연대 책임이 있습니다.

애국자 도산 안창호 선생이 "한국의 청소년들아! 일하자. 거짓말을 하지 말자"라고 부르짖은 것은 일하는 나라, 거짓과 부패가 없는 한국을 세우자고 외친 말입니다.

그렇다면 이 귀중한 청소년 시절을 어떻게 살아갈 것입니까?

성경은 아침에 할 일을 우리에게 분명히 가르치고 있습니다.

창세기 22장 3절을 보면 "아브라함이 아침에 일찍이 일어나 나귀에 안장을 지우고 두 종과 그의 아들 이삭을 데리고 번제에 쓸 나무를 쪼개어 가지고 떠나 하나님이 자기에게 일러 주신 곳으로 가더니"라고 기록되어 있습니다. 믿음의 조상 아브라함은 아침 일찍이 하나님을 섬기는 일부터 하였습니다.

하나님께 의롭다 인정받은 욥도 욥기 1장 5절을 보면 아침에 일어나 자녀의 명수대로 번제를 드렸다고 했습니다. 욥도 자녀들을 위해서 아침에 예배부터 드렸습니다. 예수님께서도 새벽 미명에 따로 한적한 곳에 가셔서 기도하셨습니다.

그러므로 아침에 일찍이 가장 먼저 할 일이 있습니다. 그것은 하나님을 경외하는 일입니다.

전도서 12장 1절을 보면 "너는 청년의 때에 너의 창조주를 기억하라 곧 곤고한 날이 이르기 전에, 나는 아무 낙이 없다고 할 해들이 가깝기 전에"라고 말씀했습니다.

그렇습니다. 청소년 시절이야말로 원대한 이상의 길을 출발하는 때요, 가장 큰 희망을 품은 때요, 무엇보다 아름다움을 동경하는 때입니다. 하지만 이 사회나 환경은 이와 정반대입니다. 도저히 그것을 실천할 수가 없습니다.

그러므로 청소년 시절은 도리어 가장 무섭고 심한 번민과 회의와 반항과 불안과 자학과 타락하기 쉬운 때이기도 합니다

어떤 이는 청년 시대를 '영혼의 해탈기'라고 했습니다. 사실 청소년 시절에 일찍이 하나님을 경외하는 신앙생활이 아니면 무서운 자멸의 씨가 되기 쉽습니다.

성경에 나타난 위대한 인물들을 보면 모두 일찍이 하나님을 경외했습니다.

구약에 사무엘 같은 이는 가장 부패한 시대에 태어난 사람입니다만, 그는 신앙이 돈독한 어머니 한나의 기도 속에 자라가며 성전에서 경건하게 하나님을 섬기는 생활을 했습니다. 마침내 어지럽던 나라를 위기에서 건졌고, 부패하고 죄만 범하던 사회를 깨끗하게 바로잡았습니다.

요셉은 어렸을 때부터 하나님의 보여주시는 환상을 볼 정도로 경건한 신앙생활을 했습니다. 그는 형제들에 의해 노예로 팔려 애굽으로 갈 수밖에 없

는 절망적인 상황에 처해졌고, 보통 사람으로는 이겨낼 수 없는 큰 어려움과 환난을 많이 당하였습니다. 하지만 오로지 믿음으로 승리하고 당시 이방의 강대국 애굽의 총리가 되고, 실질적으로 당시 세계의 민족을 살리는 인물이 되었습니다.

다윗 왕도 목동 생활을 하던 어린 시절부터 하나님께 "내 마음에 합한 사람"이라고 인정을 받더니 그렇게 훌륭한 이스라엘의 왕이 된 것입니다.

S. 포로 씨는 "세계에 가장 저명한 23명의 성자 중에 단 한 명을 제외하고 나머지 전부가 18세 이전에 신앙생활을 시작했다"라고 말하고 있습니다.

이사야는 "너희는 여호와를 만날 만한 때에 찾으라 가까이 계실 때에 그를 부르라"고 말씀했습니다. 청소년 때야말로 하나님을 만날 때입니다. 그래서 일생을 바른길로 나아가야 하는 때입니다.

아침은 일할 때입니다.

성공한 이들을 보면 모두 아침에 일찍 일어나 남보다 먼저 일한 사람들입니다.

청소년 시대는 가장 원기가 왕성한 때입니다. 가장 정신이 맑을 때입니다. 이때에 모든 정력을 집중해서 주를 위하여, 이 사회와 인류를 위하여 일해야 할 것입니다.

모차르트는 6세 때부터 독일 황제 앞에서 연주를 했다고 합니다. 헨델은 10세 때부터 작곡을 시작했다고 합니다. 데모스테네스는 이미 17세 때 웅변가로 이름이 났다고 합니다. 스펄전 목사는 20세 때 영국 사회에서 대 설교가로 말씀 증거에 힘썼습니다. 리빙스턴은 23세 때에 검은 땅 아프리카로 찾아가 선교와 그 나라의 가난한 백성들을 살리는 일에 헌신했습니다. 칼빈은 26세 때에 《기독교 강요》라고 하는 위대한 저서를 내고 종교 개혁에 나섰습니다.

이들이 모두 일찍부터 힘썼기 때문에 세계적으로 영향을 끼쳤고 크게 공헌하게 된 것입니다.

우리 한국은 '아침의 나라'라고 합니다.

아침에 하나님을 열심히 잘 섬기는 나라가 되게 합시다. 일찍부터 전 세계에 공헌할 만한 일을 부지런히 하는 나라가 되게 합시다. 명실상부한 참 아침이 되게 합시다. 그리고 한국의 청소년들이야말로 이 나라의 주인공으로서 일찍부터 크게 일하는 역군들이 되어 세계 속에 우뚝 서게 합시다. 신앙으로나 사회 각 방면에 혁혁한 공헌을 남겨 하나님의 뜻을 세계 도처에 나타내도록 합시다.

초판 당시의 주보 표지

어머니의 믿음 (어버이주일)

마태복음 15:21-28

아마도 주후 29년경이라 생각됩니다. 앞으로 반 년 정도 후에는 예수님께서 십자가를 지시게 될 무렵입니다. 예수님께서는 꼭 한 번 국경을 넘어 두로와 시돈 지방에 가셨습니다.

그런데 한 이방 여자가 예수님 앞에 나왔습니다. 마가복음에 보면 수로보니게 출신 헬라 여인으로 되어 있습니다. 이 여자에겐 큰 고민이 하나 있었습니다. 그것은 가장 사랑하는 딸이 귀신에 사로잡혀 있었습니다.

이 어머니는 이 딸을 고치기 위해서 유명한 의사들을 찾았습니다. 또 우상숭배를 통해서라도 고치고 싶었을 것입니다. 그러나 모두가 다 허사였습니다.

때마침 풍문에 "이웃 나라 유대의 나사렛에서 나신 예수라는 분이 나환자도 깨끗하게 고치고, 맹인도 보게 하며, 귀신도 다 쫓아내고 심지어 죽은 자까지도 살려낸다"라는 소문을 듣게 되었습니다.

이 어머니는 "내가 유대인이었다면 내 딸도 당장 고침을 받았을 텐데, 이방 여자이니 어떻게 할 방법이 없을까?" 하고 고민하게 되었습니다.

여인은 우선 예수님이 계신 곳으로 찾아갔습니다. 딸을 위해서라면 천 리 길도, 아니 땅끝까지라도 갈 수 있었습니다. 그녀는 귀신 들린 딸을 데리고 유대 지방 부근까지 왔던 것으로 생각이 됩니다.

그런데 기다리던 예수님이 지나가십니다. 여인은 큰소리로 외칩니다.

"주 다윗의 자손이여, 나를 불쌍히 여기소서! 내 딸이 흉악하게 귀신 들렸나이다!"

"주 다윗의 자손이여"는 예수님을 메시아로 믿는 신앙 고백입니다. 이 여자는 비록 이방 여인이었지만 예수님을 향한 바른 신앙 고백을 하고 있는 것입니다.

그러나 예수님은 한 말씀도 대답하지 않고 지나가십니다.

이것이 **여인의 첫 번째 어려움이라고 생각됩니다.**

신앙이 잘못된 것도 아닌데, 바른 신앙 고백으로 직접 예수님 앞에 소리를 지르면서까지 간절히 계속 간구하는데, 아무 응답이 없는 것입니다.

분명히 예수님께서는 "구하라 그러면 주실 것이요, 찾으라 그러면 만날 것이요, 두드리라 그러면 열릴 것이라"고 하셨습니다.

또 무수한 사람들이 병 고침을 받고 흥분하고 있었으며, 기적적인 응답을 듣고 기쁨에 넘쳐 있었습니다. 그런데 어찌하여 이 어머니의 간구에는 응답이 없습니까? 예수님은 한마디의 말씀도 대답도 없으셨습니다.

이 여자의 간구에 대한 예수님의 응답은 침묵이었습니다. 그러나 이 어머니는 더욱 간절하게 간구하였습니다.

바로 이때 예수님의 제자들이 예수님 앞으로 바짝 다가와서 "그 여자가 우리 뒤에서 소리를 지르오니 보내소서"라고 했습니다.

이것이 **여인의 두 번째 어려움이라고 생각됩니다.**

말하자면 상황이 더 악화된 것입니다. 다른 사람이면 모르지만 예수님 앞에 직접 훈련을 받은 제자들이 "이 어머니만큼은 불쌍히 여겨주셔야 되겠습니다"라고 아뢰어야 될 텐데, 오히려 '내쫓으라'는 식으로 대하게 된 것입니다.

제자들의 그 동정심 없고 냉혹하며 잔인한 태도를 접하게 된 것입니다. 이 어머니는 제자들이 예수님 앞에 중보 역할을 해줄 것으로 기대했을 것입니다. 흔히 믿어도 될 만한 사람이 기대에 어긋날 때에 신앙생활에 막대한 타격이 오는 경우가 있습니다. 니체 같은 사람은 "예수님은 좋지만 그리스도인은 나쁘다"라고 혹평을 하기도 했습니다.

그러나 이 어머니는 낙심하지 않고 더 열심히 따라다니면서 간구하였습니다. 그러자 이번엔 예수님께서 발걸음을 멈추셨습니다. 그리고 말씀하셨습니다. 아마도 이 여자는 큰 기대를 가졌을 것입니다. 그런데 예수님은 "나는 이스라엘 집의 잃어버린 양 외에는 다른 데로 보내심을 받지 아니하였노라"고 말씀하셨습니다. 이것은 구원에 대한 거절입니다.

이것은 **여인의 세 번째 어려움이라고 할 수 있습니다.**

흔히 우리 동양 사람들은 숙명적인 기질이 있습니다. 어려움이 조금 있을 때에는 "이젠 할 수 없구나. 그만두어야겠다. 내가 할 수 있는 일을 다했는데 빠져나갈 길이 없구나" 하고 체념해 버리기가 쉽습니다.

그런데 이 어머니는 예수님 앞에 나가서 절을 했다고 했습니다. 신학적 표현으로 말하면 간절히 예배를 드리며 기도를 드렸다는 것입니다. 그런데 이번에는 더 이상 참을 수 없는 막바지에 다다랐습니다.

예수님께서 그녀에게 하신 "자녀의 떡을 취하여 개들에게 던짐이 마땅하지 아니하니라"는 말씀은 거절을 넘어서 모욕이라고 할 수 있습니다.

이것이 **여인의 네 번째 어려움이라 할 수 있습니다.**

보통 유대인들이 이방 사람들을 개나 돼지라고 생각하지만 이렇게 사람을 직면해서까지 표현하지는 않습니다. 그것도 고대문화를 자랑하는 헬라 사람을 향해서 개라고 하지는 않습니다.

그러니 만약 이 어머니가 마음이 좀 약했더라면 자살을 했을지도 모릅니다. "내가 마지막으로 유일하게 믿고 기대했던 예수님에게 이렇듯 모욕을 당했으니 이제 살 필요가 없다"라고 했을지 모릅니다.

반대로 자존심이 아주 강한 여자였더라면 큰 돌이라도 들어서 흥분한 얼굴로 예수님을 향하여 던졌을지 모릅니다.

그런데 이 여자는 흥분도 낙심도 하지 않고, 예수님 말씀이 떨어지자마자 "주여, 옳소이다마는 개들도 제 주인의 상에서 떨어지는 부스러기를 먹나이다"라고 말씀드렸습니다.

이것은 명실상부한 무한한 겸허입니다. 그리고 예수님에 대한 절대 신뢰이며, 변하지 않는 믿음입니다. 처음에 바라던 소원이 이루어지지 않았을 뿐 아니라 도리어 어려움이 겹겹이 닥쳐와도, 조금도 낙심하지 않는 인내심을 볼 수 있습니다.

이때 예수님께서는 "여자여, 네 믿음이 크도다. 네 소원대로 되리라"고 말씀하십니다. 그렇게 허락을 해주셔서 당장 그 시간에 그 딸이 깨끗함을 얻었습니다. 이것은 예수님의 사적 중에 우리에게 가장 큰 가르침을 주는 사건이라고 생각이 됩니다. 여기서 귀한 교훈을 배워야 합니다.

위대한 신앙은 반드시 시련을 통해서 이루어지는 것을 배웁시다.

히브리서 12장 5-6절을 보면 "내 아들아 주의 징계하심을 경히 여기지 말며 그에게 꾸지람을 받을 때에 낙심하지 말라 주께서 그 사랑하시는 자를 징계하시고 그가 받아들이시는 아들마다 채찍질하심이라"고 말씀하였습니다.

예수님께서는 시련을 통해서 가장 값진 신앙 연단을 주신다는 말씀입니다.

어떤 이에게는 시련을 자주자주 거듭 주시는 경우가 있습니다. 어떤 이에게는 이따금씩 주시지만, 아주 심각한 시련을 주기도 하시는 것입니다.

우리 인간은 자력으로 무엇을 하지 못하게 될 때에 하나님 앞에 겸허하며 절대적인 신뢰를 가져 보려고 하다가도, 자신이 무엇이라도 할 수 있다고 느껴질 때에는 자만해지고 방종해져서 하나님을 멸시하며 오히려 잘못된 길로 나아가기 쉬운 것입니다.

베드로전서 1장 6-7절을 보면 "그러므로 너희가 이제 여러 가지 시험으로 말미암아 잠깐 근심하게 되지 않을 수 없으나 오히려 크게 기뻐하는도다 너희 믿음의 확실함은 불로 연단하여도 없어질 금보다 더 귀하여 예수 그리스도께서 나타나실 때에 칭찬과 영광과 존귀를 얻게 할 것이니라"고 말씀하였습니다.

납 같은 경금속은 숯불에도 녹여서 마음대로 이 모양 저 모양으로 만들 수 있습니다. 그러나 황금, 백금, 다이아몬드 같은 값비싼 금속은 수천도의 고열에 녹여야만 비로소 귀한 보석이 되는 것입니다.

도자기도 그저 간단히 구우면 흙덩어리밖에는 되지 않는 무가치한 도자기가 됩니다. 그러나 적어도 1,300도가 넘는 고열에 두 번, 세 번, 네 번, 여러 번 구웠을 때 수백만 원의 가치가 되는 훌륭한 도자기가 됩니다.

예수님께서는 이 여자에게 높은 신앙을 갖게 하기 위해 이렇게 시련을 주신 것입니다. 만약 첫 번째 소원 때에 즉시 이루어 주셨다면 병은 나았을지 모르지만 값비싼 신앙은 얻지 못했을 것입니다. 필요한 것은 병에서 낫는 것보다 더 훨씬 높은 수준의 신앙입니다.

또한 높은 신앙의 동기는 사랑이라는 것을 배울 수 있습니다.

어머니는 "나를 불쌍히 여겨 주시옵소서" 하고 소리를 질렀습니다. 딸에게 귀신이 들렸지만 자기에게 귀신이 들린 것처럼 여기고 있는 것입니다. 딸의 병이 곧 그의 병이고, 딸의 불행이 곧 그의 불행입니다. 그래서 "나를 불쌍히 여겨 주시옵소서"라고 한 것입니다. 이 어머니의 심정은 딸 대신 자신이 앓고 싶은 것입니다.

그녀에게는 진정한 사랑이 있었기 때문에 무슨 일이라도 감수할 수 있다는 것을 엿볼 수 있습니다.

고린도전서 13장 7절을 보면 "사랑은 오래 참는다"라고 했습니다. 이 어머니는 자녀에 대한 사랑이 있었기 때문에 참을 수 있었습니다.

"사랑은 모든 것을 믿는다"라고 했습니다. 사랑이 없으면 현실에서 빨리 낙심을 합니다. 그러나 사랑이 있기 때문에 이제는 안 되겠다고 하던 자녀가 완전히 회복될 것으로 내다보면서 믿음으로 견디는 것입니다.

또 "사랑은 모든 것을 바란다"라고 했습니다. 사랑이 없었으면 이런 아이는 차라리 없는 것이 좋다고 하는 마음뿐이었을 것입니다. 그런 불행한 아이를 위해서 끝까지 참을 수는 없었을 것입니다.

그러나 이 아이가 다시 건강해질 수 있다고 믿는 것은 그녀에게 참사랑이 있었기 때문입니다. 이 이방 여인은 참사랑을 가졌기 때문에 예수님 앞으로 나아가 어떤 어려움이 있어도 참고 견딜 수 있었습니다.

또한 어머니의 십자가를 배울 수 있습니다.

수로보니게 여인도 다른 어머니처럼 그저 편안하기를 바랐을 것입니다. 그런데 딸에게 귀신이 들리고 보니 편안한 것을 원치 않았습니다. 모든 안일을 다 버릴 수가 있었습니다. 오로지 자기 딸이 바로 되기를 바랐을 뿐입니다.

4세기가 낳은 대성자 어거스틴은 고대 로마 교회 4대 박사인 히에로니무스, 암부르시우스, 어거스틴, 그레고리우스 1세 중 제1인자로 최고의 인물이었습니다.

마니교를 배격하고 펠라기우스 같은 이단 사설을 물리치는 데 4천여 권의 책을 내면서 신학과 신앙을 확립한 거대한 인물이었습니다. 그러나 이 위대한 인물도 그 어머니 모니카가 눈물로 기도한 산물이었다는 것은 널리 알려진 사실입니다.

오늘 우리 민족과 사회는 귀신에 들렸다고 해도 과언이 아닙니다.

현대인들이야말로 불효 방탕아가 되었습니다. 가치관이 뒤바뀌어 버리고 말았습니다. 큰 목적은 생각하지 않고 현실을 절대화하려는 풍토뿐입니다. 불륜과 부도덕을 마음껏 자행하는 시대가 되어버렸습니다.

참된 애국을 잊어버리고 국가를 건설하자고 하니 구심점도 없는 혼란만 일어나고 있습니다.

어린 청소년들이 인생의 최저선도 지키지 못하는 파괴적 생활을 하고 있습니다. 이웃의 가치, 생명의 존엄, 인격의 귀중함을 잊어버리고 행동하는 동물의 행태를 벗어나지 못하고 있습니다. 이단이 난무하고 있습니다. 세속화가 팽창하고 있습니다.

이 시대를 고치는 것은 다른 방법이 없습니다. 예수 그리스도 앞에서 위대한 해결을 받아야 됩니다.

지금은 수로보니게 여자 같은 어머니가 필요합니다. 어거스틴의 어머니 모니카 같은 어머니가 필요합니다. 어머니의 참된 눈물의 기도가 요구됩니다.

칼빈은 교회를 '그리스도인들의 어머니'라고 했습니다. 이 시대에 모든 교회야말로 하나님 앞에서 참 문제의 해결을 요구하는 이 사회를 향해 어머니의 역할을 해야 할 것입니다. 눈물의 기도로 이 사회의 문제 해결과 위대한 기적이 나타나기

까지 최선을 다해야 할 것입니다. 그렇게 했을 때 세계적인 성자 어거스틴 이상의, 그리고 수로보니게 어머니의 딸 이상의 자녀들이 이 땅에 세워져서, 이 시대에 가장 위대한 우리 민족으로 변화될 것을 확신합니다.

행복한 가정
(가정의달)

시편 128:1-6

사람은 누구나 가정에서 나고 가정에서 자라고 그러다가 가정에서 세상을 떠나갑니다. 그러므로 가정은 우리 인생의 근거라고 할 수 있습니다.

그래서 성경은 이 가정을 매우 중요시하고 있습니다. 구약에 보면 대부분의 내용이 가정에 관한 말씀들입니다.

아담으로부터 시작해서 아브라함, 이삭, 야곱, 다윗의 가정에 대한 여러 가지 일들을 기록했다고 해도 과언이 아닙니다.

우리 주님께서도 어떤 의미에서 가정을 건설하고 가정을 완성하러 오셨다고 할 수 있습니다.

예수님께서 세상에 오신 것은 하나님 나라를 건설하기 위해서 오셨습니다. 그러나 주목할 점은, 예수님은 하나님을 왕이라 부르지 않고 아버지라고 부르셨다는 사실입니다.

우리 인생들을 국민이라고 하지 않으시고 하나님의 자녀라고 부르셨습니다. 그리고 우리 인간 피차간의 관계도 형제라고 부르셨습니다. 이것은 인간사회를 가정화하시려고 하는 뜻임을 알 수 있습니다.

특히 예수님이 하신 말씀 중에 가장 유명한 탕자 비유의 내용을 보더라도 그렇습니다. 탕자 비유 말씀은 천국에 관한 복음인데, 불효막심한 자식을 오히려 용서하는 아버지의 사랑으로 하나님의 사랑을 나타내셨습니다. 그리고 허영과 쾌락에 끌려 아버지를 멀리 떠나가는 둘째 아들과 회개하고 돌아온 동생을 기뻐하지 않는 장자도 우리 인간들의 모습임을 보여주신 것입니다.

한 가정의 이야기로서 하나님과 우리 인간과의 관계를 말씀하셨습니다. 예수님에게 있어서 하나님 나라는 하나님 가정의 별명이 되는 것입니다.

마태복음 12장 50절을 보면 "누구든지 하늘에 계신 내 아버지의 뜻대로 하는 자가 내 형제요 자매요 어머니이니라"고 말씀하셨습니다.

이 말씀 속에는 하나님 나라가 하나님의 가정이라고 하는 뜻이 포함되어 있습니다. 형제라든지, 자매라든지, 모친이라고 하는 말은 모두가 가족에 관한 말입니다. 나라에 관한 말이 아닙니다. 특히 신자를 형제자매로 보신 것은 기독교를 정신상의 나라라기보다는 정신상의 가정이라고 여기신 것입니다.

누가복음 15장 4-6절을 보면, 잃어버린 양의 비유를 말씀하실 때 "너희 중에 어떤 사람이 양 백 마리가 있는데 그중의 하나를 잃으면 아흔아홉 마리를 들에 두고 그 잃은 것을 찾아내기까지 찾아다니지 아니하겠느냐 또 찾아낸즉 즐거워 어깨에 메고 집에 와서 그 벗과 이웃을 불러 모으고 말하되 나와 함께 즐기자 나의 잃은 양을 찾아내었노라"고 기록되어 있습니다.

집, 즉 가정은 안정이 있는 곳이요, 평화가 있는 곳이요, 즐거운 곳이라는 것을 의미하고 있습니다.

가정을 떠나면 양도 탕자도 위험한 지경에 처하고 맙니다. 가정에 돌아올 때에 비로소 참된 기쁨과 행복이 있습니다.

이것이 바로 예수님께서 가르쳐 주시는 가정입니다.

우리 인생들은 먼저 가정을 바로잡아야 합니다.

가정에 진정한 행복이 있어야 합니다. 가정에 참 평안이 있어야 합니다.

훌륭한 집을 세우기는 그리 어렵지 않습니다. 그러나 훌륭한 가정을 만들기는 그리 쉬운 일이 아닙니다.

우리에게 꼭 필요한 것은 훌륭한 집이 아니라 훌륭한 가정입니다.

시편 128편 1절을 보면 행복한 가정생활의 요소를 "여호와를 경외하며 그의 길을 걷는 자마다 복이 있도다"라고 분명히 말씀하고 있습니다.

여호와를 경외하는 가정이 행복한 가정입니다.

제임스 화이트라는 런던에 있는 익스프레스 신문사에 한 편지를 보내고 자살했습니다.

그 내용은 이랬습니다.

"나는 황제를 접대하였고, 공작과 후작과 백작과 마음대로 교제하였고, 정계에 동분서주하기도 하였다. 요트를 소유하기도 하였고, 대규모의 경마를 개업하였고, 큰 극장을 소유하였다. 신문에 관계하기도 하였으며, 거액의 재정에 손을 대 여러 기업을 위해서 15억씩 돈을 조달한 일도 있다. 현상금을 걸고 권투 시합을 연 일도 있고, 자선사업에 적지 않은 돈을 내기도 했다. 어떤 때는 하루에 750만 불이라고 하는 큰돈을 모으기도 하고, 사람들에게 존경을 많이 받아 제임스 화이트의 이름을 세상에 떨쳤다. 이로 미루어 보아도 나는 인생이 어떠하다고 하는 것을 말할 자격이 있다고 본다. 나는 굶주림의 슬픔이 어떤 것인지도 알고, 또 가지고 싶은 것은 모두 다 손에 넣어 몇천 명이 내 손아래서 먹고 사는 경험을 가지기도 했었다. 나는 경마에서 한번에 100만 불 이상을 딴 일도 있었다.

어떤 때는 맨체스터까지 특별 열차를 내게 한 일도 있었는가 하면, 기차비가 없어서 런던에서 로체스터까지 걸어간 일도 있다. 나는 나의 거동 하나로 인생의 흥망을 결정짓게 되는 많은 사람을 앞에 두었다가, 내가 돈을 가지고 있을 어간에 온갖 친절과 존경을 다하여 숭배해 주던 많은 사람이 은행에 예금이 없어지니까 거들떠보지도 않고 외면하게 된 것을 경험해 보았다.

나의 생을 돌아볼 때 그동안 이루어진 일들이 지금 주마등같이 눈앞에 스쳐 지나간다. 그러나 나는 이제 단언한다. 인생은 그저 사람들의 탐욕과 더러운 정과 권력 등으로 반죽해 놓은 큰 가마에 불과하다."

제임스 화이트 씨는 이런 유언장을 신문사에 보내고 자살하고 말았습니다.

그는 인생에서 성공이라고 하는 것도 맛보았고, 상류계급에서 우대받는 것이 어떤 것인지도 맛보았으며, 돈을 모으고 명예를 얻는 것도 다 경험했습니다.

그러고 나서 결론짓기를 인생은 다만 사람들의 탐욕과 더러운 정과 권력을 반죽한 큰 가마에 불과하다고 보고, 이런 곳에 오래 살 필요가 없다고 단정하고 자살한 것입니다.

제임스 화이트 씨의 비극적 결론이 어디서 왔습니까?

그는 왕이나 공주와는 교제하였지만 하나님과의 교제가 없었습니다. 사람은 하나님을 알고, 하나님께 기도를 드리고, 하나님께 봉사하며 살 때 행복이 오는 것인데 행복을 등지고 살았습니다.

그는 이 세상 것은 다 가져 보았습니다. 그러나 구원은 가져 보지 못했습니다. 죄에서 구원을 받아 양심의 자유와 만족을 얻어 진정한 의미의 생활을 하는 데 이르지 못했습니다.

그는 죄가 주는 불안과 환멸과 무의미를 벗어날 수 없었습니다. 구원을 통하여 오는 하늘로부터의 보화, 진리, 희열, 참된 소망, 영생 등 온갖 귀한 소유는 하나도 가져 보지 못했습니다. 그는 남이 하지 못한 큰 사업을 모두 경험해 보았습니다. 그러나 그 속에는 아무런 고상한 이상이 없었습니다.

사람은 큰일이나 작은 일이나 하나님의 뜻을 알고 행할 때에 진정한 만족이 있는 법인데 그것이 없었습니다. 스스로가 주인이 되어 모든 것을 경영해 보았지만 큰일이거나 작은 일이거나 해놓은 모든 것은 실패와 실망, 그리고 환멸로 끝나고 말았습니다.

여호와를 경외하며 그 도에 행하는 자가 복이 있습니다. 빛 안에서만 어둠이 없어지고 물러갑니다. 하나님을 경외하는 신앙 아래에서만 모든 불행은 물러가 버리고 참된 행복이 오는 것입니다. 가정에 하나님을 모시고 살 때 비로소 낙원이 되는 것입니다. 우리들의 가정이 복된 가정이 되기를 바라십니까? 온 가족으로 더불어 하나님을 모시고 경외해야만 됩니다.

일하는 가정이 복된 가정입니다.

또 본문 2절을 보니까 "네가 네 손이 수고한 대로 먹을 것이라 네가 복되고 형통하리로다"라고 말씀했습니다.

일하는 곳에 **행복이 있습니다.**

하나님께서는 오늘까지 쉬지 않고 일하십니다. 아니 영원까지 일하십니다. 예수님께서도 마찬가지로 쉬지 않고 일하십니다. 영원까지 일하십니다.

세상에 가장 비참한 불행은 실직입니다. 일을 놓치면 불행해집니다.

인간을 좀먹는 것은 게으름이요, 노는 것입니다. 해야 할 일을 하지 못하는 것과 타협하는 생활입니다. 흔히 "죽으려 해도 죽을 짬이 없다"라고 말들을 합니다. 짬이 없이 부지런히 일하는 사람은 죽을 생각이 나지 않습니다. 자살자의 대부분은 한가한 사람들 중에서 일어납니다.

성경에도 "일하기 싫어하거든 먹지도 말게 하라"(살후 3:10)고 했습니다. 놀고먹는 것은 죽는 것만 못합니다.

언제나 일하고 먹을 때에 음식이 살이 되고 또 맛도 있습니다. 일을 열심히 해 나갈 때 우리 속에 있는 고민과 잡념이 다 사라져 버립니다.

존 달라드는 이런 말을 했습니다.

> "공포는 여러 가지 이름과 모양을 가지고 있는데 근심, 염려 혹은 불안이다."

그렇습니다. 이런 것들이 우리 속에 있어서 자기 기능을 제대로 발휘하지 못하게 됩니다.

전에 유명한 한 실업가가 "나는 66세인데 나의 친구 중 심장병으로 죽은 사람이 많습니다. 나의 심장도 지금 뛰어오릅니다. 그런데 의사들의 말은 내 심장의 기관에는 아무런 이상이 없다는데 웬일입니까?" 하고 물었다는 것입니다.

공포증이 그의 심장을 자극하는 것입니다. 이런 고민과 잡념은 자신의 건강에도 손실이 오게 만들고, 모든 일을 제대로 하지 못하게 하는 것입니다.

이런 온갖 불행을 가져오는 고민을 물리치는 길 중의 하나가 일하는 것입니다. 어떤 이는 고민이 있거든 일하라고 했습니다. 좋은 말입니다. 일하는 중에 고민은 다 사라져 버리고 맙니다.

또 일을 열심히 하면 할수록 **기쁨이 있습니다.**

어려운 일을 했을 때 기쁨이 큽니다. 수고를 많이 하면 할수록 기쁨이 넘칩니다.

사도 바울은 "나는 선한 싸움을 싸우고 나의 달려갈 길을 마치고 믿음을 지켰으니 이제 후로는 나를 위하여 의의 면류관이 예비되었으므로 주 곧 의로우신 재판장이 그날에 내게 주실 것이며"(딤후 4:7-8)라고 말했습니다.

로마서 8장 18절에서는 "현재의 고난은 장차 우리에게 나타날 영광과 비교할 수 없도다"라고 말했습니다.

힘을 다해 일하는 사람에게는 현재에도 미래에도 항상 영광과 기쁨이 넘칩니다.

또 일하는 데서 **재주를 발전시킵니다.**

손으로 일하는 사람은 손재주가 자꾸자꾸 더 늘어갑니다. 머리로 일하는 사람은 머리가 점점 명석해집니다. 일하는 가운데 발전이 있습니다. 나면서부터 과학자가 되거나 시인이 되는 것이 아닙니다. 날마다 과학에 관한 일을 하다 보니까, 날마다 시를 생각하며 쓰다 보니까 과학자도 되고 시인도 되는 것입니다. 일하는 가운데서만 재주와 기능이 발전하는 것이고, 놀라운 결과를 가져올 수 있습니다.

또 일에는 반드시 **보상이 따릅니다.** 우리가 힘써 일하면 곡식이 많이 자랍니다. 힘써 일하면 새로운 다리도 생기고, 건물도 세워지게 되고, 힘써 일하게 되면 사회가 점점 더 발달하며 밝아지고, 살기가 편해집니다.

힘써 일하면 살림이 늘고 몸도 건강해집니다.

또 우리가 일하면 단잠을 잘 수가 있습니다. 하루의 피곤한 일을 한 후에 단잠을 잘 수 있습니다. 참 맛있는 잠이 듭니다.

일생에 일을 많이 하고 생을 마치면서 잠을 잘 때에 비로소 영원한 단잠을 잘 수 있을 것입니다.

더욱이 일하는 사람은 **좋은 감동을 줍니다.**

영화나 잡지가 주는 감동도 없는 것은 아니지만 일시적일 뿐입니다. 일하는 사람이 주는 감동이 큽니다.

나라를 위해서 일한 사람의 감동, 교회를 위해서 일한 사람의 감동은 전 인류에게 크게 빛납니다.

특히 남을 위해서 일하는 것은 더욱 행복한 일입니다.

성경에 "주는 것이 받는 것보다 복이 있다"라고 말씀했습니다.

즐거워하는 자와 같이 즐거워할 줄 알고 우는 자와 같이 우는 생활, 즉 서로 분담하는 생활은 행복의 요소입니다. 남을 위로하며 남을 기쁘게 해 주려고 갖은 애를 다 쓰면 반드시 나에게도 기쁨이 돌아오게 됩니다.

남의 마음을 아프게 하고 남을 한없이 괴롭히는 사람은 자연히 자기도 아픔을 당하게 되고 괴로움에 빠지게 되는 것입니다.

예수님께서 비유하신 말씀을 기억하시기 바랍니다.

어떤 사람이 예루살렘에서 여리고로 내려가는 도중에 불한당을 만나서 그만 유혈이 낭자하게 쓰러졌습니다. 제사장도, 레위 사람도 그냥 지나갔다고 했습니다. 그러나 도리어 원수지간이라고 할 수 있는 사마리아 사람이 그 사람을 살리느라고 온갖 고생을 다하며 도와주었습니다.

지나간 두 사람은 목적지에 빨리 갔을지는 모르겠으나, 성경에 명시한 대로 일생 아니 세상 끝날까지 그의 양심에 후회만 남을 것입니다.

인생 행로에 쓰러지고 넘어지는 사람이 너무도 많습니다.

이 사회에 굶주린 사람이 얼마나 많으며, 실직한 사람과 병든 사람, 그리고 외로운 사람들이 얼마나 많이 있습니까?

바로 이 인생의 길을 걸어가는 사람들이 홀가분하게 그저 지나가려고 하지 말고, 서로 분담해서 남을 도와주고 위로하며 유익을 끼치기 위해 최선을 다하는 것, 바로 이것이 우리가 살아가는 어간에 다시 없는 큰 행복의 요소가 된다는 사실을 기억해야 됩니다.

우리는 항상 수고하며 힘써 일하되 특히 남을 돕는 일에, 그리스도께서 명하신 일을 부지런히 하기 위해서 최선을 다해야 합니다. 그것이 우리 자신도 복되고 다른 많은 사람들을 복되게 하는 것입니다.

우리의 가정이 행복한 가정이 되기를 원하십니까?

지금까지도 그렇게 해왔겠지만, 이제와 미래도 그리스도의 분부대로 남을 위해서 힘껏 일하는 가정을 만들어야 할 것입니다.

마음의 평화가 있는 가정이 되어야 합니다.

전에 어떤 대학교수가 학생들에게 사람이 행복하게 되려면 어떤 요소가 있어야 하는지 목록을 적어 보라고 했더니 대체로 '건강, 연애, 애인, 재주, 명예, 지식, 물질' 등의 항목들이 나왔다고 합니다.

그 교수가 이것을 보고 하는 말이, 이 모두가 다 필요하고 좋은 것이지만 가장 중요한 것이 한 가지 빠졌다고 하면서 그것은 '마음의 평화'라고 말했다고 합니다.

그렇습니다. 아무리 돈을 많이 모았어도 마음의 평화가 없으면 불행한 가정이 됩니다. 아무리 높은 자리에 있어도 마음이 불안하고 양심이 괴로우면 그 가정은 불행합니다. 아무리 재주가 많고 지식이 뛰어나며 건강하다고 하더라도 양심의 불안 때문에 평안이 없다면 행복할 수 없습니다. 가장 중요한 것은 마음의 평안입니다.

그런데 이런 근본적인 참 평화는 어디서 오는 것입니까?

우리 인간의 방법으로는 도저히 이룰 수가 없습니다. 예수님께서 말씀하시기를 "평안을 너희에게 끼치노니 곧 나의 평안을 너희에게 주노라"(요 14:27)고 말씀하셨습니다. 참 평화의 복은 그리스도로부터 옵니다. "수고하고 무거운 짐 진 자들아 다 내게로 오라 내가 너희를 쉬게 하리라"(마 11:28)고 말씀하셨습니다.

우리는 모두 죄라고 하는 무거운 짐을 지고 있습니다. 죄 없는 사람은 한 사람도 없습니다. 그리스도 앞에 죄를 회개하고 사죄받을 때 마음의 참 평안이 오게 되는 것입니다.

우리는 모두 근심과 걱정이 많은 세상에서 살고 있습니다. 이 모든 것을 주께 맡겨 버리고 그리스도를 믿음으로 말미암아 오는 사죄의 참 평화가 있어야 할 것입니다.

그렇게 되었을 때 어떤 환경에서도 자족한 마음을 가지고 살 수 있게 되고, 그때에 행복한 생활을 할 수 있게 되는 것입니다.

폴 C. 페인 박사는 이런 말을 했습니다.

> "그리스도인이 가정을 가진다고 하는 것은, 사람에게 친절을 베풀고 규칙적으로 교회에 출석하며 훌륭한 인물들로 집안을 채우는 것과 차원이 다르다. 그리스도인의 가정이라고 하는 것은 그리스도를 알고 사랑하며, 그리스도를 받드는 장소가 되어야 하며, 자녀들이 부모를 통해서 그리스도를 알게 되는 곳이다.
>
> 그리고 그리스도인의 가정이란, 아버지가 자기의 사회적 야망보다는 먼저 자녀들에 대한 그리스도인으로서의 훈련을 행하는 곳이다. 아버지는 그리스도의 마음으로 자기 책임을 다할 것을 결심하고, 또 부모는 그리스도인의 높은 이상을 품고 사회생활을 하며, 그 눈은 항상 세상 끝 지평선 위에 서 계신 예수 그리스도를 바라보며 승리하는 것이 바로 그리스도인의 가정이다."

바로 이런 가정이 되었을 때 비로소 "네 집 안방에 있는 네 아내는 결실한 포도나무 같으며 네 식탁에 둘러앉은 자식들은 어린 감람나무 같으리로다"(시 128:3) 하신 복을 누리게 될 것입니다.

조셉 쿡은 "가정만 국가를 세울 수 있다"라고 했고, M. 몽테뉴는 "왕국을 통치하는 것보다도 가정을 다스리는 쪽이 어렵다"라고 했습니다.

국가를 잘 건설하는 것보다 가정을 바로 세우는 것이 보다 근본적인 문제인 동시에 더욱 중요한 것입니다.

이제 우리 모두는 그리스도 안에서 하나님을 경외하는 신앙의 가정, 부지런히 분부대로 힘써 일하는 가정, 그리고 속죄를 통해 오는 마음의 평화를 나누는 가정을 이룩해야만 되겠습니다. 그리하여 하나님의 거룩한 뜻을 이루어 나가는 행복한 가정이 되어야 할 것입니다.

경천애인
(광복주일)

마가복음 12:28-31

개미와 꿀벌처럼 집단생활을 빈틈없이 잘하는 존재는 없을 것입니다. 일사불란합니다. 명령 아래 어김이 없이 움직여 갑니다. 책임감이 철저하고 강합니다. 더욱이 근면하기 이를 데 없습니다. 놀고먹는 기생충 같은 존재는 하나도 없습니다. 거기에는 부정도 부패도 없고, 협잡도 사기도 없습니다.

그렇다고 개미나 벌의 세계를 이상적인 사회로 보지는 않습니다. 개미나 벌의 세계에는 진보도, 개량도 없습니다. 그들에게 있는 것은 오로지 자기들의 둥지뿐입니다. 자기들의 둥지에 다른 둥지의 개미나 벌들이 들어오면 냄새를 맡아 보고 당장 목을 자릅니다.

메델링이라고 하는 벨기에의 문사는 곤충 연구가이기도 한데 “개미나 벌은 하나하나가 마치 세포와도 같이 자연적으로 협력해서 일하게 되어 있다. 어떤 미지의 힘에 끌려 별로 의논 없이 자연통제가 되는 활동을 한다”라고 설명하고 있습니다.

우리 인간들이 사는 사회는 이와는 다릅니다. 자유의 두 손을 가지고 있습니다. 편리한 도구를 만들어냅니다. 말로써 서로 생각을 나누게 되어 있습니다. 문제를 가지고 있고, 또 통신수단을 통하여 긴밀하게 연락하도록 되어 있습니다. 그 도구와 말과 문자와 통신 기구를 최대한으로 활용해서 시간적으로 공간적으로 빠르고 넓게, 시대에서 시대로, 마을에서 마을로, 나라에서 나라로 서로 연결해 가며 사는 것입니다.

사람은 아홉 살쯤 되면 이웃을 그리워하게 되어 있다는 것입니다. 사회학 교과서 첫 장을 보면 사회집단론이라고 하는 설명이 나옵니다. 사회집단을 두 가지로 나누는 것입니다.

하나는, 자연집단의 공동체입니다. 가족, 민족, 마을, 도시, 국민 등과 같이 혈연과 지연에 얽혀 결합된 집단입니다. 다른 하나는, 기능집단과 결사입니다. 정당, 회사, 학교, 국가 등 어떤 특정한 목적이나 이해를 추구하기 위해서 인위적으로 묶인 집단입니다.

사람은 나면서부터 사회적 일원으로 태어나는 것입니다. 그런데 이 사회에 대해서 사회정책이니 사회주의니 하며 사회를 운운하고 있지만, 본질적으로 명확한 설명을 듣기가 매우 힘든 것이 사실입니다.

어떤 이는 "사회는 두 사람 이상의 인간이 만드는 단결이다"라고 말하였습니다. 뛰어난 사람이 많으면 사회가 잘 된다는 말일까요? 이 정의만 가지고서는 사회가 무엇이라고 말할 수 없습니다.

혹자는 "물질적 생산을 위해서 필요한 것이 사회"라고 설명하기도 합니다. 이는 개인소득이 자꾸 늘어가고 주택과 건물이 즐비해지며 산업 생산이 풍부해지면 사회가 그 기능을 다하는 것이고 사회로서의 목적을 달성하게 된다는 말일까요? 이것은 지극히 외부적 표준을 두고 하는 말인데, 매우 잘못된 사회관입니다.

이 시간 예수님의 말씀에 우리의 마음 문을 활짝 열어 놓고 귀를 기울이시기 바랍니다.

"첫째는…네 마음을 다하고 목숨을 다하고 뜻을 다하고 힘을 다하여 주 너의 하나님을 사랑하라…둘째는…네 이웃을 네 자신과 같이 사랑하라 하신 것이라 이보다 더 큰 계명이 없느니라"고 말씀하십니다.

예수님에게 있어서 신앙이라고 하는 것은 하나님을 사랑하고 사람을 사랑하는 일입니다. 그런데 이것은 둘이 아니고 하나입니다.

사람이 하나님을 사랑하고 있는 유일한 증거는 나 아닌 남을 사랑하는 것이라고 말씀하고 있습니다. 예수님께서는 요한복음 18장 36절에서 "내 나라는 이 세상에 속한 것이 아니니라"고 말씀하셨습니다.

그렇습니다. 예수님의 나라는 이 세상의 나라와 다른 나라인데, 오직 신앙과 사랑을 위한 하나님의 나라입니다. 예수님께서는 친히 사랑의 화신으로 세상에 오셔서 세상에서 일찍이 볼 수 없었던 사랑을 실천하고 사셨습니다.

나면서부터 약한 자의 벗이 되시고, 병든 자를 고치시고, 번민하는 자의 친구가 되시고, 어린아이를 가까이하시고, 가난한 사람들, 병든 자, 눈먼 자, 장애인들과 이방 사람들의 한없는 사랑의 이웃으로 사시다가, 마지막에는 자기 목숨을 십자가 위에서 희생하시기까지 하셨습니다.

예수님께서 십자가에 달리기 위하여 예루살렘으로 올라가시는 도중에 가장 아끼는 두 형제 제자의 어머니가 조용히 나와서 "주님의 나라에서 나의 두 아들을 하나는 주의 우편에, 하나는 좌편에 앉게 하소서"라고 요청한 때가 있었습니다.

이에 예수님이 대답하시기를 "오른쪽, 왼쪽, 좌정승, 우정승의 문제가 아니라 내가 마시는 고난의 잔을 마실 수가 있느냐"라고 물으셨습니다.

예수님의 요구는 어떤 영광을 누리거나 보상을 하기보다 앞서서 십자가를 지는 것 같은 고난의 잔을 마시기를 원하시는 것입니다.

스탠리 존스 박사의 매우 인상 깊은 이야기를 소개합니다.

> 월버라고 하는 해군 차관의 아들이 중국 선교사로 갔습니다. 그때 마침 중국에 유행하고 있는 발진티푸스를 막기 위해 그는 밤낮으로 수고하며 애썼습니다.
>
> 그런데 그만 불행하게도 자기 자신이 그 병에 걸려서 병실에 누워 있게 되었습니다. 때마침 임신 중인 한 부인이 입원 중에 있었는데 급히 자궁수술을 하지 않으면 안 되게 되었습니다. 이 수술을 할 수 있는 이는 월버 선교사밖에는 없었습니다.
>
> 그런데 몸이 극도로 쇠약해져 있고 열이 몹시 올라 있는 선교사가 자기의

약한 몸을 일으켜 최선을 다해서 그 부인의 수술을 했습니다. 부인과 아이는 살았습니다. 그러나 월버 선교사는 그만 세상을 떠나고 말았다는 이야기입니다.

이것이 예수님께서 원하시는 하나님 나라 백성의 모습입니다. 월버 선교사, 그는 작은 그리스도입니다. 월버 선교사, 그가 바로 진정한 의미에서 하나님의 백성답게 살아간 위대한 하나님의 일꾼입니다. 이런 사람들이 어두운 사회를 아름답게 만들 수가 있습니다.

오늘의 사회는 기술 구조로 변해 갑니다. 교사는 학교에서, 군인은 전쟁터에서, 상인은 시장에서, 농부는 농토에서, 배우는 극장에서 각각 개성을 살리며 달리게 되어 있습니다. 그리고 현대 공업화 물결이 엄청난 다량생산과 다량소비의 시대를 만들었습니다.

많은 사람들이 자꾸만 도시로 몰리고 있습니다. 인간은 마치 생산도구처럼 되어버렸고, 상품 소비를 위한 존재가 되고 말았습니다.

각 개성을 중심으로 하다 보면 극단의 자유 경쟁을 낳게 되어서 우리가 알지 못하는 사이에 쟁투의 사회로 변해 버리고 맙니다. 일종의 문명사회라고 하는 것은 가장 냉혹한 변태적 싸움의 전쟁터가 되고 맙니다.

그러므로 개인이 살고 사회가 사는 길은 오직 한 가지뿐입니다. 모든 인생이 그리스도 정신 그대로 하나님의 나라 백성이 되는 길입니다. 사회가 발달하면서 살벌해지고, 문명화되면서 냉혹해지고, 풍부해져 가면서 피 흘리게 되는 이 사회를 개조하며 변화시키고 살리려면, **하나님을 사랑하는 참된 증거로 이웃을 사랑하는 생활을 해야 합니다. 이것만이 각 개인이 바로 사는 길입니다. 우리 가정이 행복해지는 길입니다. 그리고 가정과 가정이 하나 되어 이 사회의 나아갈 길이 됩니다.**

우리 장로교회의 창시자인 칼빈 같은 분은 모든 생활의 중점을 인간 중심에 두는 것이 아니라 하나님 중심으로 두었습니다.

그가 한 말 중에 평범하지만 이런 말이 있습니다.

"상업이라고 하는 것은 무엇인가? 왜 장사를 하는 것인가? 당연히 돈을 모으기 위한 것이다. 그러나 참된 상업은 세상을 위해서 이웃들을 위해서 생산자로부터 물품을 모아다가 소비자에게 전해 주는 일이다. 그리고 그 수고의 대가로 당연히 보수를 받아서 그것으로 스스로의 생활을 영위해 가는 것이다. 그렇기 때문에 먼저 생각해야 될 것은, 그 물품이 사람들을 기쁘게 하는가, 사람들에게 유익이 될 것인가를 먼저 생각해야 한다."

그렇습니다. 우리가 하나님을 사랑하는 진정한 마음으로 이웃에게 유익을 끼치고, 이웃을 윤택하게 하고, 이웃과 더불어 기쁨을 나누며, 서로가 없어서는 안 될 존재가 되어 사랑을 직접 실천해 나가는 것이 인간이 바르게 사는 유일한 길이라는 것입니다.

오늘은 해방주일입니다.

잃었던 나라를 되찾은 후 우리는 오랜 연륜을 거듭하였습니다. 이 시간은 우리 모두가 그동안 경험하였던 그 기쁨과 우리가 바라던 그 기대처럼 이만하면 우리 사회는 아름다운 사회, 이만하면 나무랄 데 없는 사회라고 자인할 수 있겠느냐 하는 것을 점검해 볼 수 있어야 합니다.

생명의 근원 되시고 모든 인격의 기본이 되시는 예수 그리스도의 말씀대로 살지 않으면, 개인의 참된 이상과 희망도 나라와 민족과 사회가 바라는 아름다운 세계도 존재할 수 없다는 것을 결코 잊어서는 안 됩니다.

우리들의 사회가 진정으로 가장 보람 있는 사회, 아름다운 사회, 경건한 사회, 이상적인 사회, 그리고 평화와 자유와 번영의 사회, 기대하는 모든 사명을 다 이룰 수 있는 사회가 되기를 바란다면, **우리의 마음과 뜻을 다 쏟아서 하나님을 사랑하고 그 사랑의 증거로 이웃을 사랑합시다.**

이것이 인격적 사회 건설입니다. 도덕적 사회 건설입니다. 보다 근본적으로 신앙적 아름다운 사회 건설입니다. 우리의 눈물과 땀, 우리의 피를 그리스도의 정신에 의해 이웃을 사랑하는 생활에 바치도록 합시다. 그럴 때 우리 국가, 우리 민족이 장래 하나님의 뜻을 따르는 사명의 나라가 될 것입니다. 남북한이 합쳐져 이상적인 사회가 건설될 수 있을 것입니다.

감사 인생
(감사절)

골로새서 3:15-17

윌리엄 로가 감사하는 삶에 대한 매우 귀중한 말을 했습니다.

> "만일 어떤 사람이 인생의 행복과 만족을 찾는 가장 빠르고 확실한 방법을 묻는다고 하면, 어떤 사건이 일어나든지 그 사건에 대해서 무조건 하나님께 감사하고 찬양해야 한다고 대답하겠습니다. 왜냐하면 얼른 보기에는 불행한 재앙같이 보이는 일이라도 그것을 위해서 하나님께 감사하며 찬양하는 가운데 그 일이 축복의 결과가 되기 때문입니다. 거룩한 성자라고 하는 사람은 하나님 앞에 항상 감사할 줄 아는 사람입니다."

감사할 수 있는 생활이야말로 하나님의 자녀들만이 가지는 가장 고귀한 특권입니다.

예레미야 30장 19절을 보면 "감사하는 소리가 나오고 즐거워하는 자들의 소리가 나오리라 내가 그들을 번성하게 하리니 그들의 수가 줄어들지 아니하겠고 내가 그들을 존귀하게 하리니 그들은 비천하여지지 아니하리라"고 했습니다.

본문 골로새서 3장 15절에는 "그리스도의 평강이 너희 마음을 주장하게 하라 너희는 평강을 위하여 한 몸으로 부르심을 받았나니 너희는 또한 감사하는 자가 되라"고 말씀하였습니다.

오늘 이 시간에는 특별히 감사 생활에 대해서 다시 한번 살펴볼 수 있으면 감사하겠습니다.

먼저 예수 그리스도의 속죄로 말미암은 감사가 있어야 하나님을 대하는 참된 감사 태도라고 할 수 있습니다.

"나는 저 사람보다 건강하니 감사합니다. 나는 저 가정보다 부자이니까 감사합니다. 나는 저 사람보다 지식이 좀 더 많으니 감사합니다. 나는 저 사람보다 아들이 많으니 감사합니다. 나는 저 사람보다 사업이 썩 잘되니 감사합니다" 하는 식의 감사는 근본적인 감사가 될 수 없습니다. 이런 감사는 누구나 할 수 있는 감사입니다.

참된 감사는 예수 그리스도의 십자가로 말미암아 영원히 멸망 받을 수밖에 없는 사람들이 속죄 구원을 얻게 된 것을 감사할 때에 진정한 감사가 됩니다. 감사라고 하는 것은 사랑에 대한 응답입니다. 독생자까지 주신 참사랑에 대한 응답입니다.

이런 감사는 먼저 나 자신에 대한 참된 참회가 있게 되고, 무한한 겸손과 애통이 있고, 그리고 사죄와 구원에서 오는 감격이 북받치게 되는 것입니다.

하나님 앞에서 죄 된 자아가 완전히 분쇄되었을 때에 새로운 나 자신이 발생하게 되는 것입니다.

우리는 고기잡이 시몬을 흠모할 수가 없습니다. 그러나 그리스도로 인해서 세계를 구원하게 한 사도 베드로는 지극히 흠모합니다. 우리는 율법만으로 살던 바리새인 지도자 사울은 존경할 수 없었습니다. 그러나 그리스도로 말미암아 새로 지음받아 그리스도를 위해 목숨을 바친 전도자 바울은 무한히 존경합니다.

우리는 세속화된 생활에 물들어 타락에 빠졌던 막달라 마리아는 귀히 여길 수가 없습니다. 그러나 그리스도 안에서 중생을 받아서 경건한 생활을 한 막달라 마리아는 어떤 경우에서든 자랑할 수 있을 만큼 귀히 여길 수 있습니다.

우리는 장터에서 남을 괴롭히고 물건을 빼앗으며 공짜 술이나 얻어먹는 김익두는 칭찬할 수 없습니다. 그러나 예수 그리스도로 말미암아 크게 변화를 받아 권능을 행하며 많은 죄인을 회개시킨 김익두 목사는 자랑할 만한 지도자로 여깁니다.

우리 각자도 추하고 부끄러운 옛 생활을 청산해 버리고 생각조차 할 수 없는 새로운 하나님의 자녀로 변화시켜 주신 예수 그리스도로 말미암은 이 속죄 구원을 무한히 감사하는 것입니다.

감사는 신앙생활의 근본이라는 것을 기억합시다.

사람은 감사하는 마음이 있을 때 믿게 됩니다. 감사하는 마음이 있을 때 사랑하게 됩니다. 감사하는 마음이 있을 때 기쁨이 용솟음칩니다. 감사하는 마음에 비로소 평안이 찾아옵니다. 감사하는 마음이 늘 넘치는 사람은 덕성도 점점 높아집니다.

남에게 나누어 주는 생활을 하게 되고, 말 한마디라도 남에게 유익을 주려고 하며, 남들과 화평하고 경건한 생활을 하게 되는 것입니다. 그리고 늘 감사가 넘칠 때 감격과 찬미가 그치지 않습니다. 감사가 지속될 때에 간절한 기도가 계속됩니다.

감사가 넘칠 때 하나님의 말씀을 우리 귀가 아닌 우리의 깊은 골수에 받게 됩니다. 감사가 넘칠 때 나의 소유와 나의 전부를 하나님 앞에 바칠 수 있게 됩니다. 그러므로 감사야말로 신앙생활의 가장 기본이 되는 것입니다.

또 생각할 것은, 감사하는 심령은 하나님의 축복을 더 받는다는 것입니다.

이런 재미있는 이야기가 있습니다.

한 엄마가 매일 저녁 어린 자식을 자리에 눕히기 전에 기도를 시키고 잠을 재웠습니다. 그런데 하루 저녁은 아이가 하는 말이 "엄마, 나는 하나님께 특별히 무슨 부탁할 것 없는데" 하며 기도하기를 좋아하지 않았습니다. 그러자 아이 엄마가 "아 그래, 그러면 부탁하지 말고 하나님께서 주신 것을 하나하나 이렇게 꼽으면서 감사하는 기도를 드리고 잘까? 그럼 그렇게 해보자" 하고 말했습니다. 아이는 처음엔 그리 기분이 좋지 못했습니다. 아주 뾰로통한 마음으로 시작이 되었습니다.

그러나 점점 달라졌습니다. "하나님 아버지, 팽이를 주셔서 감사합니다. 모자를 주셔서 감사합니다. 그리고 튼튼한 팔다리를 주셔서 감사합니다. 어떤 사람은 병원에 입원해서 몹시 앓고 있는데, 몸이 건강한 것도 감사합니다. 어떤 사람은 장님이 되어서 지팡이를 휘두르면서 더듬으며 다니는데, 나는 잘 보게 해 주셔서 참 감사합니다. 남의 부모님들은 매일 싸우고 술먹고 하는데, 우리 아빠 엄마는 하나님을 잘 섬기고 우리를 사랑하게 해주시니 감사합니다" 하고 자꾸 생각해 가면서 "감사합니다, 감사합니다" 하고 또박또박 기도를 드렸습니다.

기도를 마친 다음에 이 아이는 아주 화기가 도는 얼굴로 "엄마! 하나님은 굉장히 고마운 분이셔"라고 말했다는 것입니다. 비단 감사는 이 어린아이만 할 수 있는 게 아닙니다.

우리 모든 인생이 항상 감사하는 가운데 하나님 안에 살게 되면 더 많은 사랑, 더 많은 기쁨, 더 많은 화평, 더 큰 인내, 그리고 더 무한한 은혜를 힘입게 해 주십니다.

굴몬이라는 분은 "감사의 생각은 우유와도 같아서 그것을 넣은 용기가 매우 깨끗하지 않으면 변질되기 쉽다"라고 말했습니다.

그렇습니다. 우리 모두에게 감사의 마음이 없지 않으면서도 큰 축복을 받지 못하는 이유는, 우리들의 감사 생활이 철저하지 못하고 때가 늦어서 감사를 변질시키고 있기 때문입니다.

불행과 저주스러운 일이 불평과 불만에서 초래된다고 하면, 늘 마음에서부터 우러나오는 감사가 넘칠 때 무한한 축복이 우리에게 임한다고 하는 것을 기억하셔야 하겠습니다.

감사하는 심령은 큰일을 이룰 수 있습니다.

성경을 보면 "즐거움으로 주를 섬기라"고 했습니다. 감사와 기쁨이 우리 인생으로 하여금 큰일을 하게 하는 원동력이 된다는 뜻입니다. 부모의 은덕에 감사하는 자녀가 효를 실행할 수 있으며, 나라의 은택을 느끼는 사람이 애국자가 될 수 있습니다. 은인을 위해서는 목숨과 피를 아끼지 않고 바칠 수 있습니다.

J. 하럴드 스미스 박사는 "영적 감사의 멜로디로 가득 찬 마음은 주를 위한 수고를 쉽게 하며 빠르게 한다"라고 말했습니다.

성경에 사마리아 여인은 좋은 생활을 하지 못했습니다. 하지만 예수님을 만나 죄 사함의 구원의 복음을 만나자 감격이 벅차서 당장 마을로 달려가 복음을 받기 어려운 사마리아 촌에 제1차 영적 부흥을 가져오는 도화선이 되었습니다.

《미국 민주주의》를 저술한 저작자는 미국 여러 대통령의 역사를 기술해 가는 중에 "그릿치나 하딩같이 미끈하게 일생을 지내온 사람들은 미국 역사에 별로 남긴 것이 없지만, 링컨이나 가필드 같은 사람은 가난에 쪼들리고 고생을 많이 하였으며, 성장할 때까지 알파벳을 제대로 배울 기회가 없었고 남의 집 고용살이를 하였지만, 오히려 그들이 미국 역사에 공헌한 바가 많았다"라고 말하고 있습니다.

사람은 조건이 좋다고 큰일을 많이 하거나, 여유 있게 산다고 유익한 일을 많이 하는 것이 아닙니다. 하나님의 은혜를 알고 감사하는 정신이 철두철미할 때 많은 사람을 유익하게 하며 불멸의 공헌을 끼칠 수가 있습니다.

또 우리는 감사 생활의 비결도 생각해야 되겠습니다.

어떻게 하면 감사 생활이 되는지 그 비결을 아셔야 됩니다.

먼저 생각해야 할 것은, 제1원인, 즉 하나님의 손, 하나님의 뜻을 언제나 바라봅시다.

흔히 세상 사람들은 제2, 제3원인만을 볼 줄 압니다. 배후에 숨겨져 있는 제1원인, 첫째가는 원인인 하나님의 뜻, 하나님의 손을 보지 못합니다.

가령 요셉은 형들에 의해 애굽에 팔려가서 비참한 노예 신세가 되고 말았습니다. 어떻게 감사할 수 있겠습니까? 형들을 원망해야 마땅하고, 복잡한 집안 사정을 불평해야 했을 것입니다. 그러나 먼 훗날 애굽의 총리대신이 되었을 때 형들을 만나서 하는 말이 "당신들이 나를 이곳에 팔았으므로 근심하지 마소서. 하나님이 생명을 구원하시려고 나를 당신들 앞에 보내셨습니다"

라고 말했습니다.

요셉은 첫째 원인, 제1원인인 하나님의 손을 보고 있었기 때문에 오히려 한없이 원망했어야 할 모든 환경 속에서 감사할 수 있었습니다.

구약의 욥 같은 이는 적의 침입으로 막대한 재산을 하루아침에 잃었습니다. 천재지변으로 10남매의 자녀와 사별하게 되었습니다. 불의의 질병으로 고통을 한없이 받았습니다. 친구들은 오해하였고, 아내는 저주하였습니다.

이런 상황에서 어떻게 감사할 수 있겠습니까? 자연재해를 원망하고, 사람들을 원망하고, 친척을 원망하고, 골육을 원망하고, 환경을 원망해야 했을 것입니다. 그러나 욥은 제1원인, 즉 첫째 원인이 되는 하나님의 손을 우러러보며 그 뜻을 찾았습니다.

그러므로 그런 역경 속에서도 깊은 감사를 드릴 수가 있었습니다. 고난 후에 그는 배나 되는 큰 축복을 받았습니다. 언제나 하나님의 섭리를 바라볼 줄 아는 사람은 감사 생활을 할 수 있습니다.

영국에 유명한 신앙인 길본 목사는 돈독한 전도자였습니다.

그는 언제나 감사하는 마음으로 전도에 힘썼습니다. 당시에 영국은 악명 높은 메리 황제의 종교 핍박으로 특히 칼빈주의적인 신앙인 퓨리턴들이 많이 학살을 당하고 옥에 갇혔습니다.

그런데 그는 큰 도시는 아니지만 산간 벽촌의 조그만 마을로 돌아다니면서 사람들이 모인 곳이 있으면 “지금이야말로 예수 그리스도를 믿고 복음대로 살아야 할 때입니다. 사죄와 구원을 받아야 합니다”라고 부지런히 외쳤습니다.

이 소문이 궁전에까지 전달이 되었습니다. 메리 여왕은 대노해서 그를 당장 찾아 체포해 끌고 오라고 명령을 내렸습니다. 군인들이 그를 찾다가 전도하는 길본 목사를 만났습니다.

“지금이 어느 때라고 함부로 돌아가면서 전도를 하느냐? 당장 체포하겠다.”

길본 목사는 놀라지도 않으면서 “감사합니다. 그저 모든 일은 하나님의 섭리 속에 이루어지는 것인데, 뭐 염려하지 않습니다”라고 대답했습니다. 군인들은 "이제 당신은 끌려가면 총살형인데 그래도 감사하다는 것인가? 지금이라도 늦지 않았으니 신앙을 버리고 우리가 하라는 대로 하면 보고해서 사형은 면해 주도록 하겠다" 하고 으름장을 놓았습니다.

길본 목사는 "이래도 저래도 하나님의 은혜에 감사할 뿐입니다. 체포를 하시든지 마음대로 하세요"라고 했습니다. 마침내 그는 끌려가게 되었습니다. 군인들은 말을 타고 마차를 탔지만 길본 목사는 팔이 묶인 채로 질질 끌려갔습니다. 며칠을 끌려갔습니다. 발에서는 피가 나고, 자꾸 엎드려져서 무릎이 다 까지고, 온몸의 맥이 다 빠지고 말았습니다. 마차 뒤에서 질질 끌려갈 수밖에 없는 아주 참혹한 상황에서 그의 전신은 온통 찢기고 피투성이가 되었습니다.

그때 군인들이 "당신은 이제 죽게 되었는데 그래도 감사하는 것이요?"라고 물었습니다. 길본 목사는 정신이 있으면 "그저 범사에 감사합니다"라고 하였습니다.

군인들이 "여보시오, 그래도 뭐가 감사하다는 말이오?"라고 그를 조롱하였지만 길본 목사는 정신이 있는 한 "하나님의 섭리는 무엇이나 감사할 뿐이오"라고 했습니다.

결국 길본 목사는 발을 옮길 수가 없게 되었습니다. 아무래도 이대로 가면 궁중에 가기 전에 목숨이 끊어질 것 같아서 도중에 병원에 입원을 시켰습니다. 그래서 며칠 동안 치료하게 되었습니다. 상처를 하나하나 조금씩 치료하고 있었습니다. 그런데 그동안에 메리 여왕이 세상을 떠났습니다.

엘리자베스 여왕이 즉위하였습니다. 이것이 1558년입니다. 엘리자베스 여왕은 독실한 기독교 신자였습니다. 신앙 때문에 갇혀 있던 많은 사람들을 다 석방해 주었고, 길본 목사의 일을 알고 나서 후히 갚아주었습니다.

길본 목사는 몸이 나아서 일어나는 그때에도 "나의 몸이 상한 것도 다 유익했다. 그저 감사할 뿐이다" 하고 다시 한번 하나님께 찬양을 올렸다는 것입니다.

과거에도 현재에도 아니 영원한 미래에도 단 한 번도 악의로 다스리지 않으시는 사랑의 하나님께 인생을 모두 맡기고, 그의 하시는 일에만 복종하는 생활이 곧 감사의 생활입니다.

"무엇을 하든지 말에나 일에나 다 주 예수의 이름으로 하고 그를 힘입어 하나님 아버지께 감사하라"(골 3:17) 하는 말씀이 바로 이 말씀입니다.

감사의 비결 또 하나를 생각한다면, 내게 주신 것을 감사함으로 하나님께 바치는 생활이 곧 감사 생활입니다.

우리는 1년 경작해서 얻어지는 오곡백과를 하나님이 주신 것이니 감사합니다. 그렇게 바치면서 추수 감사를 드립니다. 어찌 오곡백과만 하나님께서 주신 것이겠습니까? 우리 것은 무엇이나 전부 하나님께로부터 받은 것입니다.

생명도 내 것이 아니라 하나님의 것입니다. 건강도 내 것이 아니라 하나님의 것입니다. 시간도 내 것이 아니라 하나님의 것입니다. 지혜도 내 것이 아니라 하나님의 것입니다. 양심도 내 것이 아니라 하나님의 것입니다. 가족도 내 것이 아니라 하나님의 것입니다. 직업과 사업도 내 것이 아니라 하나님의 것입니다.

우리가 쓰는 물질과 재산도 내 것이 아니라 하나님의 것입니다. 신앙도 내 것이 아니라 하나님의 것입니다. 성령도 내 것이 아니라 하나님의 것입니다. 우리가 섬기는 이 교회도 내 것이 아니라 하나님의 것입니다. 우리 국가도 내 것이 아니라 하나님의 것입니다. 우리 겨레도 내 것이 아니라 하나님의 것입니다.

그러므로 하나님께 바쳐서 하나님께서 나에게 주신 목적대로 사용하는 것이 곧 감사 생활입니다.

여러분, 한번 생각해 보세요. 만약 하나님께서 주시지 않고 사람이 주었다고 가정한다면 얼마나 불안합니까?

가령 내 생명도 하나님이 주신 생명이기에 천하보다도 더 귀한 값비싼 영원한 가치가 있는 것이지, 만약 사람들이 만들어 준 생명이라고 한다면 얼마나 날조와 허위로 조작이 되었겠습니까?

이 지혜도 하나님이 주신 지혜이니까 귀중하고, 양심도 하나님이 주신 것이니까 귀중한 것입니다. 그런데 사람들이 만들어서 주는 재료라면 무슨 값어치가 있겠습니까. 저 하늘의 빛나는 태양, 늘 심어도 변함이 없이 곡식을 내주는 무한한 자원을 가진 풍요로운 땅, 저 드넓은 바다, 봄이 되었다가 별안간 겨울이 오지 않는 질서 있는 계절, 어느 것이나 하나님이 주신 것이기에 귀중한 것이지, 사람들이 만들어 나에게 제공해 준 것이라면 무슨 값어치가 있겠습니까?

이렇게 변함없는 사랑으로, 위대한 섭리로, 우리에게 주어진 일체의 것을 가지고 하나님께 바쳐서 하나님이 주신 목적대로 사는 것이 감사 생활입니다.

하나님의 위대한 섭리 속에 우리에게 주신 재료를 주신 목적대로 살지 않고 자신의 마음대로 살기 때문에 실패가 오는 것이고, 범죄가 오는 것이고, 결국은 멸망의 구렁텅이에 빠지게 되는 것입니다.

사고도 감사, 팔고도 감사, 얻고도 감사, 잃고도 감사, 실패하고도 감사, 성공하고도 감사, 건강하고도 감사, 병들고도 감사, 아들을 낳고도 감사, 딸을 낳고도 감사, 젊어서도 감사, 늙어서도 감사…모두 바칩시다.

우리의 전 생애를 하나님이 주신 것으로 알고, 주신 하나님의 목적대로 그분께 바칩시다.

구원의 소식
(성탄절)

누가복음 2:1-14

하나님의 독생자 예수 그리스도께서 이 세상에 오신 성탄이야말로 전 세계 아니 전 우주가 기뻐할 사건입니다. 예수님이 오시던 때의 일을 생각하면 생각할수록 놀라운 기쁨의 큰 은총이 임했음을 알 수 있습니다.

본문 기록대로 보면, 예수님께서 오시던 때는 로마 황제 아우구스도가 호적령을 내렸을 때입니다.

예수님이 세상에 오실 때 로마제국을 통치하던 황제는 아우구스도였는데, 그는 매우 뛰어난 군인이면서 놀라운 정치가였습니다. 국력을 높이고 권세를 떨치기 위해서 인두세를 받으려고 호적령을 내렸습니다.

산촌 나사렛에 사는 요셉과 마리아는 조상의 고향인 베들레헴에 호적 신고를 하러 갔다가 그곳에서 해산하게 되어 예수님께서는 베들레헴에서 탄생하시게 되었습니다.

좋은 대조를 보이는 장면이기도 합니다.

역사상 가장 뛰어난 영웅 아우구스도는 훌륭한 통치자로 천하를 호령하고 인민을 등록시키면서 황금을 거두어들일 때, 만왕의 왕이신 예수 그리스도는 만민의 죄를 대속하실 목적으로 세상에 오시되 가장 낮고 천한 마구간으로 오신 것입니다. 그러나 오랜 역사가 지난 오늘에 와서 보니, 아우구스도의 자취도 대로마의 번영도 그 영화도 모두 사라져 버리고 말구유에 나셨던 예수 그리스도만 세계를 지배하고 있습니다.

'강자가 이긴다. 권세로 세상을 지배한다. 황금이면 모든 것을 해결할 수 있다'는 철학이 다 무너져 버리고 '결국은 사랑이 승리한다. 낮은 자리를 찾는 겸손이 인생의 기본이다. 영적 문제가 근본적인 문제이다'라고 하는 진리를 보여주었습니다.

톨스토이는 말하기를 "인류의 모든 불행은 흉작이라든지, 큰 화재라든지, 악인들의 악행에서 오는 것이 아니라 우리들이 하나로 합하지 못하는 데서 발생하는 것이다. 더욱이 우리가 우리 내부에 깃들이고 있는, 우리 인생을 융합 일치시키도록 인도하는 사랑의 소리를 믿지 않기 때문에 개개 별별의 생활을 하는 것이다"라고 했습니다.

에픽테토스도 말하기를 "말은 빨리 뛸 수 있는 다리로 자기의 원수로부터 피하게 한다. 따라서 말에게 있어서 불행은 닭처럼 아름다운 소리를 내지 못하는 것이 아니라 그에게 주어진 그 보배, 즉 빨리 뛸 수 있는 주력을 잃었을 때이다.

개에게 가장 중요한 보배는 빠른 감각이다. 이것을 잃었을 때 개는 불행해진다. 하늘로 높이 날 수 없는 것이 개의 불행이 아니다. 이와 마찬가지로 우리 인생은 곰이나 사자나 흉악한 사람을 육체적으로 제거할 수 없는 것이 불행이 아니라, 각자에게 내려주신 가장 귀중한 보배, 즉 영적 천성인 사랑할 수 있는 능력을 잃었을 때 불행하다.

우리에게 가장 큰 비극은 내가 죽는 일이나 재산을 잃어버리는 일이나 집이나 토지를 갖지 못하는 것이 아니다. 이것들은 내게 속한 것이 아니기 때문이다. 나에게 있어서 최대의 비극은 내가 가진 참된 능력, 즉 사랑할 수 있는 힘을 잃어버렸을 때이다"라고 말하였습니다.

성경은 "하나님은 곧 사랑이시라"(요일 4:8)고 하였습니다. 또 "하나님이 세상을 이처럼 사랑하사 독생자를 주셨으니"(요 3:16)라고 말씀했습니다.

예수님께서는 이 세상에 오실 때 하나님의 사랑을 그대로 가지고 그 사랑을 주시려고 오셔서, 자신을 온전히 희생하시면서까지 그 사랑을 쏟아부으셨습니다. 바로 그리스도로 말미암아 나타난 하나님의 사랑이 아니면 이 세상이 말하는 온갖 사랑은 다 문란해지는 것이고, 세상 사람들이 가장 귀히 여기는 문화는 타락에 빠지게 되는 것입니다.

인간계에 있어서 가장 귀중한 것은 바로 하나님의 근본 속성인 거룩한 차원의 그 사랑입니다. 인류는 그리스도의 참사랑 속에서 불행을 벗어 버리고 진정한 행복을 되찾게 되었습니다.

크리스마스를 맞는다고 하는 것은 우리 각자와 가정과 사회와 나라, 그리고 인류 전체가 이 그리스도의 위대한 참된 사랑을 받는 것을 의미합니다.

하나님은 법칙의 하나님도 아니시고, 이상으로서의 하나님도 아니시며, 또 절대로서의 철학상의 하나님도 아니십니다. 하나님은 사랑 속에, 아니 사랑 그 자체로서의 생명의 힘이 되시는 분입니다.

하나님은 사랑으로 우주와 만물과 인생을 창조하셨습니다. 그리고 그 사랑 속에서 가지는 위대한 영계의 사귐을 허락하셨습니다.

이 우주 안에 있는 모든 일체는 바로 하나님의 이 위대한 사랑으로써 유지 보전이 되고 있습니다. 그래서 하나님은 만 권의 서적에서 찾을 수 없고, 하나님은 물질 구조의 원리로서 해명되는 것도 아니며, 하나님은 우리 인간들의 사색에서 얻어지는 것도 아닙니다. 바로 하나님은 그리스도로 말미암아 나타난 이 위대한 사랑을 실천하는 그곳에서 뵈옵게 되고, 하나님으로 말미암아 온갖 은총을 누리게 되는 것입니다.

금년 성탄절을 맞이하는 우리 성도들은 어린 소자에 이르기까지 답답하고 쓸쓸하고 고독하며, 뭔가 힘을 잃어버린 우리 사회에 그리스도로 말미암아 나타난 이 위대한 사랑을 전하는 성탄이 되기를 바랍니다.

본문을 보면 여관에 있을 곳이 없었다고 기록되어 있습니다.

작은 고을 베들레헴에 별안간 인파가 몰려들어 숙박에 곤란이 왔습니다. 주민들은 돈 모을 좋은 기회가 왔다고 생각하고 부자와 귀인 같은 인물들은 안방에다가 모시고, 요셉과 마리아는 초라한 촌민 같으니까 거절을 해서 할 수 없이 마구간에서 밤을 지낼 수밖에 없었습니다.

만약 가이사 아우구스도가 이 베들레헴에 왔었다고 하면 굉장한 환영을 받았을 것입니다. 그런데 천지를 창조하시고 만물을 주관하시는 만왕의 왕이 그가 지으신 자기 땅에 오셨는데 영접하는 자가 없었습니다. 도리어 헤롯 왕 같은 이는 예수님 나신 소식을 듣자마자 죽이려고 했습니다.

욕심의 눈을 가진 베들레헴 사람들은 그리스도를 영접할 수 없었습니다. 왕위를 빼앗길까 봐 두려운 헤롯은 그리스도를 죽이려고까지 했습니다.

예수님은 물질을 빼앗거나 왕위를 빼앗으러 오신 분이 아닙니다. 예수님은 왕이시지만 남을 멸하고 점령하시는 분이 아닙니다. 예수 그리스도를 배척한 베들레헴의 주민과 헤롯은 불행해졌습니다. 예수 그리스도야말로 우리 모두가, 아니 전 인류가 영접해야 할 왕이십니다.

빅토리아 여왕은 예수님을 영접하여 자신을 다스리는 왕으로 모셨기 때문에 영국을 부강하게 만드는 위대한 통치자가 된 것입니다.

조지 워싱턴도 예수님을 영접하여 자기를 다스리는 왕으로 삼았기 때문에 근세에 가장 위대한 만주국가인 미국을 세울 수 있었습니다.

비단 통치자들뿐만이 아닙니다. 철학, 문학, 예술, 과학, 경제, 군사, 문학 모든 면에 종사하는 사람들이 나 자신을 지배하고 주관해 주시는 왕으로 그리스도를 영접할 때에 위대한 역할, 놀라운 역사를 창조할 수가 있습니다

금년에 우리는 크리스마스를 맞되 우리 각자가 마음 중심에 주님을 왕으로, 우리 가정의 중심에 그리스도를 통치자로, 아니 우리 국가와 민족 나아가서 전 인류가 그리스도를 왕으로 모셔서 옛사람이 아닌 새사람으로, 실패와 낙후된 생활이 아닌 고상하고 위대한 변화된 생활을 해야만 되겠습니다.

유명한 슈바이처 목사의 말이 생각납니다.

> "예수님께서는 이 세상에 오셔서 전등을 만들거나 비행기를 만드신 것이 아니다. 다만 우리 인생을 죄에서 구속하셨기 때문에 전 세계를 개조하셨다."

옛 생활을 벗어 버려야 우리 개인과 가정, 그리고 민족이 이런 고차원의

위대한 결실을 기대할 수 있습니다. 그것은 오로지 예수 그리스도를 우리 안에 모시는 일입니다.

목자들에게 천사들이 기쁜 소식을 전했다고 했습니다.

예수님 당시 목자들은 불우한 노동자들이었습니다. 양을 잘 먹일지라도 칭찬해 주는 사람이 없고, 어쩌다가 한번 잘못하면 욕먹고 매 맞고 쫓겨나는 신세였습니다. 해가 뜨면 양 떼를 몰고 산과 들로 나가야 하고, 밤이 되면 우리에 몰아넣고 맹수와 도적이 침입할 때 목숨 걸고 싸워야 하는 노동자들이었습니다.

목자들처럼 가련한 존재가 없었고, 목자들처럼 자유 없는 불쌍한 존재가 없었습니다. 누구도 목자에게 자유를 줄 사람이 없었습니다. 그럴 때에 천사가 찾아와서 그들에게 먼저 기쁜 소식을 전해 주었습니다

> "내가 온 백성에게 미칠 큰 기쁨의 좋은 소식을 너희에게 전하노라 오늘 다윗의 동네에 너희를 위하여 구주가 나셨으니 곧 그리스도 주시니라"(눅 2:10-11).

그 당시 목자가 들을 수 있는 기쁜 소식은 하나도 없었습니다. 그런데 천사가 바로 이 소외된 목자들에게 먼저 찾아와서 기쁜 소식을 전해 준 것입니다. 목자들은 너무나 놀라고 흥분했습니다. 그 즉시로 밤길을 헤치며 일러주신 장소로 찾아갔습니다. 그곳에서 강보에 싸인 어린 아기 예수님께 경배를 드리고 명하시는 대로 만방에 나아가 메시아 탄생의 기쁜 소식을 전파했습니다.

크리스마스는 가장 불우하고 불쌍한 사람들, 자유도 없고 이름도 없는, 비극을 온몸에 당하고 있는 많은 가련한 사람들에게 이 땅에서는 찾아볼 수 없는 가장 놀라운 환희의 소식을 가져다주는 복된 절기입니다.

바라건대, 자유도 없고 마음껏 하나님을 경외하지 못하는 북한의 공산 치하에 살고 있는 제2의 목자들에게 금년 크리스마스를 기하여 천사들의 기쁜 소식이 먼저 미치기를 소망합니다.

외국의 이야기입니다. 화폐 위조죄를 저지르고서 체포되어 감옥에 갇혀 있는 한 남편이 찾아오는 아내에게 이혼장을 내주면서 "나 같은 몹쓸 놈은 깨끗

이 잊어버리고 좋은 남편을 새로 만나서 행복하게 살기 바란다"라고 말했습니다. 아내가 이혼장을 손에 잡고 보니 한없이 슬펐습니다. 비록 남편이 범죄했을지라도 이혼하고 싶은 마음은 없었습니다. 그렇다고 범죄해서 실형까지 받은 남편이 그대로 만족스러운 것도 아니었습니다. 마음이 매우 괴로웠습니다.

그런데 그때 아내의 마음속에 문득 번개처럼 떠오르는 생각이 있었습니다. 어렸을 적 크리스마스 때 "하나님은 죄인을 구원하기 위해서 예수 그리스도를 보내셨다. 예수 그리스도를 믿으면 죄로 인해 멸망 받지 않고 새로운 사람이 되어서 놀라운 일을 할 수 있다" 하던 말씀이 생각났습니다.

그래서 그 남편에게 "나는 당신이 어떤 형편에 처했더라도 당신을 떠나고 싶지 않아요. 그러니 이혼장 같은 것은 가져가세요" 하고 되돌려 주었습니다.

그리고 그녀는 교회를 찾아갔습니다. 목사님에게 단도직입적으로 이렇게 물었습니다. "타락하고 희망 없는 죄지은 그 쓸모도 없게 된 인간도 변할 수 있겠습니까? 이 불쾌하고 답답한 생활을 벗어나서 또 한 번 새롭게 살아갈 수 있습니까?"

목사님은 찾아온 이 자매에게 친절하고 자세한 설명으로 복음을 전했습니다. 이후 그녀는 예수 그리스도를 믿기로 결심했습니다.

성경책과 신앙 안내에 대한 여러 책자를 받아서 자신만 읽는 것이 아니라 남편에게도 보냈습니다. 그리고 이 부인은 그 시간부터 열심히 기도하기 시작했습니다. 자신의 죄를 고백하고, 또 지금 죄를 지어 생을 실패하고 좌절에 빠져서 이제는 무엇을 하고자 하는 의욕마저 상실한 남편을 위해서 "그의 죄를 용서해 주소서. 그에게 새로운 용기를 주소서. 새로운 변화를 입혀 주소서" 하고 간절히 기도했습니다.

며칠 후에 감옥에 있는 남편으로부터 그 교회 목사님에게 편지가 왔습니다.

"범죄하고 형무소에 있는 저는 아내를 통해서 차입해 주신 성경책과 또 다른 서적을 열심히 읽고 있는 중에 하나님께서 나 같은 사람도 사랑하신다고 하는 것을 알게 되었습니다. 이제는 나의 모든 과거의 죄를 고백하는 동시에, 예수 그리스도를 믿고 그 안에서 사죄함을 입기 원하는 간절한 마음과 믿음을 갖게 되었습니다.

이제 아내의 심정도 목사님의 뜻도 모두 발견하게 된 것 같습니다. 지금까지 예수님께서 나의 죄를 대속해 주었다고 하는 사실을 꿈에라도 생각해 본 일이 없었습니다. 저는 이제 정말 영의 눈을 뜨게 되었고, 새사람이 되어서 그리스도로 말미암은 하나님의 참 아들이 되기를 원합니다. 더욱 믿음을 얻도록 도와주시기를 바랍니다" 하는 내용이었습니다.

그는 3년 형기를 다 마치고 나왔습니다. 그리고 교회 생활을 그 누구보다 열심히 하여 세례를 받았고, 그 가정은 그리스도의 속죄와 변화로 사랑이 가득 차고 넘치는 보기 드문 모범 가정이 되었습니다. 전에는 찾아볼 수 없었던 무한한 기쁨과 아름다운 경건이 가득한 훌륭한 가정이 되었습니다.

크리스마스는 이렇듯 생의 실패로 타락된 개인과 낙심에 빠진 가정과 사회 속에 위대한 구원으로 임하여 새롭고 놀라운 자유를 베풀어 주시는 날입니다.

예수 그리스도를 영접합시다.

그를 통해서 나타난 위대한 사랑을 우리 모두가 가득히 받아 실천합시다. 예수님을 영접하여 우리 마음대로 잘못 살아가며 좌로나 우로나 치우치던 모습을 버리고, 예수님의 다스림을 받아 그가 우리의 왕이 되고 인류의 왕이 되어 주시는 날이 이루어지는 위대한 변화를 체험합시다.

그리고 죄로 인해 실패했던 우리 개인과 공동체가 예수 그리스도를 영접함으로써 죄에서 해방되고 영적인 참 자유인이 되어 이 땅에 하나님의 나라를 건설합시다.

참 제자의 길
(제자훈련)

마태복음 9:9-13

이슬람교도들의 격언 중에 "만약 산이 움직였다고 하더라도 그것은 믿어라. 그러나 사람의 성격이 변하였다는 말은 믿어서는 안 된다"고 하는 말이 있습니다. 인간의 변화는 불가능하다고 하는 말일 것입니다.

그런데 예수 그리스도께서는 세상에 오셔서 이 불가능을 가능하게 하셨습니다. 세계적으로 알려진 전도자 스텐리 존스 목사는 이 세상에는 순전한 기적이 네 가지가 있다고 했습니다.

"첫째는, 세상에 생명이 생기게 된 것이다.

둘째는, 사람이 의식을 갖게 된 것이다.

셋째는, 나사렛 예수 그리스도가 세상에 오신 것이다.

넷째는, 새로운 피조물이 되는 신생(거듭남)의 기적이다."

사실 이 네 가지는 인간의 힘으로는 전혀 어떻게 할 수 없는 일인데, 예수님께서 우리들에게 이 놀라운 기적을 이루어 주십니다.

오늘 본문의 말씀 속에서 실제적으로 놀라운 한 예를 찾아볼 수 있습니다. 레위라고 불리는 마태로 그는 세리였습니다. 마태는 유대인으로 출생한 사람이지만 조국을 정복한 적국 로마의 정부에 고용이 되어 불행에 빠진 자기 민족에게서 내기 싫어하는 세금을 빼앗아 적국 정부에 가져다 바치는 사람이었습니다.

그는 우선 자기를 잃었습니다. 해만 뜨면 세관에 앉아서 애굽이나 다메섹을 왕래하는 대상들의 보따리를 샅샅이 조사해서 중한 세금을 메워 바쳤습니다.

부하 직원들에게, 다리를 지나는 사람에게는 도교세, 길을 지나가는 사람에게는 도로세 및 통행세, 항구에 들어오는 배는 입항세, 시장을 사용하는 사람들에게 시장세, 거리로 들어오는 사람들에게는 입시세, 우차를 끌고 돌아오면 차량세, 나귀나 말을 사용하면 동물세, 그리고 남자 14세 이상 65세까지, 여자 12세 이상 65세까지 인구대로 인두세를 철저하게 받도록 지시하다 보니, 취미도 없고 삶의 감동도 없는 무미건조한 생활만 되풀이하고 있었습니다.

늘어나는 것이 있다면 자기 욕심, 야심, 이익, 쾌락의 꿈뿐이고, 동족들의 미워하는 눈초리와 냉대만 가득할 따름이었습니다.

그리고 **그는 조국을 잃었습니다.** 유대 나라는 애국자의 역사가 이어져 왔습니다. 아브라함을 위시해서 모세, 이사야, 다니엘, 아모스 그 누구든지 역대 애국자들로 가득 차 있는 나라입니다. 더군다나 당시는 로마의 속국으로 되어 있었기 때문에 전 민중들이 메시아 구세주를 목마르게 기다리던 애국에 목이 타던 때입니다. 그런데 나라를 팔고 민족을 배반하고 로마를 위해서 악착같이 세금을 빼낸다고 하는 것은 가장 비루한 행동이었습니다.

그리하여 당시 유대 나라에서는 창기라든지 도적이라든지 살인자와 같은 이미지로 세리를 불렀습니다. 세리는 성전에도 회당에도 들어가지 못하게 되어 있었고, 어떤 경우에도 증인으로 설 자격조차 없었습니다. 이렇게 자신뿐만 아니라 자기 조국을 잃다 보니 생의 의미도 없고 사상도 언어도 행위도 쓸모없게 되어 버렸습니다.

그런데 예수님께서 이 세리 마태를 찾아가셔서 제자로 삼으시려고 부르셨습니다. 당시 모든 사람들은 물론 누가 생각해도 의아심을 품지 않을 수 없는 일입니다. 정직하고 성실하게 일하는 사람도 있으련만 왜 하필이면 죄인 세리를 제자로 삼으시는가 하는 생각이 드는 것입니다.

그러나 예수님께서는 그것을 행할 수 있는 분이었습니다. 세상 사람들이 죄인의 집단이라고 비난을 하고 반역자, 매국노들의 모임이라고 손가락질을 하더라도 예수님께서는 그런 데는 관심을 갖지 않으시고 세리로 떨어졌던 사람을 제자로 부르셨습니다.

이는 정말 놀라운 일이 아닐 수 없었습니다. 그래서 마태 자신도 너무 놀랍고 감사한 나머지 후일 마태복음을 기록할 때에 2장에 이르러서, 그가 믿게 된 동기와 헌신한 기사를 중풍병자가 예수님 앞에 나와 기적적으로 나음을 받은 사실과 열두 해를 혈루증으로 앓던 여인이 병고침을 받은 기적적인 사건의 그 중간에 놓았습니다.

즉 자기 같은 큰 죄인이 예수님의 부르심을 입었다고 하는 것은 기적 이상의 기적이었기 때문에 너무나 감격한 나머지 그렇게 기록한 것입니다. 그는 자기가 큰 죄인인 것을 깨닫는 동시에 예수님의 넘치는 사랑을 알게 되었습니다.

이로써 그는 하나님의 자녀인 동시에 기대 이상의 가장 놀라운 일을 하게 된 훌륭한 제자가 된 것입니다.

이 마태에게서 우리 모두가 몇 가지 배워야 될 것이 있습니다. 먼저 그의 결단력 있는 회개와 신앙입니다.

누가복음 5장 27-28절에는 "그 후에 예수께서 나가사 레위라 하는 세리가 세관에 앉아 있는 것을 보시고 나를 따르라 하시니 그가 모든 것을 버리고 일어나 따르니라"고 기록되어 있습니다.

그는 예수님의 부르시는 음성을 들었을 때에 매월 막대한 고정 수입을 가질 수 있는 직업을 내어던지고 그 즉시 복종하여 따라나섰습니다. 완전한 헌신을 한 것입니다. "한번 집에 가서 아내와 양친 가족들과 의논한 다음에 신중하게 대답을 드리겠습니다"라고 그렇게 하지 않았습니다. '일어나 따랐다'고 했습니다.

주저하거나 의심하지 않고 신앙을 곧바로 행동화했습니다. 그야말로 "네 손이 범죄하거든 찍어버리라"고 하신 말씀 그대로 마치 손을 찍는 심정으로 더러운 세상 직책을 찍어버리고 예수 그리스도를 따라나섰습니다.

이는 매우 결단력 있는 회개와 신앙입니다. 그는 독신 청년이 아니었습니다. 적어도 일가를 거느리고 사는 생계의 가장이요, 더욱이 경제관념이 날카로운 세리 생활을 하던 사람이었습니다.

예수님이 부르실 때 "나를 따르라. 그러면 얼마만큼의 수입도 있고, 또 미래의 생활이 곤란하지 않을 뿐만 아니라 열두 사도가 되어 영광을 누리게 되리라"고 하는 아무런 약속도 주시지 않았습니다. "그저 나를 따르라"고 말씀하셨습니다. 예수님께서는 누구에게든지 언제든지 부르실 때 "보지 못하고 믿는 자는 복이 있다"라고 말씀하시면서 '따르라'고 말씀하시는 것입니다.

마태는 마치 아브라함이 갈 바를 알지 못하면서 하나님의 명령대로 고향과 아비 집을 떠난 것처럼, 결단력 있는 회개와 신앙으로 그리스도를 따라나섰습니다.

사람은 결단력 있는 회개와 신앙이 아니고서는 도저히 예수 그리스도를 따를 수가 없습니다. 왜냐하면 **사람은 누구나 많은 쇠사슬에 얽매여 있기 때문**입니다. 인류의 반수는 운명론적 사상이라는 쇠사슬에 매여 있습니다.

스텐리 존스 목사가 인도에 갔을 때에 어떤 중환자를 치료하려고 하니까 "왜 병자를 고치려고 합니까? 열을 그대로 버려두지 않으면 칼마의 법을 방해하는 것이 됩니다"라고 하며 굳이 만류하더라는 것입니다.

인도 교인뿐만 아니라 대다수 인생들이 괴상한 운명론에 사로잡혀서 잘못된 생을 살고 있습니다.

또 인류는 **환경이라고 하는** 쇠사슬에 얽매여 삽니다.

중국이나 아프리카 혹은 에스키모족은 태어난 그때부터 문명이라는 맛도 보지 못한 채 환경에 매어 동물처럼 생애를 살아버립니다.

제가 아는 아주 순수한 민족주의자가 이북에서 교원이라고 하는 직을 벗어 버릴 수 없어서 어물어물 세월을 보내다가 그만 피살당한 것을 볼 수 있었습니다. 사람은 환경 쇠사슬에 매어 끌려다니는 그런 존재인 것 같습니다.

또 인류는 **습관이라고 하는** 쇠사슬로 매어 있습니다.

생각하고 말하고 행하는 것 등은 모든 생활에 흔적을 남겨서 그것을 거듭하는 가운데 습관이 되어 버립니다. 그 습관은 좋거나 나쁘거나 사람을 비끄러매는 쇠사슬이 되어서 좀처럼 벗어버리기 어렵습니다.

전에 어떤 쇠약한 노인이 거의 세상을 떠나게 된 것을 보고서 간호하는 아들이 "아버지께서 어떻게 이렇게 비참하게 됐소?"라고 물으니 "지나치게 술을 많이 마셔서 이제는 걷잡을 수 없게 되어 버렸다"라고 하였다는 것입니다.

이 노인은 한 잔 두 잔 시작한 술이 습관이 되어 버려서 죽음에까지 끌고 갔는데도 그 습관을 끊을 수 없어 이제는 그 습관에 정복을 당하고 만 것입니다.

어떤 예쁜 부인은 귀부인인데 아무도 그를 좋아하는 이가 없었습니다. 친구들도 별로 없었습니다. 그런데 그 여자에게는 남을 비웃으며 험담하는 습관이 있었기 때문에 일생 자기 생에 아무런 즐거움도 없었고, 마음이 통하는 친구조차 없었습니다.

또 사람은 **성격이라고 하는** 강한 쇠사슬에 매여 있습니다. 마치 북극 해양의 얼음 구멍에 닻을 내린 배와도 같습니다. 얼음을 깨고 조금 전진했지만 삽시간에 주위의 바닷물이 꽁꽁 얼어서 움직이기 어려운 것처럼, 자기가 타고난 성격이 자기를 가두는 감옥이 되어 버려 거의 꼼짝 못하는 성격의 노예로 살아가게 만들어 버립니다.

이 밖에도 사람은 **편견이라고 하는** 아주 고질적인 쇠사슬에 매일 수도 있고, **무지(無知)라고 하는** 비참한 쇠사슬에 얽매어 살 수도 있습니다. 또한 **미신이라고 하는** 참혹한 쇠사슬에 끌려 돌아갈 수도 있고, **교만이라고 하는** 고치기 힘든 고질적인 쇠사슬에 얽매일 수도 있고, **공포라고 하는** 불행한 쇠사슬에 매일 수도 있고, 혹은 **야심이라고 하는** 사슬에 얽매여 있을 수도 있습니다.

우리가 그리스도 앞으로 나아가려 할 때는 어지간한 결단력이 아니고서는 그리스도를 온전히 따라나서기가 어렵습니다.

마태는 자기를 얽매이고 있던 일체의 쇠사슬을 모두 끊어 버리고, 오로지 예수 그리스도를 신앙의 대상으로 섬기고자 하는 결단력 있는 회개와 신앙을 가졌습니다.

또 그에게서 배울 수 있는 것은 당당한 신앙 고백입니다

누가복음 5장 28-29절을 보면 "그가 모든 것을 버리고 일어나 따르니라 레위가 예수를 위하여 자기 집에서 큰 잔치를 하니 세리와 다른 사람이 많이 함께 앉아 있는지라"고 기록되어 있습니다

자기 집에서 잔치를 한 것을 보면 큰 저택의 소유자였던 것 같습니다. "큰 잔치를 하니"라고 한 것을 보면 그의 경제력이 얼마나 풍부하였나 하는 것을 짐작하게 합니다.

또 세리와 다른 사람이 많이 함께 앉았다고 하는 것을 보아서 그 집에는 아무리 많은 손님일지라도 접대하고도 남는 식기와 도구를 구비해 가지고 있으며, 방도 넉넉하고 심부름할 사람들도 많이 있었다고 하는 것을 알 수 있습니다. 또 동료들이 많이 찾아온 것을 보아서 그가 일반에게 주는 영향력도 컸으리라고 짐작할 수 있습니다.

마태가 예수님 앞에 헌신한 후에 자기 집, 자기 재산, 자기 도구, 모든 일하는 사람, 그리고 아는 친구들을 총동원해서 예수님을 모시고 큰 잔치를 베푼 까닭은 물론 예수님을 잘 접대하고 싶은 마음이 간절해서입니다.

그러나 예수님만 모시지 않고 이렇게 범위를 넓혀서 잔치를 한 것을 보면, 친척이나 동료들을 예수님께 소개하고 싶은 심정이 그에게 가득했던 것을 엿볼 수 있습니다. 그리고 "나는 이제 옛 생활을 완전히 정리하고, 그리스도를 따르는 새로운 생활에 들어섰습니다" 하는 것을 고백하는 행위임에 틀림이 없습니다.

예수님을 따르더라도, 이렇게 많은 친척과 동료 앞에서 예수 그리스도를 모시고 신앙을 간증하는 것은 매우 귀한 일입니다.

예수님께서는 마태복음 10장 32-33절에서 "누구든지 사람 앞에서 나를 시인하면 나도 하늘에 계신 내 아버지 앞에서 시인할 것이요 누구든지 사람 앞에서 나를 부인하면 나도 하늘에 계신 내 아버지 앞에서 그를 부인하리라"고 말씀하셨습니다.

마태는 당당히 공중 앞에 그리스도를 믿노라고 시인했습니다. 수십 년을 교회에 출석하면서도 아는 사람 앞에서 그리스도를 믿노라고 떳떳이 한번 시

인하지 못하는 신자도 없지 않습니다. 마태가 이렇게 그리스도를 모시고 많은 사람들 앞에서, 아니 그 어려운 환경 속에서도 그렇게 그리스도 앞에 자기의 신앙을 고백하듯이 우리들도 이러한 적극적인 신앙생활을 합시다.

그리스도의 말씀을 사모하고 고백하는 마태와 모인 무리들에게 예수님께서는 "건강한 자에게는 의사가 쓸데없고 병든 자에게라야 쓸 데 있느니라…나는 의인을 부르러 온 것이 아니요 죄인을 부르러 왔노라 하시니라"(마 9:12-13) 하는 은혜에 넘치는 말씀을 주셨습니다.

바로 예수님의 이 말씀대로 그는 열두 사도 중 한 사람이 되어서 하나님 앞에 가장 아름다운 위대한 변화를 입는 사람이 되었습니다.

그리고 또 한 가지 배워야 할 것은 그의 헌신 생활입니다.

마태는 세리 중에서도 교통이 빈번한 주요 지역으로 상품이 가장 많이 거래되는 가버나움 도시 세관에 근무한 것을 보면, 그의 세금 징수율이 좋았던 것을 엿볼 수 있습니다.

온종일 아니 여러 해 동안 세금을 받기 위해서 유능하게 사용하던 그의 입으로 이제는 복음만을 증거하게 되었습니다. 그의 입을 그리스도께 완전히 바쳤습니다.

동족의 고혈을 빨아내는 데 빠르던 발걸음으로 예루살렘은 물론 전설에 의하면 에티오피아, 페르시아, 메대, 지금의 이란까지 다니면서 구령 사역에 맹렬히 힘을 쏟았다고 합니다.

또 세금 장부에다가 부지런히 쓰던 그의 붓을 깨끗이 씻어서 예수님이 하신 말씀 그대로 행하신 일, 보고 들은 일을 그대로 필기해서 복음서를 기록했습니다. 다른 열한 제자는 붓을 드는 데 그리 익숙하지 못했던 것 같습니다.

제자 중에는 바로 이렇게 문장과 글씨가 참 달필인 사람이 없었을 것인데 마태가 복음서를 기록했습니다. 바로 이 복음서가 나오기 전에 '말씀집'이라고 하는 가장 귀중한 첫 기록을 마태가 했다는 말이 있습니다.

마태복음에도 보면 5장, 6장, 7장은 예수님의 산상보훈으로 되어 있고, 8장, 9장은 대표적인 기적집으로 되어 있고, 13장에는 대표적 비유 모음으로 되어 있고, 24장, 25장에는 재림 설교집으로 되어 있습니다. 후대 많은 사람들이 복음을 명확하게 받아들일 수 있도록 이렇게 영의 양식으로 전해 준 것입니다.

사실 마태야말로 이 붓을 가지고 기록한 복음서로 인해, 전 세계에 세기를 초월하고 종족을 초월하여 무수히 많은 생명을 건지는 데 큰 공헌을 하였습니다.

그리고 전설에 의하면, 그가 아프리카와 사방으로 전도하러 다니다가 그의 마지막은 눈을 빼고 피를 빨아먹는 야만 족속에 의해 활활 타오르는 불에 던져져 순교했다는 이야기가 전해져 옵니다.

그런데 그의 마지막 장면에도 놀라운 기적은 나타나서 그 불이 마태를 태운 것이 아니라 주변을 지키는 사람들에게로 번져 나갔다고 하며, 마태는 그 불을 꾸짖으면서 장쾌하게 순교를 맞이했는데, 마태를 미워하며 지켜보던 왕이 회개하고 믿어서 제사장이 되었다는 전설까지 있습니다.

말하자면 마태는 자기의 전 생명을 오로지 그리스도의 제단 앞에 바쳐서 마지막까지 지켜보는 사람들의 심령을 개조할 만큼 헌신했음을 볼 수 있습니다.

이를 통해 예수님께서 용납할 수 없는 세리를 제자로 삼으신 이유를 알고도 남음이 있습니다. 예수님께서는 패역한 팔레스타인, 육욕과 사치와 세속에 물든 발칸반도, 그리고 철학과 사상에 크게 낙후된 마케도니아, 권력과 탐욕과 허영으로 물들어 버린 로마제국 속에서, 이렇게 근본적인 변화를 받은 마태가 생생한 산 복음을 전하지 않으면 안 되겠기에 그를 택해서 위대한 제자로 삼으신 것입니다.

오늘 이 시간에 마태의 사적을 굳이 생각하는 이유를 생각해 봅시다. 이 시대는 1세기 팔레스타인이나 혹은 발칸반도, 마케도니아, 로마 못지않게 노아의 때처럼 죄악이 관영한 시대입니다. 그런데 예수님께서 보잘것없는 우리를 부르시는 까닭은, 위대한 복음을 이 시대에 증거해야 했기 때문입니다. 이 시대야말로 마치 곡식이 무르익은 추수기라고 생각하셔야 합니다. 북한과 중국, 그리고 러시아와 중앙아시아가 모두 추수할 곳입니다.

그러나 우리들은 기억해야 합니다.

로마가 3백 년의 핍박 이후에 콘스탄티누스 황제가 종교의 자유를 선포한 그날, 반수 이상의 시민이 "나도 이미 신앙생활을 하였소" 하였던 것처럼, 그리고 지난 6.25 때 우리가 경험한 것처럼, 세계 어느 지역보다도 가장 혹독한 북한 공산 치하 속에서 잠시 유엔군 진격과 후퇴를 계기로 해서 신앙 때문에 온갖 것을 내버리고 자유의 세계로 탈출한 수많은 성도들을 여러분은 기억하실 것입니다.

러시아를 비롯한 옛 공산국가였던 사회의 모든 인민들이 어느 때보다도 간절하게 하나님을 향하는 소원이 있다고 하는 것을 보셔야 합니다. 자유 환경 속에 있는 우리들이 내 신앙마저 미온적이고 중대한 사명을 잊어버린 채 너무 한가하게 지낼 수는 없습니다.

마태처럼 우리도 결단력 있는 회개와 신앙으로, 그리고 그리스도를 향한 진실한 신앙 고백과 온전한 헌신으로 우리의 전 생애를 바쳐야 할 것입니다.

마태의 발자취에 놀라운 기적이 도처에 일어났던 것처럼, 오늘 한국을 위시한 세계 모든 성도들의 발자취 속에 이런 위대한 기적이 이루어질 것입니다.

일백쉰세 마리
(부활절)

요한복음 21:15-17

예수님께서는 숯불을 피우시고 생선을 굽고 떡도 준비해 놓으셨습니다. 제자들은 감격한 마음으로 몸을 녹이고 아침 해가 솟아오르는 해변에서 예수님을 모시고 조반을 받게 되었습니다.

그런데 이 사적에서 몇 가지 이상한 점이 있다는 것을 찾아볼 수 있습니다.

예수님께서 왜 하필이면 큰 고기 일백쉰세 마리를 잡게 하셨는가 하는 점입니다. 그런데도 그물이 찢어지지 않았다는 점도 이상한 일입니다. 또 한 가지는 육지에 계신 예수님께서 기적을 통하여 생선을 만들어 구우신 것이 틀림없어 보이는데, 예수님께서는 언제나 뜻 없이 일하시는 법이 없으십니다.

이에 대해 몇 가지를 생각해 보도록 하겠습니다.

첫째로, 예수님께서는 언제나 그리스도인들의 사업을 형통케 하시고 먹을 것을 준비해 주십니다.

예수님께서 부활하셨습니다. 예수님은 이미 영적인 존재이십니다. 몸도 신령한 새 몸이십니다. 잡수시지 않으셔도 됩니다. 그런데도 누가복음 24장을 보면, 마음이 낙심하여 엠마오로 내려가는 두 제자에게 친히 나타나셔서 같이 동행하며 말씀해 주시다가 식탁을 같이해 주셨습니다.

오늘 본문 요한복음 21장에는 수고하는 제자들을 찾아오셔서 먹을 것을 준비하시고 몸을 녹이게 해 주셨습니다. 또 요한복음 6장을 보면 벳새다 광야에서 한 소년이 바친 물고기 두 마리와 떡 다섯 덩이로 많은 군중들을 배불리 먹게 해 주셨습니다.

주님이 가르쳐 주신 기도문 중에 "일용할 양식을 주옵시고"라는 말씀이 있는데, 이 이상 큰 은혜가 없습니다.

미국 보스턴시에 스트로사라는 청년이 바턴이라고 하는 거상을 찾아갔습니다. "제가 워싱턴가에 소매상을 하나 차려 놓을 생각인데 2천 불만 빌려주시지 않겠습니까?" 하고 부탁했습니다.

"담보물이 있으면 되지." "저는 가난하기 때문에 담보물이 아무것도 없습니다." 바턴 씨는 "우리 회사 규정에 확실한 담보물이 없이는 빌려줄 수 없게 되어 있소"라고 했습니다. 이에 청년은 그냥 돌아갔다고 합니다.

그런데 바턴 씨가 그 청년에 대해서 왠지 관심이 갔습니다. 그래서 밀크스트리트의 호상 홀에이 씨에게 물었습니다.

"스트로사라는 젊은이가 찾아왔는데 보기에 재능도 인품도 신념도 계획도 모두 믿음직스런 사람이오. 돈을 담보 없이 빌려 달라고 하는데 해주어도 괜찮겠는가?"

그런데 홀에이 씨는 "어리석은 일이오. 2천 불씩이나 빈손의 젊은이에게 빌려주는 것은 상계의 비난거리가 될 것이오" 하며 만류했습니다.

그러나 바턴 씨는 마음에 결심했습니다. 돈을 은행에 두기보다는 장래가 있어 보이는 젊은이의 앞길을 돕는 것이 훨씬 보람이 있을 것이라고 여겨서 무담보로 2천 불을 빌려주었습니다.

그 후 10년이 지나갔습니다. 재계에 일대 공황이 왔습니다.

바턴 씨도, 홀에이 씨도 모두 다 도산하고 말았습니다. 재기 불능의 재앙에 직면했습니다.

그런데 이 사실을 알게 된 스트로사가 바턴 씨를 찾아왔습니다.

"부채를 얼마나 지셨습니까?" "7만 5천 달러요."

"그러면 제가 그 금액을 드리겠습니다. 전에 선생님이 빌려주신 돈으로 적지 않은 자본이 되어 있습니다." 바턴 씨는 놀라면서 "아니, 그때 그 돈은 벌써 다 받았는데 뭘 또 준다는 것이오?"라고 물었습니다.

그러자 스트로사가 하는 말이 "아닙니다. 빌렸던 돈은 모두 드렸지만 도와주신 은덕은 그대로 남아 있습니다. 지금 선생님이 당하고 계신 불운의 얼마라도 도울 수 있다면 이것이 저의 의무입니다" 하며 거액을 도와주었습니다. 바턴 씨는 울고 말았습니다. 후일 둘 다 사업가로서 크게 성공하였다고 하는 얘기가 있습니다.

예수님께서 우리에게 베풀어 주시는 것은 이런 정도가 아닙니다. 완전 실패, 완전 무담보로써 자신의 생명까지 희생하시며 우리를 다시 살려주시고 재기케 해 주시는 은택입니다. 우리 각자의 생명, 인격, 신앙, 생활, 활동, 소유, 재능, 지식은 모두 그리스도로 인해서 받은 것입니다. 우리는 절대 보증자이신 예수 그리스도를 모시고 있는 것입니다. 오로지 그에게 보답하는 생활이 있을 뿐입니다.

예수님께서는 사랑하는 자녀들을 실망과 패배로 넘어지도록 버려두지 않으십니다. 일백쉰세 마리, 즉 엄청난 기적적 성공을 안겨 주십니다. 위로도 주시고, 용기도 주시고, 열매도 주시는 것입니다.

그러므로 참 그리스도인들은 언제 어디서나 예수님과 함께할 때 반드시 승리하게 해 주시는 것을 알고 앞으로 전진해야 하는 것입니다.

이 사적은 전도와 선교의 실물 교훈입니다.

큰 고기 일백쉰세 마리라고 밝힌 것은 여러 가지로 해석을 합니다.

어떤 이는 당시 동물학자의 의견이 고기의 종류가 전부 합쳐져서 일백쉰세 종류였다고 해석을 하기도 하고, 또 고기는 그리스도를 상징하였기 때문에 사도들과 그리스도인들의 전도 사명을 뜻한다고 설명하기도 합니다. 또 어떤 학자는 17의 삼각수, 즉 1부터 17까지 합하면 일백 쉰 셋이 된다고 하면서 17과 같은 의미라고 합니다. 17은 사도행전 2장 7-11절에 나오는 인종 수입니다. 전 인류를 의미한다고 설명하기도 합니다. 또 어떤 주석가는 100은 이방인이고, 50은 이스라엘의 남은 자, 3은 삼위로서, 즉 전 인류라고 보기도 합니다. 이 그리스도께서 행하신 사적이 특별히 전도와 선교의 대 사명을 맡기며 행해 주신 일인데, 일종의 분명한 약속이라는 것입니다.

인간의 힘만으로 실패가 되고, 아무런 소득이 없을 때 예수님이 찾아오셔서 명령을 내려 주십니다. 다만 명령대로 복종하고 그 일에 힘썼을 때 큰 성공이 왔습니다. 아무리 고기가 많아도 그물이 찢어지지 않습니다. 구원받는 그리스도인이 많아질수록 교회는 왕성해집니다. 찢어지는 법이 없습니다.

전도는 그리스도의 말씀대로 실천하여 모험하는 데서만 열매를 맺는 것입니다. 그리고 유대인만이 아닙니다. 전 인류를 구원케 합니다. 이 디베랴 바닷가에서 보여주신 실물 교훈은 그대로 이루어졌습니다.

초대 그리스도인들은 믿는 그 시간부터 전도자요, 선교적 사명에 헌신하였습니다. 아마도 베드로 사도가 디베랴 바닷가의 실물 교훈을 받을 때는 미처 깨닫지 못했을 것입니다. 전도와 선교를 생각할 때에 '우리가 어떻게 이질적인 저 사마리아 사람들이나 철학에 미쳐 버린 헬라 사람들과 권세욕에 오염된 로마 사람들을 복음화할 수 있겠는가? 우리 유대인 가운데서도 점잖고 얌전한 사람이나 가능하겠지' 하고 생각했을는지도 모릅니다.

그러나 후일 베드로가 로마에 가서 네로의 핍박과 정면 대결하면서 복음을 전파할 때에 디베랴 바닷가의 일백쉰세 마리가 실감되었을 것입니다.

세계 인구 누구나, 어떤 상태에 빠진 사람이든지 모두 그리스도의 이름으로 구원을 얻는 것입니다. 우리도 똑같은 확신을 가질 것입니다.

얼마 전에 미국 시민권을 가지고 중국과 공산권에 다녀왔다고 하는 이의 간접적인 전언을 들었습니다.

말하자면 교회가 없는 환경에서 자라난 동생까지도 신앙이 있더라고 하는 얘기였습니다. 공산권 내에 공산주의자는 있는지 모르지만 무신론자는 없다는 증거가 됩니다. 중국에 그리스도인들이 많이 일어나고 소련에 교회가 미어질 정도로 모여들고 있습니다. 북한에도 더 큰 신앙의 불이 일어날 때가 머지않은 것을 확신합시다.

일백쉰세 마리, 국경도 인종도 없이, 사상도 주의도 없이 전 인류 누구에게

나 이 위대한 구원의 복음이 필요합니다.

이 사적은 사랑을 요구하시는 그리스도를 보여주고 있습니다.

감격의 조반이 끝나고 예수님께서 베드로에게 "네가 나를 사랑하느냐?"라고 물으셨습니다. 우리 번역에는 "이 사람들보다 나를 더 사랑하느냐?"라고 되어 있습니다. 하지만 원어의 뜻은 "이것들보다 나를 더 사랑하느냐?"라고 물으신 것입니다. 사람은 심한 좌절에서 갑자기 형통이 오고 풍부가 오면 그 형통과 풍부에 도취되기 쉽습니다. 베드로와 다른 제자들이 새벽녘에 큰 고기 일백쉰세 마리가 잡히다 보니까 갈릴리 역사상 대성공이라고 떠들며 안하무인 격으로 아마 교만해지기 쉬웠을지도 모릅니다.

그러나 "이것들보다 나를 더 사랑하느냐?"라고 물으셨습니다. "일백쉰세 마리보다 나를 더 사랑하느냐?" 하는 뜻도 되겠고요. "떡, 숯불 고기, 의복, 집, 기술, 지식, 건강, 가족, 바다, 대자연, 문화, 생명보다 더 나를 사랑하느냐?" 하시는 말씀이기도 합니다.

사실 베드로는 그리스도를 사랑하는 것이 분명하였습니다. 그러나 "이것들보다 더 사랑하느냐?" 하시는 말씀에 한때 세 번씩이나 그리스도를 부인한 일이 있었기 때문에 부끄러움을 금할 수가 없었습니다.

그런데 세 번씩이나 "네가 이것들보다 나를 더 사랑하느냐?"라고 물으신 것은 용서하시는 표현입니다. 다시 결심하도록 기회를 주시는 것입니다. 그 시간에 참 전도자의 자격을 부여하고 계시는 것입니다. 교회적 사명의 성공을 약속해 주시는 점도 있습니다.

베드로는 누가복음 5장에서 처음 고기가 잡혔을 때 부름을 받아서 사람을 낚는 어부가 되게 해 주셨습니다.

또 요한복음 21장에서 고기가 많이 잡혔을 때 양 떼를 먹이고 치는 목회자인 동시에 세계교회의 선교자로 임명을 받게 된 것입니다. 이후 베드로는 일백쉰세 마리를 생각하면서 더욱 감격에 겨워서 그리스도를 보다 더 사랑하며 선교 사명에 임하였습니다. 그리고 어디로 가든지 그물이 찢어질 정도로 많은 사람을 낚는 기적을 행했습니다.

그리고 마지막 한 가지 더 생각한다면 실제적 헌신을 의미합니다.

예수님께서는 "내 양을 먹이라, 내 양을 치라"고 말씀하셨습니다. "먹이라"고 하는 말씀을 두 차례 하셨는데, 이 말씀은 '진리를 전하라'는 말씀입니다. "치라"는 말씀은 한 차례 하셨는데, 이것은 '교회 내 형제들을 양육하라'는 말씀입니다. 즉 베드로는 목회자로 임명받았습니다. 그런데 이 두 가지 일, 즉 먹이는 일과 치는 일은 모두 다 수고가 없이는 할 수 없는 일입니다.

독일 본에 가면 악성(樂聖) 베토벤이 살던 초라한 집이 있습니다. 한복판에 애용하던 소형 그랜드 피아노가 놓여 있습니다. 세계에서 방문하는 방문객들이 모두 놀라게 되는 것은 이 피아노의 건반이 활직처럼 닳아 있는 것을 볼 수 있습니다. '베토벤 같은 천재도 이렇게 숱한 연습을 거듭하였던가? 천재도 근면과 노력으로 갈고 닦아서 되는구나' 하는 것을 보여주는 것입니다.

그렇습니다. 우리도 신앙생활을 합니다만 그리스도께서 원하시는 대로 실제적인 피나는 수고와 헌신이 있어야 하는 것입니다. 혹 우리 중에 '나는 순수한 신앙을 가지고 있고, 나는 바른 신앙, 바른 성경 지식을 가지고 있다. 나는 특별한 하나님의 은혜를 많이 입었다. 나는 무한한 축복을 받았다'라고 생각하는 분이 있습니까? 그것으로 만족하고 멈춰 서 있다면 아직 그리스도께서 원하시는 일을 이루지 못하고 있는 것입니다.

일백쉰세 마리를 체험하였습니까? 그러면 그리스도께서 명하시는 대로 그리스도의 양을 먹이고 키우는 데 땀과 눈물과 피를 쏟아야 합니다.

우리에게 건강을 주셨습니까? 한가하게 살지 맙시다. 부지런히 건강을 씁시다. 몸이 닳도록 씁시다.

우리에게 교회를 주셨습니까? 한가한 교회 생활을 하지 맙시다. 부지런히 봉사하고 구체적으로 헌신해서 교회가 성장 발전할 수 있도록 힘을 씁시다.

우리에게 사업을 주셨습니까? 게으른 사업가가 되지 맙시다. 부지런히 힘써 뛰는 사업가가 되도록 합시다.

우리에게 겨레와 나라를 주셨습니까? 무책임한 생활을 하지 맙시다. 때를 얻든지 못 얻든지 최선을 다하여 이 백성, 이 겨레가 하나님의 뜻을 나타낼 수 있도록 최선을 다해야 할 것입니다.

그리스도인들이 아무리 답답한 일을 만나도 일백쉰세 마리, 즉 성공은 약속되어 있습니다.

우리 각자가 전도와 선교 사명에 힘씁시다. 일백쉰세 마리, 즉 전 세계 인류가 이 복음을 요구하고 있고, 반드시 구원을 얻을 것입니다. 일백쉰세 마리 체험을 했으면 무엇보다 깊은 사랑으로 그리스도를 사랑하며, 동시에 그 양을 먹이고 치기 위해서 구체적인 계획을 세워 최선을 다해 헌신해야 합니다.

그리스도인의 직업
(근로자의 날)

데살로니가후서 3:6-15

옛날 데살로니가 교인 중에는 예수님의 재림에 대하여 잘못된 태도로 신앙생활하는 이들이 있었습니다. "이제 곧 예수님이 다시 오실 테니 준비해야 한다" 하고 공연히 흥분해서 자기 할 일도 하지 않고 돌아다니면서 도리어 교회를 어지럽히는 일만 만드는 교인들이 생겨났습니다.

바울 사도는 이런 신자들을 향하여 엄히 책망하면서 "누구든지 일하기 싫어하거든 먹지도 말게 하라"고 했습니다.

나무는 그 열매로 알게 되고, 사람은 일에 의해서 평가된다고 했습니다.

이전에 어떤 분은 집을 사면서 보지도 않고 샀다고 합니다. "어찌하여 그렇게 보지도 않고 사느냐?"라고 물으니까 그분이 대답하기를 "나는 그 집을 지은 사람을 압니다. 그 사람은 벽돌로 기독교를 쌓은 사람입니다"라고 대답했다고 합니다.

아마도 벽돌 만드는 사업과 건축을 신앙적으로 잘해서 인정을 받은 그리스도인이었던 것 같습니다. 그리스도를 믿는 우리들이야말로 그리스도인이기 때문에 다른 누구보다도 틀림없이 인정받는 직업인이 되어야 할 것입니다.

속담에 "자식에게 일을 가르치지 않는 사람은 도적질을 가르치고 있는 것이다"라고 하는 말이 있습니다. 자기 자신뿐만 아니라 자녀들에게도 신앙 안에서 직업을 잘 갖게 해야 한다는 뜻입니다.

옛날 유대 나라에서는 일하지 않는 무직자는 랍비의 자격이 없었습니다. 무직자를 가장 미워하는 사회가 유대 사회였습니다.

나폴레옹 1세는 말하기를 "사람은 그 제복대로의 인간이 된다"라고 말했고, 니체 같은 이는 "직업은 생활의 등뼈"라고 말했습니다.

사무엘 존슨은 "직업은 그 성품을 채색한다" 하고 말하기도 했습니다. 특히 신앙생활에 있어서 직업은 매우 중요한 문제가 됩니다. 인간의 일생일대에 자아의 근본과 불가불리의 관계가 바로 이 직업입니다.

그러므로 인생을 성공하기 위해서는 직업에 성공이 있어야 합니다. 직업에 성공하기 위해 이 시간 몇 가지를 생각하고자 합니다.

먼저, "일하기 싫어하거든 먹지도 말게 하라"는 말씀은 바로 천직(天織)을 찾아 일하도록 하라는 말씀입니다.

미국 정부 기관의 조사에 의하면, 미국에는 대략 55,000개의 직업이 있다고 합니다. 침대 요가 부드러운가를 조사하기 위해서 매일 8시간씩 맨발로 요를 밟고 다니는 직업이 있는가 하면, 지하철 같은 곳에 붙인 광고 인물사진이나 그림에 누가 장난으로 그려놓은 그 수염을 하나하나 쫓아다니면서 지워야 하는 직업도 있고, 접시의 강도를 시험하기 위하여 온종일 접시만 깨는 직업도 있다고 합니다. 이렇듯 세상에는 온갖 종류의 직업들이 있습니다.

링컨 대통령의 말과 같이 직업에는 귀천이 있을 수 없습니다. 그러나 어떤 직업을 가져야 하느냐의 선택은 매우 중요한 문제가 아닐 수 없습니다.

어떤 사람이 빌리 그레이엄 목사에게 묻기를 "저는 지금 신자로 교회에 봉사도 좀 하고 있는데 할 수 있으면 신앙생활 좀 잘하고 싶습니다. 남에게 도움이 되기를 원합니다. 현재 어떤 상사에서 경리를 맡아 하고 있습니다만, 최근 나이트클럽과 도박장을 경영하는 분에게서 공인회계사로 와달라고 하는 청탁을 받고 있는데, 수입은 현재 제가 받고 있는 것보다 훨씬 더 좋은 곳입니다. 같은 경리 일을 볼 바에는 수입 많은 곳에서 보았으면 어떨까 해서 이렇게 묻습니다" 하는 내용이었습니다.

물론 빌리 그레이엄 목사님은 적합한 좋은 답을 주었을 것입니다. 문제는 이 사람의 경우 자기 직업에 대한 철학이 없다는 점입니다. 돈만 많이 주면 아무 데서라도 무슨 일이든지 한다는 식의 직업관이 문제입니다. 이런 직업 생활은 거의 전부가 마지막이 실패로 끝나버리고 맙니다.

마태복음 25장을 보면 예수님이 친히 하신 비유가 기록되어 있는데, 주인이 한 종에게는 5달란트, 또 다른 종에게는 2달란트, 그리고 한 종에게는 1달란트를 각각 나누어 주었다고 하는 말씀이 있습니다.

하나님께서는 우리 인생들에게 일만 주신 것이 아니라 재능과 소질의 달란트를 각각 알맞게 나누어 주셨습니다.

창세 이래 모든 사람의 얼굴이 하나도 같지 않은 것처럼, 그 재능과 소질이 하나도 같지 않습니다. 다 각각 그 사람만 가지는 장점과 특색이 있습니다. 그 달란트에 맞는 직업을 택해야 할 것입니다.

흔히 실패하는 원인의 거의 대부분은, 자기 소질은 생각하지 않고 수입만 생각하기 때문입니다. '많다, 적다, 그 직이 높다, 낮다'에만 표준을 둡니다. 그렇기 때문에 직업 생활의 마지막을 실패로 끝내는 것입니다. 밥먹기 위한 직업, 체면을 차리기 위한 직업은 반드시 실패로 끝나고 말 것입니다.

로저 앗샴은 직업상의 실패를 이렇게 지적하고 있습니다.

> "자기와 직업이 맞는지를 알지 못하기 때문에 실패한다. 가난한 편이 도리어 더 큰일을 할 수 있는데도 불구하고 함부로 부자가 될 꿈만 꾸거나, 마차 끌 소질인데도 불구하고 궁전에 들어가기만 바라보거나, 자기 자신도 지휘하지 못하면서 사람 위에 서서 남을 다스리려고 하거나, 남에게 배워야 할 사람이 남을 가르치려고 하거나, 장사에 소질을 가지고 있으면서도 선교사가 되고자 하는 등등이다."

꾀꼬리가 아름다운 노래를 부르는 것은 아무런 무리가 없습니다. 또 남들도 매우 유쾌하게 들을 수 있습니다. 그러나 꾀꼬리가 부엉이 소리를 내면 좀 곤란합니다. 많이 힘을 써도 듣기 거북하고, 남들도 별로 고맙게 생각하지 않고, 환영할 수도 없습니다.

꾀꼬리는 꾀꼬리 소리를 낼 생각을 하고 꾀꼬리 소리를 더 잘하려고 노력하는 것이 바른길이요, 지혜로운 처사요, 마침내는 성공을 가져올 수 있습니다. 꾀꼬리가 다른 어떤 소리를 내기 바란다면 아무리 수고해도 실패로 끝나고 말 것입니다.

우리 그리스도인들은 하나님께서 나에게 주신 재능과 소질이 무엇인가를 먼저 찾아야 할 것입니다. 그리고 그 달란트에 알맞는 일에 힘써야 합니다.

어린아이들을 가만히 보면 자기가 좋아하지 않는 장난은 별로 열심을 내지 않습니다. 새로운 창안도 하려고 하지도 않습니다. 빨리 피곤해하고 집으로 가고 싶어 합니다. 그러나 자기가 좋아하는 장난은 시간 가는 줄도 모르고 저녁밥도 안 먹겠다고 하면서 열심히 뛰는데도 하나도 피곤해하지 않습니다.

그런데 그렇게 재미있게 노는 중에 참 놀랄 만큼의 상상력과 창의력을 발휘하는 것을 볼 수 있습니다. 달란트에 맞는 일을 할 때 흥미가 있고, 성장과 발달이 있으며, 풍부한 결실을 맺게 되는 법입니다.

그란트 장군은 처음 군에서 15년 근무하고 물러나서 세인트루이스 부근에서 농사를 경영했습니다. 계획적으로 군에서 하듯이 아주 열심히 잘했습니다. 그는 다시 사업을 좀 바꾸어서 돈을 빌려주는 대금 취급업을 했습니다. 역시 실패로 돌아갔습니다. 그러다 다시 군에 들어가서 사성장군의 총수가 되어 놀라운 성공을 했습니다.

시인 워즈워스도 런던에서 신문기자가 되려고 무척 애를 썼지만 성공하지 못했고, 결국 시인으로서 크게 성공을 했습니다.

문호 스코트도 마찬가지입니다. 다른 수입을 노려 문학에 종사하지 않으려고 갖은 애를 썼지만 실패하고 문학에 투신해서 비로소 대성했습니다.

어떤 이에게 "네가 하고 있는 직이 천직인 것을 어떻게 아느냐"라고 물으니까 대답하기를 "지금까지 자주 직업을 바꾸어 보았으나 바꿀 때마다 지금 가진 직업에 복귀하고 있었다. 그래서 이곳이 적소라고 알게 되었다"라고 대답했습니다.

그렇습니다. 천직이 있는 곳에 자기 장점이 있는 법입니다. 그리고 천직은 반드시 자기를 더 발전시킵니다.

어떤 큰 목적을 향해서 재능도 인격도 품성도 믿음도 그 생활 모두를 향상시키는 것이 바로 천직입니다.

그리고 남에게도 많은 유익을 줄 수가 있습니다. 반대로 그 직이 그 사람을 점점 작게 만들고 많은 사람들에게 멸시를 받게 만들었다면 그것은 천직이 아닙니다. 그 직이 그 사람을 점점 더 향상시키면서 크게 만들 뿐만 아니라 남에게 존경을 받게 만드는 직이 바로 천직입니다.

하나님께서는 우리에게 고귀한 생명과 온갖 자원을 주시듯이 천직을 주셨습니다. 바로 하나님께서 우리에게 감당할 수 있게 해 주신 천직을 찾아서 힘써 나아가는 것이 우리들이 인생을 살아가면서 꼭 명심해야 될 부분입니다.

그리고 "일하기 싫어하거든 먹지도 말게 하라"는 성경 말씀은, 그 직업을 영광스럽게 생각하고 전력을 다하라고 하는 뜻입니다.

미국 실업 잡지 이 〈시스템〉 지가 전 미국 실업가들로부터 "어떠한 인물이 필요한가?" 하는 앙케이트 중에서 최고점을 얻은 10가지를 종합해 보니까 다음과 같았습니다.

첫째, 말이 곧 약속어음처럼 믿을 만한 사람. 결코 거짓말을 하지 않고 약속을 잘 지키는 사람

둘째, 의지가 돌같이 굳고 작은 일에 흔들리지 않는 사람

셋째, 어떠한 문제에도 일정한 의견을 가지고 있는 사람

넷째, 작은 사건에 대해서도 큰 사건과 같이 최선을 다하여 일하는 사람

다섯째, 자기를 위한 야심이 아니라 사회와 인류를 위하여 큰 포부에 불타는 사람

여섯째, 기회를 붙잡는 데 민첩한 사람

일곱째, 용기와 결단력이 있는 사람

여덟째, 많은 사람 속에 있으면서도 자기의 특성을 잃지 않고 열심히 일하는 사람

열 번째, 실패해도 실망하거나 낙담하지 않는 인물

부커리 워싱턴은 이런 말을 했습니다.

"우리들이 나의 인생을 유용한 재목으로서 하나님께 봉사할 수 있으려면 첫째, 무슨 일이나 하려고 결심하고, 둘째, 그 하고자 하는 일에 집착해야 하며, 동시에 그 일에 진보가 있어야 하고, 셋째, 그 길에 전문가가 되어야 한다. 그때 비로소 인류의 행복을 가져오게 하는 유용한 사람이 된다."

세계 발명왕의 칭호를 받은 토머스 에디슨이 연구하던 뉴저지의 벨로 아파트에 가보면 그 연구실에 작은 침대가 하나 있는데 안내하는 분의 말이 "에디슨은 밤과 낮을 가리지 않고 연구를 하다가 정 피곤하면 이 침대에 잠시 누워서 눈을 붙이곤 했다. 그러면서도 계속해서 자기가 하고자 하는 일을 열심히 하곤 했다"라는 것입니다.

에디슨은 강력한 정신으로 자신이 하는 일에 전력을 다 기울여서 몰두하였던 것을 알 수 있습니다.

성만찬을 그린 레오나르도 다빈치는 그림을 열심히 그렸습니다. 이른 새벽부터 저녁 황혼 시간까지 그리고 나서도 그 화실을 떠나지 않고 깊은 밤중에 자기 혼자서 그 그림에 대한 구조와 상상력과 창의력을 발휘하기 위해 혼자서 아주 깊게 늘 생각을 했다는 것입니다.

미켈란젤로는 90평생을 독신으로 살면서 오로지 그림을 아내로 삼고 작품을 자녀로 여기면서 미술에 헌신했습니다.

너무 과로하기 때문에 친구가 가끔 "너무 과로하는 것은 좋지 않다" 하면서 다정한 권면을 해줌에도 불구하고 오히려 짜증을 내면서 "일에 방해하지 말라"고 했다는 것입니다.

미국 스탠다드 석유회사의 점원 아치볼드 같은 이는 어느 호텔에 가서 숙박계를 쓸 때에도 자기 이름을 쓰지 않고 "한 통 4달러 스탠다드 석유"라고 자기 회사의 석유 가격과 이름을 적곤 했다는 것입니다.

말할 기회만 있으면 그는 "한 통 4달러 스탠다드 석유"를 먼저 앞세우곤 했다는 것입니다. 그래서 별명이 "한 통 4달러"로 불리게 됐다고 합니다.

석유왕인 사장 록펠러가 이 말을 듣고서 이 이름 없는 한 점원을 불렀습니다. 평사원과 한 테이블에 앉아서 식사를 나누면서 하나하나 얘기를 나누어 보았는데 록펠러는 너무나도 놀랐습니다. 그가 회사를 위해서 그렇게 골똘하게 비범한 열심으로 충성하는 것을 알게 된 것입니다.

록펠러의 뒤를 이어서 세계 최대 석유회사 사장이 된 사람은 다름 아닌 평직원이었던 아치볼드였고, 그도 가장 유능한 사장으로 후임이 되었다는 것입니다.

우리에게 맡겨진 일이 무슨 일이든지 하나님께서 주신 가장 소중한 영광의 직무입니다. 주어진 재능과 시간과 전 생명력을 투입해서 그 일이 아니면 다른 무슨 일을 할 여유가 없다고 생각해야 합니다. 많은 부분을 희생해 가면서도 오로지 그 일에 몰두해서 최선을 다해야 합니다.

일정한 궤도에서 전진 후퇴만 하는 기차나 전동차 운전은 흥미가 없습니다. 요즈음으로 말하면 비행기 조종이 퍽 흥미 있습니다. 높이도 빠르기도 전후좌우로 마음대로 조종할 수 있는 것이 얼마나 흥미로운지 모릅니다.

사람이 일생을 살아갈 때에 직업이라는 궤도 위에서 직업이 하자는 대로 겨우 책임이나 감당하는 직업인은 별로 흥미가 없습니다. 적어도 하나님께서 주신 재능과 소질을 가지고 마치 비행기를 조종하듯이 다양하게 직업을 운전해 나가는 멋진 직업인이 필요합니다.

그리고 마지막 한 가지 "일하기 싫어하거든 먹지도 말게 하라"는 말씀은 하나님과 함께 일하라고 하는 말씀입니다.

무슨 일이든지 하나님이 허락해 주신 일이라고 생각하고, 또 이 일을 위해서 우리에게 온갖 기회와 재능을 주셨는데, 그 일을 해 나갈 때에 반드시 하나님 뜻에 맞도록 하나님과 함께 역사해 나가는 숭고한 일꾼이 되어야 할 것입니다.

어떤 이가 "혹시 미국이 망해서 없어진다고 해도 영원히 없어지지 않을 인물이 있다면 16대 대통령 에이브러햄 링컨일 것입니다"라고 말했습니다.

아시다시피 그는 불우하게 자랐습니다. 통나무집에서 한 촌부의 아들로 태어나 가난 속에서 학교 교육을 받을 기회조차 없었습니다. 아홉 살 때 어머니가 세상을 떠나면서 한 마지막 유언이 "너는 성경책을 읽으며 하나님의 뜻대로 살아라. 너는 하나님 말씀을 봉독하며 그 뜻대로 살아라"는 말씀이었습니다.

성경책을 찾아보기 어려운 그때에, 그는 남의 집에 가서 며칠 동안 노동을 해서 그 대가로 성경책을 좀 빌려볼 정도로 어머니의 유언을 지켜가며, 하나님의 말씀을 많이 봉독하고 그 말씀대로 살아가려고 했습니다.

요즈음으로 말하면 부두노동, 지게꾼, 구멍가게, 뱃사공, 우체부, 측량사를 하기도 하고, 그러다가 변호사 노릇도 했습니다. 그리고 주의원이 되었고, 국회의원이 되었고, 마지막에는 대통령이 되었습니다.

그는 미국 대통령 중에 가장 존경받는 대통령이 되었고, 전 세계 초등학교 아이들까지 잘 알 만큼 위대한 인물이 되었습니다. 그런데 그는 직업인으로서 재치가 있다든지 또 흔히 말하는 수완이 좋았다든지 하는 것은 결코 찾아볼 수 없었습니다.

다만 링컨에게서 찾아볼 수 있는 것이 하나 있었는데, 그는 무슨 일을 해도 하나님과 동행하며 하나님의 뜻대로 하였습니다. 그러므로 진실했습니다. 사랑으로 일했습니다.

인격과 생활과 그의 움직이는 모든 결정과 그의 추진하는 사업 전체가 모두 숭고하고 거룩하고 생명을 귀중히 여기는 생활이었습니다.

성공적인 직업 생활을 하려면 첫째로, 내가 할 수밖에 없는 천직을 발견해야 합니다. 둘째로, '이것은 내가 하지 않으면 안 된다. 하나님의 명령이다'라고 생각하고 몰두하여 최선을 다해야 합니다. 셋째로, 무슨 일에서나 하나님과 함께하며 하나님의 뜻대로 살아갈 줄 아는 숭고한 신앙적인 직업인이 되어야 합니다.

이런 직업인들이 각계각층에서 일하면 그 사회는 건전한 사회, 위대한 일을 해 나갈 수 있는 놀라운 하나님의 뜻을 이루는 사회가 됩니다.

위기와 결단 (사순절 예배)

로마서 13:11-14

본문 11절 말씀을 보면 “또한 너희가 이 시기를 알거니와 자다가 깰 때가 벌써 되었으니 이는 이제 우리의 구원이 처음 믿을 때보다 가까웠음이라”라고 했습니다.

신학자 모펫은 이 구절을 “너희가 이 위기를 알거니와”로 번역하고 있습니다. 좀 더 구체적인 번역이라 생각됩니다.

하버드대 교수를 지낸 유기화학 전공의 제임스 버날드 박사는 “현대인들은 마음속 깊이 우려하고 있다. 현대 무기의 가공할 만한 성능, 심하게 분열되어 있는 세계 각국의 국제간의 연속적인 고도의 긴장은 전 인류를 불안에 몰아넣고 있다”라고 말했습니다.

유명한 세계적인 대전도자인 빌리 그레이엄 목사는 이렇게 부르짖고 있습니다.

> “20세기 후반이야말로 불타는 세계다. 인구 팽창의 불이 훨훨 붙어 오르고 있다. 얼마 가지 않아서 65억(초판 1980 당시))의 인구가 될 것이다. 무법천지의 불길이 타오르고 있다. 시가지 한복판이 공포와 강간과 죽음의 정글로 변해가고 있다.
>
> 인종의 불이 타고 있다. 마틴 루터킹 같은 세계적으로 유능한 인물들이

흉탄에 쓰러질 정도이다. 이것은 세계 도처마다 같은 현상이다. 인종 문제 때문에 비극이 일어나고 있다. 붉은 공산당의 불길이 일어나고 있다. 목적은 수단을 정당화한다는 표어를 걸고 온갖 비도덕적인 잔인한 투쟁을 자행하고 있다. 방종하는 자학의 불길도 타고 있다. 원자탄을 실험한 과학자가 '오! 나의 하나님 우리는 지옥을 창조했습니다'라고 했을 정도이다. 정치적인 딜레마의 불이 타고 있다. 어느 정치가는 말하기를 '만일 악마에게 위기 문제를 해결할 수 있는 만병통치약을 제공한다면, 나는 서슴지 않고 그 악마를 따르겠다'라고 했을 정도이다. 정치적인 악순환이 어느 때보다도 가장 격심하다."

세계는 이제 인간의 힘으로는 어떻게 할 수 없는 걷잡을 수 없는 막바지 위기에 직면하고 있습니다.

특히 많은 사람들이 이 지구상에 살고 있지만 **개인적으로 각각 위기를 당할 수 있습니다. 육체 생활의 위기**도 닥칠 수 있습니다.

질병이 심해져서 광범위하게 하던 사업을 다 내려놓고, 높은 지위도 명망도 아무 유익 없이 부득이 다리를 잘라 버리거나 손을 떼어버릴 수밖에 없는 처지에 놓이게 되기도 합니다. 육체적 위기입니다.

정신적 위기에 직면할 수도 있습니다.

불순한 사상에 빠져 삶의 갈피를 찾지 못해서 마침내 초조와 공허 속에 허탈을 느끼게 되는 경우도 있습니다. 정신적인 위기입니다.

가정 생활에 위기가 닥칠 수도 있습니다.

허영심으로 가득 찬 부부와 그 분위기 속에서 자라난 자녀들은 생의 황무지에서 유리 방황하기도 합니다. 가정의 위기입니다.

경제적 위기를 당하게 되기도 합니다. 천재지변에 의해서 경제적 빈곤에 빠질 수도 있습니다. 또한 무절제한 생활, 방종과 방탕의 생활, 범죄적 생활, 그리고 노동 기피의 생활이, 마침내는 걷잡을 수 없는 가난이라는 홍수에 떠내려갈 수밖에 없게 될 수도 있습니다. 이것은 경제적 위기라고 할 수 있습니다.

개인이 이렇게 위기를 당하는 것과 마찬가지로 **국가적으로도 위기를 당할**

수 있습니다. 옛날 이스라엘 민족은 심한 위기에 빠지곤 했습니다. 북방에는 앗수르의 광대한 세력이 위협을 주고 있고, 남방에는 애굽이 언제나 노리고 있어서 평안한 날을 찾을 수가 없었습니다.

심할 때는 "아침에는 앗수르, 저녁에는 애굽을 따르자"라고 소리치고, 나라의 살길은 "앗수르에 있다, 애굽에 있다" 하는 식의 갈팡질팡하는 국가정책과 국민의 경계심으로 혼란하기 그지없곤 했습니다.

그럴 때에 하나님의 사람인 이사야가 "주 여호와 이스라엘의 거룩하신 이가 말씀하시되 너희가 돌이켜 조용히 있어야 구원을 얻을 것이요 잠잠하고 신뢰하여야 힘을 얻을 것이거늘 너희가 원하지 아니하고"(사 30:15)라며 책망할 때도 있었습니다. 이는 근본적인 구원을 자세히 살피라고 하는 뜻입니다.

본문의 로마서 13장 11절 말씀에서도 위기를 당했을 때에는 먼저 자다가 깨어야 한다고 말씀했습니다.

우리 한국은 현재 전 세계가 주시하는 전쟁 위기의 가능성을 지니고 있는 나라로 지목되고 있습니다.

세계적인 대전략가들이 미국 지상군들이 철수하면 전쟁은 반드시 일어난다고 단정하고 있습니다. 일부 정치인들만 설마 그렇게 되지 않을 것이라고 말할 뿐입니다.

만약 이 땅 위에 다시 전쟁이 일어난다면 6.25와는 비교도 할 수 없는 끔찍한 피바다가 되고, 상상할 수도 없는 사상자를 내게 될 것입니다. 그런 의미에서 전쟁의 가능성은 일대의 위기를 만드는 일입니다.

그런데 국가의 위기에서 피하는 길은, 성경이 우리에게 밝히 가르쳐 주는 대로 먼저 깨어 있어야 합니다.

자다가 마땅히 깰 때가 되었다고 했습니다. 이 말씀은 국난이 왔더라도 성도들이 자다가 깨기만 하면 그 나라는 멸족을 당하거나 실패하지 않는다는 말씀입니다.

위기가 왔는데 여전히 잠만 자고 있다면 그 위기를 모면하기가 어려울 것입니다.

그렇다면 우리가 반드시 명심해야 될 이 '깨어 있으라'고 하는 말씀은 무슨 의미입니까? 한마디로 '회개하라'는 말씀입니다.

본문 12절에 "우리가 어둠의 일을 벗고"라는 말씀이 있는데, 이는 죄악 된 생활을 완전히 벗어버리라는 의미입니다.

그리스도 없이 사는 사람들의 대표적인 죄 6가지가 여기에 기록되어 있습니다. 이 죄는 특히 개인도 망하게 하지만 가정, 사회, 국가도 패망케 하는 무서운 죄목들임을 알 수 있습니다. 보니까 방탕과 술 취하는 일을 지적하였습니다.

"술 취하지 말며"라고 했습니다. 이는 먹고 마시는 일에 절제 없는 생활을 지적한 것입니다. 먹고 마시며 배를 하나님으로 삼는 생활이야말로 인생을 동물로 만드는 생활이고, 방탕과 술 취하는 생활이야말로 패망사회의 풍조인 것입니다.

오늘 우리 사회를 가만히 보면 아직 공부해야 할 중학생의 음주 풍조와 여학생이 맥줏집, 막걸리 집에 거침없이 출입하는 풍조, 산과 들에 남녀 젊은이들은 물론이거니와 중년 가정주부들까지 집단으로 만취하여 고성방가와 난무를 서슴지 않는 풍조를 가끔 볼 수가 있습니다. 이 사회가 위기를 맞고 있습니다.

이 모두가 누구의 죄입니까. 먼저 믿은 우리 그리스도인들과 교회가 경건하지 못하고 하나님의 뜻에 순종하지 못했기 때문에, 오늘의 사회가 방탕과 술 취함으로 점점 더 파괴되어 가고 있는 것입니다.

또 '음란과 호색하는 일'을 지적합니다.

즉 성적 타락을 지적하고 있습니다.

기번이 말하기를 "로마의 퇴폐는 목욕탕 온도에서 시작하였다"라고 했습니다.

역사가 타키투스는 "적국이 멸망시키지 않으면 하나님께서 멸망시킬 것이다"라고 로마의 운명을 단정 짓고 있습니다. 로마야말로 음란과 호색 때문에 망하지 않을 수 없었습니다.

옛날 구약시대에 유대 나라의 멸망도 눈물의 선지자 예레미야가 "므낫세의 죄가 4대에 이르렀다"라고 말하고 있습니다. 므낫세 시대에는 신전 주변에 남색 창기를 만들기까지 할 정도로 성적 타락이 심하였기 때문에, 그 나라는 다시 일어나지 못하고 망했습니다. 아무리 하나님의 백성이요 착한 선인들일지라도 타락했을 때는 용서하지 않으십니다.

성적 퇴폐가 심해지면 양심이 나라를 멸망시켜 버립니다. 군비를 아무리 강화시키고 경제력이 높아질지라도 외적의 침입보다 먼저 자체 내부의 붕괴를 면할 수가 없는 것입니다.

우리 사회는 좋은 면도 많지만 점점 더 성적 문란의 오염도가 심해지고 있습니다. 성병이 만연해지고, 사생아의 수가 늘어나고 있고, 이혼수도 더 많아져 가고 있으며, 전에는 볼 수 없었던 엽기적 살인극이 벌어지고 있습니다.

이 모두가 또다시 비참한 전쟁을 만들어 놓을 가능성을 부채질하는 것입니다. 이 역시 그리스도인들과 교회가 바른 신앙생활을 하였던들 이렇게 되지 않을 수 있었는데, 교회와 그리스도인들의 무능 때문에 오는 사회적인 퇴폐 현상이라고 하는 것을 자인해야 합니다.

또한 '쟁투와 시기하지 말라'고도 말씀했습니다.

화평과 단결에 힘쓰라는 말입니다. 쟁투는 헬라어로 '에리스'(ἔρις)인데 지위, 권력, 명성의 욕망 때문에 서로 미워하고 싸우는 것을 의미합니다.

로마제국의 영웅인 황제 시저도 가장 가까운 친구 브루투스에게 맞아 쓰러지면서 "너마저 나를 찌르느냐?" 하고 세상을 떠났습니다. 권력 때문에 친구도 죽이는 것입니다.

오늘 우리 사회는 범죄율이 급격히 늘고 있습니다. 교도소 인구가 훈련소 인구보다 점점 늘어나고 있습니다. 온갖 불순한 욕망 때문에 일어나는 가지각색의 범죄가 다양해지고 있습니다. 이 모두가 우리 그리스도인들의 불성실 때문에 오는 죄악상인 것을 이 아침에 자인하셔야 됩니다.

그리스도인들이여, 회개합시다.

어느 시대에 사회가 깨끗해지고 교회가 깨끗해졌습니까?

먼저 믿는 그리스도인들이 깨끗해지고 그 본연의 자세를 가질 때 교회가 살아나고 사회는 개조되었습니다.

우리 사회가 이렇게 오염되고 죄악으로 멍들어 버린 것은 그 누구의 책임도 아닌 부르심을 받은 우리 각자의 죄악이라고 하는 것을 자인해야 합니다. 그러면서 통곡의 눈물을 쏟으며 회개하여 하나님의 용서와 개조를 앙망해야 될 것입니다.

우리보다 더 타락했던 영국 사회도 회개운동이 일어나면서부터 피 흘리지 않고 새 사회 건설을 이루었고, 하나님의 은총을 입게 되었던 것입니다.

이 막바지 국가 위기에서 모든 그리스도인들은 모두 다 하나님 앞에서 깨어 회개하는 생활이 되어야 합니다.

'깨어 있으라'고 하는 말은 기도하라는 말씀입니다.

예수님께서 십자가에 달리기 전날 밤에 겟세마네 동산에서 피땀 흘리며 기도하시고 제자들에게 하시는 말씀이 "시험에 들지 않게 깨어 기도하라"는 말씀이었습니다. 위기의 때에 사는 길은 기도하는 것이라고 분명히 말씀하셨습니다.

에스겔 35장을 보게 되면, 에돔 왕들이 이스라엘 나라가 황무한 틈을 타서 자신만만하게 침략을 자행했습니다. 그러나 그들은 완전히 실패하고 말았습니다. 그 까닭은 에스겔 35장 10절에 "여호와께서 거기에 계셨느니라"고 말씀하고 있기 때문입니다. 하나님께서 함께하셨기 때문에 무방비 상태였지만 그들은 침략할 수가 없었습니다.

하나님이 함께하시면 백성들의 정신, 단결, 계획, 용기, 헌신, 복종, 희생적 활약 등 인간이 상상할 수 없는 위대한 능력이 발휘되는 것입니다.

죄로 뭉쳐진 단체는 언제나 장구하지 못할 뿐만 아니라 맥없는 단체가 됩니다. 곧 와해가 되는 것입니다. 하나님을 경외하고, 하나님의 뜻 안에서, 하나님과 함께 역사할 때에 위대한 힘이 일어나는 것입니다.

옛날 이스라엘 나라가 우상숭배로 인해 3년 반 동안 비가 내리지 않아서 산과 들에 곡식이 마를 뿐만 아니라 민심이 다 메말라 버렸을 때 국가 운명이 위태로워졌습니다. 그때 하나님의 사람 엘리야가 갈멜산에서 기도를 드려 놀라운 응답이 내려서 백성들은 하나님을 다시 찾게 되었고, 나라가 다시 일어나게 되었던 것입니다.

하나님께서는 기도하는 사람의 그 소원을 응답해 주십니다.

기도하는 사람에게는 복종의 힘을 내려주십니다.

기도하는 사람에게는 사랑의 능력을 베풀어 주십니다.

기도하는 사람에게는 놀라운 신앙을 갖게 하십니다.

기도하는 사람에게는 참으로 위대한 기적을 체험하게 하십니다.

기도하는 사람에게는 성화를 내려주십니다.

기도하는 사람에게는 온갖 죄악을 이기는 승리를 주십니다.

기도하는 사람에게는 언제나 감사에 넘치는 생활로 하나님 앞에 완전히 헌신하며 많은 생명을 건져내는 능력을 주십니다.

위대한 부흥사 밸리는 "기도는 하나님을 변하게 하는 것이 아니고 우리 자신을 변하게 하는 것이다"라고 말했습니다.

성도의 기도가 있을 때 우리 개개인이 하나님의 속성대로 변할 뿐만 아니라 아무리 악한 사회일지라도 그 속에서 개조되고, 그 속에서 위대한 힘이 발휘되는 것입니다.

'깨어 있으라'는 말은 자기 의무를 수행하라는 말씀입니다.

구약시대에 요나 선지자를 잘 아시지요?

하나님께서는 요나에게 니느웨로 가서 복음을 증거하라고 말씀하셨습니다. 그런데 그는 반대 방향인 다시스로 도망을 가면서 배 밑창에서 잠을 자고 있었습니다.

불순종의 요나, 하나님의 명령을 피하는 요나, 위기를 의식할 줄 모르는 요나, '이제는 괜찮겠지…' 하며 안도의 숨을 쉬는 요나, 그래서 남들은 죽는다고 아우성칠 때도 기도 한마디 못하는 요나를 생각해 보세요.

오늘 우리 역시도 이 위기에 살면서 하나님의 명령에는 번번이 회피 아니면 불순종으로 살아가고 있지는 않은지 돌아보아야 하겠습니다. 오히려 죄악의 안도감을 가지고 위기를 의식하지 못하고 있지는 않은지, 하나님께서 교회 직분을 맡겨 주셨는데 단 한 번이라도 충성스럽게 감당한 적이 있는지, 하나님께서 구속의 은총을 내려주셨는데 많은 생명을 건져내는 일에 제대로 사용하고 있는지 이 시간 자신을 돌아보시기 바랍니다.

신앙생활에서 불순종하기 시작하면 가장 먼저 오는 증상이 무감각입니다. 하나님의 음성을 듣지 않기 시작하면 감각이 둔해집니다. 그래서 안 믿는 사람보다 오히려 더 못해집니다.

요나는 이렇게 불순종의 길을 가다가 비로소 하나님의 뜻을 깨닫게 되었습니다. 시련을 통과하면서 니느웨 성으로 다시 갔습니다.

여러분, 성경에 기록된 많은 인물들 가운데에서 요나처럼 위대한 전도자는 없습니다. 자기 민족도 구원해 내지 못하던 선지자들이 많은데, 원수의 나라 수도 상·하·군·민 전체를 회개시키고, 그것도 짧은 기간 안에 가장 능력 있게 역사하여 수적으로나 질적으로 하나님의 뜻을 가장 잘 나타낸 사람이었습니다.

말씀에 순종할 때에 사람이 상상할 수 없는 위대한 존재가 됩니다.

어느 목사 집에 별안간 불이 났습니다. 급하게 방의 물건들을 대충 끄집어냈습니다. 가족들도 뛰쳐나왔습니다. 그러고 보니까, 네 살 난 어린 아들 하나가 2층에서 잠자고 있는 것이 생각이 났습니다. 그래서 소리를 지르면서 급히 들어가 불 속에서 잠자던 어린 아들을 간신히 끄집어냈습니다. 하마터면 그는 네 살로 생을 마칠 뻔했습니다.

그렇게 극적으로 구출을 받은 이 아이가 자라나서, 그가 바로 영국을 다시 살리고 "세계는 나의 교구"라고 했던 위대한 전도자가 되었습니다. 그가 바로 요한 웨슬리입니다.

아이를 불에서 건진 것이 엄청난 결과를 가져왔습니다. 그런데 사람을 죄에서 건지면 더 놀라운 열매를 맺게 됩니다.

이 아침에 기억합시다. 우리는 한 집의 불이 아닌 나라의 6.25 전란이라는 불 가운데서 구출을 받았습니다. 6.25를 경험하지 못한 젊은 학생들도 바로 그 전쟁에서 구출 받은 것임에 틀림없습니다.

하나님께서 우리를 이 무서운 재난과 위기에서 건져주신 것은 온 세계를 향해서 상상도 할 수 없는 위대한 일을 하게 하시려고 섭리하신 것입니다.

우리 앞에 놓인 위기를 비관하거나 염려하지 마십시다. 바로 성경 말씀에 귀를 기울이면서 우리라도 깨어 일어납시다. 우리의 잘못과 부족과 불성실과 비신앙과 미온적이고 잘못된 삶의 태도와, 하나님 앞에 용납될 수 없는 생각과 생활을 깊이 회개합시다. 무슨 문제든지 주님께 기도하고 맡기면 주님의 뜻대로 변화되고 이루어질 것을 확신하면서, 우리 다 함께 최선을 다하여 기도와 간구를 합시다. 우리에게 맡겨주신 사명에 게을리하지 말고, 회피하지도 말고, 불순종하지도 말며 최선을 다해서 사명을 완수합시다.

제가 믿기는, 이스라엘 민족을 통해서 나타난 위대한 복음의 역사와 위대한 하나님 나라 건설이, 이 위기를 돌파한 한국 교회와 성도들을 통해서도 이루어지게 될 것을 확신합니다.

정의 이상의 정의
(인생관)

마태복음 18:21-35

정의는 인간 생활의 최고 이상입니다. 정의가 결핍되면 인간 사회는 무너지고 맙니다. 그러므로 우리 인생들은 옛날부터 정의를 행하기 위하여 무척 애써 왔습니다. 그런데 이 정의의 발자취를 더듬어 보면 몇 가지 정의를 찾아볼 수 있습니다.

먼저 헬라식 정의, 즉 이성적 정의라고 할 수 있는 정의를 찾아볼 수 있습니다.

헬라의 철인 플라톤이 가르친 것에 의하면 "인간의 이성은 바른 것을 구체화하는 인간의 역사다"라고 했습니다.

그러면 어떻게 하는 것이 바른 것일까요.

플라톤에 의하면 "인간이 이성에 따라 그 이성이 명하는 것을 용기 있게 실행하는 것"이라고 하였고, "그런 생활에 방해가 되는 자연적인 여러 가지 욕망, 감정 등을 절제하며 나아가면서 이성에 복종케 하는 생활이다"라고 주장했습니다.

그렇기 때문에 바른 사람의 생활을 하려고 하면 무엇보다도 엄격한 지배하에 생활해야 한다는 것입니다. 그러므로 플라톤이 가르친 대로 하면, 참으로 바른 사람이란 아무래도 철인이 아니면 안 된다고 하는 것이고, 완전한 이성은 철인이라야 가질 수 있다는 주장입니다. 즉 일반 민중은 바르게 살려고 하면 이 철인을 따르지 않으면 안 된다고 역설했습니다.

그리고 플라톤은 사회생활을 해 나가는 데 있어 최고의 이상도 바로 그가 주장하는 이 정의여야 한다고 역설했습니다. 그래서 그는 무지에 대해서는 가차 없이 비판을 내렸고, 자기가 가진 철학 이하의 것에 대해서는 냉정한 비판을 내리는 동시에 내어 쫓았습니다.

그것이 정의를 지키는 가장 중요한 방법이라고 생각했습니다. 본래 이성은 용서를 모릅니다. 이 이성에는 냉철이 요구되고, 감정에 끌려서는 안 되게 되어 있습니다. 물론 이런 정의관이 꼭 잘못되었다고 할 수는 없습니다. 그러나 매우 결점이 많은 정의관입니다.

그다음 정의관은 유대식 정의, 즉 율법적 정의를 들어볼 수 있습니다.

옛날 이스라엘 민족은 헬라와는 대조적인 정의관을 가지고 있었습니다. 유대 사람에게 있어서 바른 것은 인간의 이성이 아니라 하나님의 명령에 복종하는 일입니다. 특히 모세를 통해서 내려주신 계명을 엄밀하게 지키는 것이 이상이었습니다. 헬라의 철인 정치에 비해서 이스라엘은 하나님의 율법이 지배하는 사회를 건설하려고 최선을 다했던 것입니다.

이스라엘 민족은 왕이라도 하나님의 율법 앞에서는 일개 민중과 마찬가지로 복종하지 않으면 안 되었습니다. 그리고 이스라엘 민족이 받은 하나님의 율법은 매우 특이한 것이었습니다.

모든 인간은 천지에 홀로 한 분뿐이신 절대자 하나님을 믿고 섬기지 않으면 안 된다고 하는 놀라운 선언으로 시작되어, 당시 세계 모든 민족이 깊이 빠져 있던 우상숭배를 철저히 금하였습니다. 또한 자기 이익을 위해 하나님의 이름을 함부로 쓰지 말라고 금하였습니다.

주인도, 주부도, 하인도, 나그네까지도 성일을 철저히 지키되 휴일로 삼고 하나님을 예배하는 날로 구별해 지키라고 명하였습니다. 경의와 존중으로 부모를 공경하라고 하였습니다. 무조건적 살인 금지와 인간관계의 기본적 질서에 관해서는 간음 금지, 남의 재산을 침해해서는 안 되는 도적의 금지, 남을 해치기 위해서 허위나 혹은 위증하지 말 것이며, 아무리 권리가 있어도 탐욕으로 불법 이득을 취하지 말라고 하는 10가지 계명을 철두철미하게 지키려 했습니다.

지금으로부터 3~4천 년 전, 당시 야만적 풍습과 유치한 우상숭배로 가득 차 있던 그 암흑시대에, 가장 약소민족인 유대인들이 이런 하나님의 율법을 받아 실행하였다고 하는 것은 놀라운 일이 아닐 수 없습니다.

그들의 사회에 전혀 맞지 않는 조항들인데도 불구하고, 그들은 이 조항을 실천하는 것이 정의라고 믿고 착실하게 실행했습니다. 이것은 한 차원 높은 정의의 실천이라고 할 수 있습니다.

우리에게 주어진 가장 최상의 정의는 예수 그리스도의 정의입니다.

예수님께서 말씀하시기를 "또 눈은 눈으로, 이는 이로 갚으라 하였다는 것을 너희가 들었으나 나는 너희에게 이르노니 악한 자를 대적하지 말라 누구든지 네 오른편 뺨을 치거든 왼편 뺨도 돌려대며 또 너를 고발하여 속옷을 가지고자 하는 자에게 겉옷까지도 가지게 하며 또 누구든지 너로 억지로 오 리를 가게 하거든 그 사람과 십 리를 동행하고 네게 구하는 자에게 주며 네게 꾸고자 하는 자에게 거절하지 말라"(마 5:38-42)고 하셨고, "나는 너희에게 이르노니 너희 원수를 사랑하며 너희를 박해하는 자를 위하여 기도하라"고 말씀하셨습니다.

구약의 복수법은 생명은 생명으로, 눈은 눈으로, 이는 이로, 손은 손으로, 발은 발로, 더운 것은 뜨거운 것으로, 상하게 한 것은 상함으로, 때린 것은 때림으로 갚게 되어 있습니다. 이것이 구약의 정의입니다. 또 이것이 정의를 지키는 가장 유력한 방법이었습니다.

그런데 예수님께서는 복수 폐기입니다. 보복 부정입니다. 이 말씀은 상대방의 영혼을 사랑하고 최대의 사랑으로 선처하라고 하는 말씀입니다. 예수님께서는 항상 악과 싸우셨습니다. 미움과 대결하셨습니다. 그러나 상대방이 어떤 사람이든지 그 영을 지극히 사랑하셨고, 존중히 여기면서 싸우신 것입니다.

예수님의 이러한 명령은 현실과 너무나도 동떨어진 태도 같습니다. 과거 인류가 살아 나온 역사 속에는 도저히 생각조차 할 수 없었던 생활법입니다. 그러나 오늘에 와서는 어느 사회에서나 개인적 보복행위를 인정하지 않게 되었고, 국가에 있어서도 범죄자는 일체 사회에서 격리시키고 교육을 시키지만, 당장에 그들을 감정적으로 처벌하게 되어 있지 않습니다. 매우 달라진 것입니다.

그리스도의 보복 부정의 정신 그대로 되는 것입니다. 예수님의 정의는 가장 높은 정의입니다.

어느 때에 베드로 사도가 "형제간에 내게 죄를 범하면 일곱 번 정도 용서하리이까" 하고 물었을 때 예수님께서는 "일흔 번씩 일곱 번이라도 용서하라"고 말씀하셨습니다. 예수님의 생활은 오로지 용서와 사랑으로 인간을 대하셨다고 하는 것을 알 수 있습니다. 이것이 예수님의 정의입니다.

헬라식의 이성적 정의는 열심히 할수록 정의의 실현이 불가능하였을 뿐 아니라 차가운 사회로 만들어 버렸습니다.

볼테르는 말하기를 "정당함뿐인 자는 가혹하다"라고 했습니다. 정당함만을 부르짖는 사람일수록 빨리 냉철해지고 가혹해져 간다는 것을 알 수 있습니다.

유대식의 율법적 정의는 고충뿐이고, 노력해 보았지만 실행이 부족할 뿐만 아니라 인간으로서는 도저히 불가능한 것을 깨닫게 됩니다. 낙심하게 되며, 도리어 고통만 남을 뿐 아니라 율법에 의한 형벌만 안게 되는 것입니다.

그러나 예수님께서 가르쳐 주신 정의는 실행하면 할수록 어떤 정의를 실천하는 그 이상의 인간 자체를 변화시키는 것입니다.

높은 차원의 진정한 정의는 바로 사랑이요, 용서입니다.

한번은 예루살렘 시내 한복판에서 백주 대낮에 간음한 여자가 현장에서 잡혀 예수님 앞에 끌려왔습니다. 유대인들 법대로는 27명 재판관 앞에서 심판을 받아야 하며, 성문에 끌려나가서 증인이 먼저 돌을 던지기 시작하면 남녀노소 모두가 돌을 던져 피살되는 것이 그녀의 운명이었습니다.

헬라식 이성적 정의에서도, 유대식 율법적 정의에서도 그녀가 살길은 없습니다. 그때 예수님께서는 "누구든지 죄 없는 자가 먼저 돌을 들어 쳐라"고 말씀하셨습니다.

흥분한 대중들은 남의 죄만 들여다보다가 그만 사람을 죽이는 과오를 남길 뻔했습니다. 순간이지만 그들은 자신의 죄를 살피게 되어 부끄러움을 느끼게 되었고, 마침내 하나둘 흩어져 돌아가 버렸습니다.

예수님께서는 쓰러져 있는 불쌍한 여인에게 "나도 너를 정죄치 아니하노니 다시는 그런 죄를 짓지 말라"고 하셨습니다. 이 얼마나 놀라운 용서와 사랑인지 참으로 형용할 수 없는 그리스도의 정의인 것입니다.

어느 날은 예수님이 세리를 만나셨습니다.

그는 자기 동족을 탄압하는 무서운 죄인입니다. 그리고 감당할 수 없는 무거운 세금을 메우는 모리와 토색과 욕심으로 살아가는 자입니다. 민족적, 종교적 견지에서 용서받을 수 없는 부정한 사람입니다.

그러나 예수님께서는 그의 그러한 죄도 모두 용서하시고 제자로 삼으셨습니다. 그의 손에 의해 마태복음이 기록되었고, 그의 헌신과 충성으로 인해 발칸반도의 유럽 일대는 물론 전 세계에 복음이 퍼졌습니다. 위대한 하나님의 종이 되었습니다.

그리스도의 정의 속에 새 인격이 나오고, 새 생활이 탄생됩니다.

그리스도의 생애 중 최고 절정이라고 할 수 있는 십자가상에서 마지막으로 하신 기도를 보면 "아버지 저들을 사하여 주옵소서 자기들이 하는 것을 알지 못함이니이다"(눅 23:34)라고 하셨습니다. 그리스도께서는 생명을 다하시는 시간까지 이 위대한 정의를 실천하셨습니다. 그러므로 그리스도 승천 이후에 더 많은 회개와 구원자가 속출하고 있는 것입니다.

저는 어렸을 때 어느 독본에서 재미있는 기록을 배웠던 기억이 있습니다.

윤회라는 사람이 먼 나그넷길에 날이 저물어 어느 산간 주막집에 가서 하룻밤 재워 주기를 요청했습니다.

그런데 주인 부인이 얼마나 혹독한 사람인지 이를 용납하지 않았습니다. 간신히 사정해서 헛간 옆에 보따리를 내려놓고 하룻밤을 지나기로 했습니다. 어두컴컴할 무렵에 그 집에서 키우는 거위가 땅에 떨어진 보물을 삼키는 것을 보았습니다. 조금 있더니 방 안에서 난리가 났습니다.

한바탕 떠들썩하더니만 헛간 옆에 있는 이 윤회에게 달려와서 "이놈! 네놈이 내 보물을 훔친 놈이로구나. 알고 보니 도적놈이로구나" 하고 다그치는 것이었습니다.

"아, 저는 보물을 가진 일 없습니다."

"이 뻔뻔스러운 놈, 다 저물 때에 왜 들어왔는가 했더니만 이놈이 내 보물을 훔치려고 왔구나!" 주인 부인은 이렇게 고함을 지르며 그를 마구 때렸습니다.

마침내 관아에까지 끌려갔습니다. 무수한 매를 맞았습니다. 멸시, 천대, 도적놈 취급을 받았지만 그는 아무 소리도 하지 않았습니다.

그때 윤회가 "다 좋습니다만, 한 가지 부탁을 드리겠습니다. 그 집에 키우는 거위를 제 옆에다가 좀 비끄러매 주시기를 바랍니다." 이튿날 아침에 보니까 그 잃었다는 보물이 거위의 용변 속에 있었습니다.

그러자 관에서는 "어찌하여 이런 사실을 일찌감치 말하지 않고 무수한 매를 맞고 고초를 당하고 나서야 이렇게 밝히느냐?"라고 물었다고 합니다. 그러자 윤회가 대답하기를 "제가 첫눈에 보니 주인 마나님 성격이 보통이 아닌 것을 깨달았습니다. 만약 그대로 얘기했다면 아마 저 거위의 배를 가르고서라도 끄집어냈을 테니 거위가 살아남을 수가 없었을 것입니다. 그래서 제가 차라리 참는 것이 좋겠다고 생각해서 하루 저녁 좀 불편했지만 이렇게 참았습니다"라고 했다는 것입니다.

이것은 한 나그네의 애기입니다. 두고두고 교훈이 될 만한 귀한 이야기입니다. 참고 견딜 뿐만 아니라 용서할 수 없는 것을 용서할 수 있는 마음, 그 속에서 냉정하고 차가운 마음이 변화될 뿐만 아니라, 심지어 짐승에게까지 은택이 입혀진다고 하는 좋은 예입니다.

우리도 우리 주변 사람들과 이 사회를 차가운 헬라식 이성적 정의로 바라보지 맙시다. 딱딱하고 무거우면서 부담만 주고 형벌만 남기는 유대식 율법적 정의를 건설하지 맙시다. 오직 그리스도의 정의와 뜨거운 피와 눈물과 땀이 섞여 있는 그리스도로 말미암은 참사랑과 용서 위에 우리 인생을 세워나

갈 때, 이 사회는 개인의 영성과 인격의 변화로 말미암아 아름다운 정의의 사회로 바뀔 것입니다. 그리고 자손 대대로 하나님 나라가 건설될 것입니다.

처음보다 나은 나중
(연말주일)

전도서 7:8
사도행전 20:22-24

전도서 7장 8절 상반절을 보면 "일의 끝이 시작보다 낫다"라고 하는 말씀이 있습니다. 흔히 속담 중에 "시작이 절반이다"라고 하는 말도 있습니다. 시작이 귀중하다는 말입니다.

그러나 마치는 것은 시작보다 좀 더 중요합니다. 농부들이 이른 봄에 씨를 뿌리는 것도 매우 중요하지만, 그보다 가을에 거두어들이는 추수는 좀 더 중요합니다. 마라톤 선수들이 출발을 잘해야 하는 것도 중요하지만, 그보다 끝까지 주파하는 마지막이 더 중요한 것입니다. 돈을 모으는 것도 중요하지만, 돈을 바로 잘 쓰는 것은 좀 더 중요한 일입니다. 무슨 일에나 일의 끝이 시작보다 나아야 하는 것입니다. 신앙생활에 있어서도 마찬가지입니다.

그리스도를 믿기 시작하는 것도 매우 중요한 일이지만 잘 마쳐야 하는 것은 좀 더 중요한 일입니다.

사도 바울이 소아시아 전도를 마치고 예루살렘으로 돌아가려 할 때 밀레도에서 에베소 장로들을 청하여 한 말 가운데 "내가 달려갈 길과 주 예수께 받은 사명 곧 하나님의 은혜의 복음 증언하는 일을 마치려고 함에는 나의 생명조차 조금도 귀한 것으로 여기지 아니하노라"고 했습니다.

그는 먼저 목표가 뚜렷했습니다. '나의 달려갈 길과 주 예수께 받은 사명', 그것이 곧 그가 바라보는 목표와 코스였던 것입니다. 좋은 끝을 가지고자 한다면 먼저 목표가 바로 되어 있어야 합니다. 즉 목적이 있는 생활을 해야 하는 것입니다. 해마다 수많은 학생들이 학교를 졸업하고 교문을 나옵니다만, 인생의 목적에 관해서 거의 무관심한 청년 남녀들이 많기 때문에 성공하는 예가 적은 것입니다.

나라 살림을 맡아 일하거나 또 사회 복지를 위해서 일하는 공무원이나 혹은 사회의 사업가들이 많이 있습니다만, 생의 목적이 뚜렷하지 못해서 유종의 미를 거두지 못하는 예가 많습니다. 우리나라에는 농부가 많이 있습니다. 그러나 인생의 목적을 깨닫는 농부는 별로 많지 않습니다. 그러므로 이 사회가 밝아지지 못하는 것입니다.

노동은 신성하다고 말하기도 합니다. 노동하는 사람이 많이 있습니다만, 인생의 목적이 분명하지 못할 때에 노동은 신성한 일이 될 수 없습니다. 인생을 파괴하는 술, 담배, 몸에 나쁜 유흥 재료를 많이 만들어내는 노동이 신성할 수가 없는 것입니다. 무엇보다도 먼저 인생의 생명의 의의를 깨닫게 하는 생의 목적이 뚜렷해야 합니다. 하나님이 인간을 창조하신 것을 알고, 그 뜻에 복종하는 것이 인생의 목적입니다.

하나님께서는 모든 만물을 창조하실 때 처음보다 점점 더 좋아지도록 만드셨습니다. 애벌레를 보면 보기 흉하게 생겼고 징그럽기 짝이 없습니다. 그것은 처음에만 그렇습니다. 나중에는 황홀할 정도로 아름다운 날개와 또 아름다운 모습으로 변해서 향기를 풍기는 꽃밭 사이로 날아다니면서 꿀을 맛보며 행복을 누리는 나비가 되는 것입니다. 이것이 애벌레 생의 끝입니다.

모든 식물도 마찬가지입니다. 처음에 돋아날 때는 약하고 보기에도 아름답지 못합니다. 그러나 자라고 열매가 맺어 무르익게 될 때에는 매우 아름답습니다.

인생도 하나님 안에서 그 지으신 뜻을 이루어 나아가는 때에 처음은 보잘것없는 인생이지만 점점 무르익어 아름답게 변화를 받는 것입니다.

인간의 기본 원형이 될 수 있는 예수 그리스도가 세상에 오셨을 때 처음에는 말구유에 나시고 온갖 모욕과 고난과 멸시를 받고 버림받으시는 모습이었습니다. 그러나 지금은 하나님의 우편에 앉으시고 무수한 적을 발아래 굴복시키시는 영광의 자리에 계시는 것입니다. 그리스도 안에서 인생은 시작보다 끝이 더 아름답게 변화되는 것입니다.

십자가상에서 회개한 한 강도는 시작은 추하고 또 비참한 악인이었습니다. 그러나 그는 지금 하늘나라에서 죄의 흔적도 없는 범죄 이전의 하나님의 형상대로 돌아가서 무한한 영광을 누리고 있는 것입니다.

막달라 마리아는 천한 생활이 그녀의 처음이었습니다. 그러나 그리스도 안에서 일곱 귀신이 다 물러가고 속화된 죄악 생활이 다 떠나가고 거룩한 성녀의 모습이 되어 버린 것입니다.

좋은 목표가 확실히 있을 때 가장 중요한 끝을 가질 수 있습니다. 그뿐만 아니라 유종의 미를 거두려면 힘써야 합니다.

바울 사도는 이 목표를 달성하기 위해서는 "나의 생명을 조금도 귀한 것으로 여기지 아니하노라"고 말했습니다. 필사의 노력을 다했다는 것입니다. 좋은 끝을 가지려고 하면 바른 목표를 가지려는 노력이 필요합니다.

백화점 왕 존 워너메이커는 "성공의 방법은 아는 데 있는 것이 아니라, 할 바를 일단 한 가지를 안 다음에는 그것에 정력을 기울이는 데 있다"라고 말했습니다.

어느 사회에서나 실패한 사람들의 발자취를 가만히 더듬어 보면 일 년에 직장을 두세 번, 아니 대여섯 번씩 전직하고, 일생 동안 한 가지 일정한 일을 지속하지 못하는 것을 볼 수 있습니다. 중요한 것은 최선의 노력으로 끝까지 계속하는 것입니다.

성경을 보면 신앙생활을 경주로 비유했습니다. 또 집을 짓는 것으로도 비유했습니다. 전쟁으로 비유하기도 했습니다. 무슨 말씀이냐 하면 필사의 노력으로 계속하라고 하는 뜻입니다.

어느 부인이 딸을 키웠습니다. 그런데 목사의 아내가 되었습니다. 이 어머니는 본래 하나님을 섬기지 않고 신앙생활을 하지 않을 뿐만 아니라 미신만 섬기고 또 세상에 욕심이 많았습니다. 그런데 생각하지도 않았던 목사를 사위로 맞게 되어 실망과 염려가 되었습니다. 곱게 키워놓은 딸을 가난과 핍박과 고통을 당해야 하는 목사에게 주었다고 생각하니 마음이 실패감으로 가득 찼습니다.

그러나 그는 그리스도를 알게 되었습니다. 신앙 안에 들어가게 되었습니다. 비로소 '내가 너무 늦게 신앙생활을 하게 됐구나' 하는 한탄을 하게 되었습니다. 이제 교회 일을 좀 해보자고 하니 나이가 너무 많아졌습니다. 그래서 한번은 사위 목사에게 이렇게 말했다고 합니다.

"내가 하나님의 일을 좀 하고 싶고 교회를 좀 도와야 하겠는데, 내가 할 수 있는 일은 다른 것이 별로 생각이 나지 않고, 교회 안에 가장 어려움을 당하고 있는 이들을 나에게 알려주면 그분들을 위해서 하나님 앞에 간절히 호소하는 기도를 드릴 터이니 알려달라"고 부탁을 했다고 합니다.

그런데 늦게 믿은 이 어머니가 나중에는 하루에 6백 명씩 불우한 사람들을 위해서 기도하는 어머니가 되었다고 하는 것입니다. 그렇습니다! 우리가 신앙생활을 하면서 뜻있는 일을 발견하면 즉시로 그 일을 위해서 있는 힘을 다해야 합니다.

그리고 또 한 가지는 신앙적 모험이 필요합니다.

사도 바울은 "그리스도와 복음 전파를 위해서는 죽어도 좋다"라고 했습니다. 이것이 모험입니다. 세상에 모험 없이 성공한 일은 없습니다. 더욱이 신앙생활에 있어서는 목숨을 던지는 모험이 필요합니다.

독일 수상이었던 아데나워 씨가 이런 말을 했습니다.

> "내가 가장 두려워하는 것은 하나님께서 하늘로부터 열쇠를 가지고 내려오셔서 '이제는 끝날 시간이다' 하시며 열쇠를 잠글까 걱정이다. 인생도 끝날 때가 온다. 내 인생에도, 당신의 인생에도 마지막 시간이 다가오고 있는 것이다. 하나님께서는 말씀하신다. '나는 새 시대를 시작하지 않으면 안 된다. 그러므로 인류의 종말을 내린다'라고 말씀하실 것이다."

이 말은 뜻이 있는 말입니다. 일은 많고, 시간은 짧다는 말입니다. 그러므로 모험이 필요하다고 하는 의미일 것입니다. 우리는 한 해를 마쳐 갈 때에 나의 일생의 종말도 연상하면서 유종의 미, 즉 아름답게 성장해 왔는가 하는 것을 다시 한번 재검토해야 할 것입니다. 우선 그리스도 안에서 생의 바른 목표가 정해져 있습니까? 또 이것을 위해 최선을 다해 노력해 왔습니까?

우리 모두가 한 해를 마치면서 유종의 미를 거둘 수 있기를 바라며, 새해에는 이런 방면에 더 놀라운 힘을 발휘하도록 해야 할 것입니다.

오직 겸손과 충성으로
(이임 마지막 설교)

사도행전 20:17-35

바울 사도가 소아시아 3년의 전도활동과 목회를 마치고 떠나면서 밀레도 항에 기항하게 되었어요. 사람을 보내어 에베소 장로들을 청하여 밤새도록 설교한 내용이 본문에 나타나 있습니다.

작별하면서 하는 설교이다 보니까 지난날의 걸어온 발자취를 회고도 하고 또 '이제부터 앞으로는 어떻게 될 것이다' 하는 전망에 관한 말씀도 들어 있습니다.

평소 주신 말씀도 중요했겠지만 작별할 때에 주신 말씀은 더 중요성이 있다고 생각됩니다. 바울 자신도 평소에 힘쓰던 것을 이제 작별하면서 새롭게 다시 강조도 했고 또 신자들에게 그렇게 요청도 하는 내용이라고 생각할 수가 있습니다.

여기 내용을 보니까 "모든 겸손과 눈물이며 유대인의 간계를 인하여 당한 시험을 참고 주를 섬겼다" 하는 말씀이 있습니다. 바울 사도가 전도하고 목회하며 또 신자들과 공동생활을 하면서 주를 섬긴 내용이 이렇게 압축, 요약되어 있는 것을 찾아볼 수 있습니다.

---

* 노량진교회를 퇴임하시면서 주신 마지막 수요일 저녁 설교 1993.12.27.

그 전체를 서너 토막으로 요약할 수 있는데, 첫째는 "겸손"입니다.

바울이 언제나 절실하게 느끼고 최선을 다하는 일이라면 겸손이었다고 생각할 수가 있고, 또 성경 전체의 그리스도인의 최고의 덕은 겸손이라는 것을 아주 누누이 우리에게 가르쳐 주고 있습니다.

사람의 품성에서 겸손 이상 더 중요한 것이 없습니다. 참된 겸손의 사람이 되었다고 하면 하나님 인정해 주신 사람이 되는 것이고, 또 가장 최고의 경지에 이른 사람이라고 생각해도 틀림이 없습니다. 사람 가운데 귀한 사람은 다른 사람이 아닌 겸손한 사람이라는 것을 알 수가 있습니다.

성경에 나타난 사람, 위대한 사람들을 보면 공통점이 겸손한 사람입니다. 겸손한 사람은 은혜를 받습니다. 겸손한 사람은 복을 받습니다. 겸손한 사람은 모든 문제를 해결할 줄 압니다. 겸손한 사람은 화평을 만들어 냅니다. 겸손한 사람은 실수가 적습니다. 하나님께서는 겸손하지 못할 때에는 잘 쓰시지 않습니다. 완전 겸손해진 다음에는 하나님께서 큰일에 사용하신다는 것을 알 수가 있습니다. 겸손이 인생 성공의 비결이라고 말해도 조금도 틀리지 않습니다.

바울이 소아시아에서 일할 때 "겸손으로 일했다"라고 고백하고 있습니다. 다른 일도 다 성공해야 되겠지만 그리스도인으로 성공해야 되고, 다른 일도 다 중요하지만 교회 일처럼 중요한 일이 없는데 교회 일이야말로 겸손 외에 다른 방법이 없습니다. 겸손한 사람이 교회 일을 하면 일이 크거나 작거나 잘 됩니다. 겸손한 사람이 전도하고, 겸손한 사람이 봉사하면, 겸손한 사람이 교회 각 분야에서 활동하면 그 교회는 하나님께서 아낌없이 무슨 은혜든지 다 풍성히 내려주신다는 것을 알 수 있습니다.

그런데 여기 본문을 자세히 보면 겸손을 철학적으로 설명한 것이 아니라 겸손을 크게 나누어서 두 갈래로 설명하는 것을 볼 수 있습니다.

그 하나가 **손해가 나고 위험을 당한다든지 하더라도 원망하는 마음이 없는 것**, 역경과 불행을 액면 그대로 받아들이는 자세, 이것을 겸손이라고 하는 것을 알 수가 있습니다. 여기 보니까 "눈물로 섬겼다"라고 했습니다. 강직하기로 유명하고 담대하고 모험성이 강한, 천하가 감당할 수 없는 바울 사도가 눈물로 섬겼다고 하는 것을 보면 핍박이 얼마나 격심했으며 고통이 얼마나 대단했는가 짐작할 수 있습니다.

삼 년 세월에 눈물로 섬겼다고 표현한 것을 보면, 말할 수 없는 역경 가운데서 주의 일을 했다는 것을 알 수 있습니다. 아무리 고통과 핍박이 엄습하더라도 원망하는 마음을 가지지 아니하고 액면 그대로 기쁨 그대로 받아들이는 자세, 이것이 겸손입니다.

사람은 주로 대인관계에서 어려움이 많습니다. 그런데 주님께서 가르쳐 주신 기도에서 보면 "우리에게 죄 지은 자를 용서해준 것처럼 우리 죄를 용서하여 주옵소서" 하고 우리에게 가르쳐 주셨죠. "우리에게 용서가 필요한데 남을 용서해준 것처럼 나를 용서해 주시옵소서" 하는 기도입니다.

대략 남이 나에게 해로운 일을 할 때에는 노하거나 분을 품기 쉽습니다. 그렇지 않으면 공격을 하거나 원망하기 쉽고 아니면 절교를 합니다. 그런 사람은 피하면서 대하지 않고 상대방의 용서도 거절할 수 있습니다.

이것은 겸손이 아닙니다. 그리스도인이 못 됩니다. 어떠한 해를 입었어도 원망하지 아니하는 것입니다. 액면 그대로 받아들이는 것입니다.

프랑스 여류 화가 로랑샹이 초상화를 많이 그렸는데 어떤 날 굉장히 뚱뚱한 여자가 와서 초상화를 그려달라니까 한마디로 거절했답니다. 이유는 '그렇게 큰 여자는 내 캔버스에는 그릴 수가 없다'는 것이었습니다. 우리 사람들의 용서의 캔버스는 너무 좁습니다.

예수님의 용서는 아주 넓습니다. 너무 넓어서 어떠한 사람이 오더라도, 가령 사마리아 수가성 여인이 와도 영접해 주십니다. 삭개오가 와도 영접해 주십니다. 마태가 와도 영접해 주시고 이방사람이 와도, 어린애가 와도, 심지어는 십자가상에서 강도, 그리고 자신을 못 박는 악한 폭한들을 용서해 달라고 하면서 "저들이 자기들의 하는 일을 알지 못함이니이다"라고 기도를 드리셨습니다. 예수님의 마음의 용서의 폭은 너무나도 넓어서 누구나 다 용납하고 있는 것을 볼 수 있습니다.

겸손이란 무엇입니까? 마치 바다와도 같이 동서남북의 좋지 못한 물이 다

흘러 들어가도 그 물들을 깨끗하게 해서 대양을 이루듯이 그리스도의 용서의 사랑 안에서 누구와도 원망으로 대하는 것이 아니라 액면 그대로 받아들여서 포용하는 것, 이것이 겸손입니다.

또 한 가지는 복종입니다. 22절을 보면 "보라 이제 나는 성령에 매여 예루살렘으로 가는데 저기서 무슨 일을 당할는지 알지 못하노라"고 했습니다. 완전 복종하는 것입니다. 무슨 일을 만날는지 알지 못하지만 짐작할 수 있습니다. 거기서 순교하게 될 것이라는, 그 강한 핍박을 예감할 수 있습니다. 그런데도 주께서 예루살렘으로 가라 하면 이유가 없습니다. 그저 완전 복종하는 것입니다.

어떤 불신자가 잘 믿는 신자에게 "용서란 무엇입니까?"라고 물었다고 합니다. 그런데 그가 대답한 말이 재미있습니다. "짓밟힌 꽃에서 나는 향기와 같다"라고 했다는 것입니다.

꽃이라는 게 모양이 아름다워야 하는데 짓밟히면 꽃이 무슨 가치가 있습니까. 모양이 다 틀어지고 이미 꽃도 아니지요. 짓밟힌 꽃이 뭐 꽃이겠습니까. 그러나 그 짓밟혔지만 향기로운 냄새가 난다는 말입니다. 겸손의 뜻을 아주 잘 표현하였습니다.

나 개인의 유익, 그 유익을 추구하는 마음이 다 짓밟히고 명예가 모두 다 짓밟히고 권리도 다 짓밟히고 내 마음대로 하는 계획 같은 것도 다 짓밟히고 완전히 짓밟혀서 나라는 존재가 형태가 없어질 만큼 마치 꽃이 짓밟히면 끝장나는 것처럼 다 짓밟힌 다음, 완전히 하나님의 뜻에 복종하였을 그때 향기가 꽃향기보다 더 아름다운 향기가 나타나게 됩니다. 그 향기와 같은 것이 겸손이라는 말씀입니다.

바울 사도는 에베소에 가라 하면 에베소에 갔습니다. 로마로 가라 하면 로마로 갔습니다. 핍박이 기다리고 있는 예루살렘으로 가라 하면 예루살렘으로 순종하며 갔습니다.

바울 사도뿐 아닙니다. 빌립 같은 이도 사마리아에 가서 생각 밖의 이방 사람들이 성령 충만함을 받고 병자가 낫고 귀신이 쫓겨 나가고 죄인이 회개하고 모두 사마리아의 큰 성령의 역사가 일어났습니다. 그렇게 되었을 때에 성령께서 "광야로 가라"고 하셨습니다. 그때 그는 지체하지 아니하고 광야로 갔습니다. 광야는 사람도 없고 할 만한 일도 없는 곳입니다. "성령께서 일 많이 있는 사마리아를 버리고 왜 그 사막으로 가라고 하시는가?" 하고 항의할 만한데도 빌립은 그런 이의제기를 하지 않았습니다.

다만 "예!" 하고 떠나갔습니다. 갔더니 마침 예루살렘에서 명절을 지키고 에티오피아로 돌아가는 내시를 만나게 되었고 이사야서의 말씀을 설명하면서 메시아를 증거했는데 그것이 에티오피아에 복음이 들어가는 동기가 된 것입니다. 이것이 교회 일 맡은 사람의 일입니다. 이것이 겸손이라는 말입니다.

흔히 우리 목회자들도 유혹과 시험을 잘 받습니다. 우리 목회자들이 하는 일은 목회 아닙니까. 목회자는 교회를 통하여 일을 합니다. 그런데 일을 하다가 '내가 이 교회를 갈까, 저 교회로 갈까' 하면서 교회를 택하느라 분주하기 쉽습니다. 큰 시험입니다.

하나님께서 저에게 은혜를 주셔서 저는 지금까지 살아오는 동안에 교회를 선택한 일이 없습니다. '이 교회 갈까' 해본 일도 없고 '저 교회 택할까' 해본 일도 없습니다. 노량진교회가 어디 있는지도 모르고 왔습니다. 어느 장로님을 통해 노량진교회가 청빙한다는 소식 듣고 "기도해보겠습니다" 하고 기도하는 중에 그저 이것이 성령의 인도이거니 하고 왔습니다. 그 전에도 마찬가지입니다. 만약 제가 목회를 하면서 내가 이 교회를 가자, 저 교회를 가자 선택했다면 그것은 하나님의 일이 아니었을 것입니다.

많은 목회자들이 이 시험에 잘 넘어갑니다. 사실 우리가 일생 사는 동안에 교회는 하나님의 교회, 그리스도의 교회, 그리스도가 우리의 머리이신데 완전 순종하는 것입니다. 99퍼센트가 아니고 100퍼센트 순종하면 되는 것입니다. 교회는 우리 사람들이 마음대로 하는 것 같지만 사람들이 뜻대로 되지 않습니다. 교회는 하나님께서, 주님께서 주장하십니다. 주께서 경영하시고 섭리하십니다. 모든 그리스도인들은 그리스도에게 온전히 순종할 줄 알 때, 그럴 때에 비로소 교회 일이 됩니다.

요나 같은 이는 능력 있는 하나님의 사람이지만, 니느웨로 가라 하시는 음성에 자기 생각대로 니느웨가 적당하지 않다는 것입니다. 다시스로 도망가다가 하나님의 채찍을 단단히 얻어맞은 다음에 다시 니느웨로 가서 비로소 하나님의 사람 노릇을 했습니다.

목회자에게는 교회 선택의 자유를 주지 않습니다. 하나님이 하시는 것입니다. 하나님의 뜻에 순종하면 됩니다. 하나님의 사람은 하나님이 명령하신 일은 하나님의 명령에 언제나 순종하면 그게 목회입니다. 또 그게 성공입니다. 사람이 선택해서 '이렇게 해 보겠다, 저렇게 해 보겠다'라고 하는 한 목회가 아닙니다. 그것은 하나님의 일이 아닙니다. 사람의 일입니다.

우리가 일생 사는 동안에 교회일이 전체가 다 그렇다는 것을 생각하세요. 우리가 교회에서 무슨 큰 책임을 맡든지 작은 책임을 맡든지 하나님의 명령에 순종하면 그 자리에 내가 있어서 적합하고 성공하고 유익하고 은혜가 되고 열매 맺고 그것이 교회일 하는 것이라는 사실을 잊지 말아야 합니다.

내가 이 자리 하고 싶고 이 책임 맡고 저 자리를 맡고…내가 하는 한 열매를 맺을 수가 없습니다. 맺어지지 않습니다. 교회의 일은 하나님 나라 일이라는 것을 잊지 말아야 합니다. 조금이라도 내 생각대로 하는 것은 교만입니다. 교만이 하나님 나라를 세우지 못합니다. 그저 완전 순종할 때 그게 겸손입니다. 겸손한 사람들이 일하는 교회가 하나님의 교회입니다. 그럴 때 위대한 열매가 맺혀진다, 이것을 잊지 마시기 바랍니다.

저는 이제 노량진 목회 32년을 마치게 됩니다만 노량진에 와서 30년을 하겠다고 해 본 일도 없고, 20년을 하겠다고 해 본 일도 없습니다. 그저 주일이 되면 정성스럽게 지키고, 수요일이 되어서 설교하고 새벽에 나와서 기도한 것뿐입니다. 몇 년을 하겠다고 계획한 일이 없습니다.

그런데 이렇게 잘 마치게 해주신 것은 하나님의 은혜입니다.

하나님께서 우리 교회를 얼마나 크게 했다든지, 무슨 일을 하게 했다든지 그것은 제게 있어서 중요한 게 아닙니다. 하나님의 심부름으로 왔다가 하나님의 뜻 가운데 마치는 게 중요합니다. 그 이상 아무것도 없습니다. 교회는 하나님의 교회입니다. 교회는 그리스도의 교회입니다. 그리스도의 뜻에 완전 순종할 때만이 교회의 일이 됩니다.

우리 노량진교회, 모두들 교회 일을 잘합니다. 그러나 주마가편(走馬加鞭)이라는 말이 있듯이 달리는 말에 채찍이 필요한데, 완전 겸손한 우리 교우들이 되시기를 바랍니다. 교회 일을 내 생각대로 해야겠다고 생각하는 한 교만이 남아 있습니다. 우리가 뭘 다 해야 된다고 생각하는 한, 아직 교만이 남아 있는 것입니다. 하나님의 뜻에 완전히 순종하면 그것이 겸손이고 그것이 교회 일이 됩니다.

바울 사도가 강조하는 것은 바로 이 겸손인데 이 겸손은 어떠한 일에든지 원망하지 아니하고 그대로 받아들이겠다, 그대로 순종하겠다고 하는 것 이것이 바로 그의 겸손이었습니다. 앞으로 우리 교회가, 남녀노소 전부가 다 그리스도의 뜻에 완전히 겸손하게 헌신하는 우리 노량진교회 되기를 바랍니다.

그 다음, 둘째 항목이 충성입니다. 겸손 다음은 충성입니다.

24절에 "내가 달려갈 길과 주 예수께 받은 사명 곧 하나님의 은혜의 복음을 증언하는 일을 마치려 함에는 나의 생명조차 조금도 귀한 것으로 여기지 아니하노라"고 했습니다. 주를 섬기는 생활의 절대조건을 충성에다 두고 있는 것을 볼 수 있습니다.

충성, 그런데 이 충성도 두 가지가 있습니다.

그 하나가 **하나님의 말씀을 전하는 것입니다.** 충성이 무엇입니까? 철학적으로 신학적으로 설명하지 아니하고 여기서 구체적으로 볼 수 있는데 충성이 곧 "하나님의 말씀을 증거하는 것"이라고 되어 있습니다. 27절에 "내가 꺼리지 않고 하나님의 뜻을 다 여러분에게 전하였음이라", 20절에 "유익한 것은 무엇이든지 공중 앞에서나 각 집에서나 거리낌 없이 여러분에게 전하여 가르쳤다"라고 말합니다. 바울 사도는 시도 때도 장소도 없이 죽으나 사나 열심히 하나님의 말씀을 증거했는데, 이것이 충성입니다. 말씀 증거하는 것이 충성이라는 말씀입니다.

어느 목사님이 젊은이와 대화하는 가운데 젊은이에게 물었습니다. "젊은이, 구원 얻었나?"

그 젊은이 대답이 "네, 구원은 이미 얻었습니다. 그런데 이제 무엇을 해야 합니까?"라고 했다는 것입니다.

우리 교회와 그리스도인은 구원을 위해 힘쓰는 것이 첫째입니다. 그러나 그 다음 하나님의 말씀을 어김없이 전해야 된다는 것, 이것이 매우 중요하다는 것을 잊지 말아야 합니다.

우리 신앙생활을 농사로 비유한다고 하면 회개하고 변화 받고 중생하는 것은 토지개량과 같습니다. 농사를 지으려면 토지가 있어야 하는데 토지를 개량해야 합니다. 돌짝 밭에 엉겅퀴 가지고는 안되고 다 갈아서 옥토로 만들어야 합니다. 우리가 회개하고 예수 믿는 것, 이것이 토지개량과 같은 것입니다. 농사에 중요합니다.

그러나 몇 천 평, 몇 만 평 토지를 옥토로 만들었다고 농사가 됩니까? 그 옥토에 좋은 씨를 뿌려야 합니다. 토지개간만 해놓고 이제 농사 다 했다 하는 농부가 어디 있습니까? 농토를 잘 일구어 놓은 다음에는 구석구석에 씨를 뿌려야 농사가 되는 것 아니겠습니까?

자, 회개로써 심령을 개발하는 건 좋은데, 바로 그 심령에 뭐가 필요하냐 하면 말씀이 필요합니다. 우리 신앙생활은 회개하고 예수 믿고 기도하며 은혜 받고 축복 받고…. 거기까지는 토지개량입니다.

그런데 토지개량만 해놓고서는 농사를 다했다고 하는 신자가 너무 많습니다. 농부도 그런 농부가 어디 있습니까. 이제는, 다른 많은 심령들을 구원하기 위해서 말씀을 전해야 합니다. 말씀을 전하는 것에서부터 충성이 시작됩니다. 나를 위해서는 회개하고 예수 그리스도를 믿고 신자가 되는 것은 농토를 개간하는 일입니다. 그것은 충성에 들어가지 못합니다. 내가 변화된 다음에 말씀을 받아들이는 동시에 내가 말씀을 전하는 시간부터 충성이 된다는 말입니다.

바울 사도의 말씀에 "때를 얻든지 못 얻든지 공중 앞에서나 각 사람의 집에서나" 좌우간 있는 힘을 다해서 말씀을 증거했다, 여기서부터 충성이라는 말입니다.

우리 현대 신자들 가운데는 자기 자신을 위해 기도는 많이 합니다. 그러나 전도를 안 합니다. 현대인에게 충성이 없어졌습니다. 여러분들, 신앙생활을 하루 이틀 하는 것이 아니고 일생을 하는데 다른 심령에게 복음을 증거하고 그를 구원하는 일은 하지 아니하고 내 심령만 자꾸 갈아엎고 옥토로 만들고 그것만 하고 앉았노라면 신앙에 피곤이 오기 시작합니다. 뭘 해야 되는지 모를 수 있습니다. 현대 그리스도인들 중에서 크게 잘못되는 경향이 복음 전하는 것을 소홀히 생각하는 것에서 생겨납니다. '나 잘 믿고 구원 얻었으면 되었지, 전하긴 뭘 전하느냐. 다 알아서 믿을 것이지, 나 구원 얻었으면 됐지….'

이것은 마치 씨 뿌리지 아니하는 농부와 같은 것입니다.

우리 그리스도인들의 가장 중요한 임무와 사명은 말씀을 전하는 것입니다. 가르칠 어린아이가 많은데 가만히 앉아 있습니다. 지도할 젊은이가 수두룩한데도 너무 한가합니다. 돌봐야 될 구역이 수두룩한데도 별로 관심이 없는 것입니다. 전도를 받아야 될 이웃이 많은데 눈에 보이지 않는 것입니다.

그런 신앙생활은 회의에 빠지게 됩니다. 무엇 때문에 믿는지를 모르는 것입니다. 믿어도 별거 아니라고 생각합니다. 하나님이 주시는 은혜를 체험하기가 어렵습니다.

가장 중요한 것이 무엇입니까? 하나님의 말씀을 전할 때부터 충성이 시작되는 것입니다. 때를 얻든지 못 얻든지 말씀을 전하는 것에서부터 충성이 이루어집니다. 교회 학교를 가르치고 구역을 담당해서 전도를 하고 각 단체에서 나가서 전도하고 개인전도하고 문서로 전도하고 사방으로 흩어져 전도하고 자꾸 전도하는 것, 거기서부터 충성입니다.

충성이 빠지면 신자로서의 근본 가치가 없어집니다. 충성이 빠지면 교회의 좋은 재목들이 없어집니다. 충성할 때 신자의 가치가 나타나고, 충성할 때에 교회의 존재 의의가 나타나는 것입니다. 사도 바울은 이 충성을 위해 "목숨까지 아끼지 아니하노라" 하였습니다. 바로 말씀 전파하는 것 때문입니다.

말씀을 전파하는 교회가 충성하는 교회입니다. 없어서는 안 되는 교회의 일, 말씀을 증거하는 것으로 목숨을 바치겠다는 신자는 가장 위대한 신자라는 것을 알 수 있습니다.

또 한 가지는 사랑으로 봉사하는 것입니다.

예수님이 세상에 오셔서 복음을 증거해 주시되, 사랑을 실천하시면서 증거해 주셨습니다. 하나님께서 그 사랑을 우리 인간 속에 나타내 보여주셨습니다. 사랑의 하나님을 우리에게 나타내 보여주셨습니다. 요한복음 14장을 보면 예수님께서 "나를 본 자는 아버지를 보았느니라"고 말씀해 주셨는데, 예수님을 뵈옴으로써 하나님의 사랑을 알게 되었습니다. 우리 그리스도인들이 힘써야 되는 것은 "마치 나를 본 사람은 그리스도를 보았느니라" 할 수 있다면 만점이라고 할 수 있습니다.

"우리가 예수님을 직접 뵙지 못하더라도 예수 믿는 그 사람을 보니까 예수님을 알 수가 있구나" 할 만큼 예수님의 사랑을 그대로 우리에게 나타낼 수 있을 때, 그럴 때에 진정한 의미의 참 그리스도인이 된다는 것을 생각하게 됩니다.

말씀을 전파하는 것이 충성인 동시에 그리스도의 사랑을 우리의 활동 속에, 기도 동작 속에서 실천해서 나타낼 수 있다고 하면 그것이 가장 충성입니다. 사랑과 봉사가 나타나는 곳에 개인이 변화되고 가정이 변화되고 사회, 국가가 변화되고 자꾸 변화되는 것입니다. 목숨까지도 바치겠다고 하면서 복음을 증거하는 한편 완전히 그리스도의 사랑으로 봉사한 이것이 바울이 걸어간 충성이었습니다.

제가 늘 얘기했습니다만 아메리카 대륙은 북미주와 남미주로 나뉘어져 있습니다. 북미주에는 미합중국과 캐나다가 있는데 북미주 국가는 남미주나 북미주가 똑같습니다. 큰 대륙인데 다 이민 들어가 산 사람들입니다. 원주민이 있었습니다만 그 원주민들이 지금은 거의 없다시피 하고 지금의 남북미주는 전부 이주민들이 들어가서 건설한 사회입니다. 그런데 북미주는 아주 대단히 발달한 사회가 되어 있습니다. 민주국가, 자유사회, 아주 부강하고 풍부하고 세계 최상의 문명사회가 되어 있습니다.

그런데 남미주는 우리가 잘 아는 대로 아르헨티나, 브라질, 칠레가 있어서 abc 세 나라라고 합니다. 그 세 나라가 크고 나머지까지 한 20개국이 됩니다. 모두 합쳐서 한 20개국이 되는데 남미주는 문명국이 아닙니다. 자유 대륙도 못 되고 풍부하지도 않습니다. 거의 전제국가 아니면 비민주국가입니다. 또 후진성이 높습니다. 문맹자가 많고 가난하게 살아갑니다.

그러면 남미, 북미 땅이 다릅니까? 아니 땅으로 보면 남미가 더 좋습니다. 북미도 크고 좋지만 남미 경치가 더 좋습니다. 땅도 더 좋고 크기도 더 큽니다. 그 똑같은 대륙이 왜 북미는 이상적인 국가가 되었는데 남미는 왜 후진국가입니까? 어떤 이들은 종교적으로 설명합니다.

북미에는 퓨리턴들, 우리 기독교인들이 갔습니다. 기독교 문화에서 온 그런 훌륭한 꽃이 북미라는 것입니다. 반면에 남미는 스페인이라든지 포르투갈이라든지 천주교인들이 갔습니다. 천주교 문화권이 되어서 정치적으로도 전제 제도에다가 개발이 되지 않아서 기독교와 천주교의 문화차라고 설명하는 이들도 있습니다. 그것도 틀렸다고 할 수는 없습니다. 대개 보면 기독교 국가는 사회적으로 아주 문명하고 부강해지는 데 비해서 천주교 국가는 그렇지 않는 것도 사실입니다.

그러나 그보다는 진정한 차이점이 어디 있습니까.

북미에 간 기독교인들은 돌아갈 것을 생각하고 간 것이 아닙니다. 죽으나 사나 그 황무지를 개간하고 여기서 묻히고 여기서 살리라 하고 정착한 것입니다. 돌아갈 생각를 안 했습니다. 완전히 여기서 뼈를 묻으리라 생각하고 개간한 것입니다. 그런데 남미 스페인이라든지 포르투갈의 천주교인들은 큰 배를 가지고 와서는 금덩어리라든가 무엇을 캐서 돌아갈 생각을 하지, 거기서 영원히 살 생각을 한 사람들이 아니었습니다.

문제는 목숨을 걸고 최선을 다해 여기 뼈를 묻으리라 해서 개척을 해나간 곳은 나날이 달라졌는 데 비해서 물질욕이나 가지고 그저 적당하게 어떻게 해서 돈 벌어서 돌아가리라고 생각한 남미는 아주 혼미한 사회를 만들었습니다. 그래서 이상적 사회건설이 안 되고 말았어요.

가장 중요한 것은 목숨을 걸어야 한다는 것입니다. 가정을 위해서, 사회를 위해서, 국가를 위해서 그리고 무엇을 하든지 목숨을 걸고 최선을 다하는 데서는 기적이 나타나는데, 그런 것이 없는 곳에서는 기적이 안 나타납니다.

교회 생활이 그렇습니다. 하나님의 말씀을 전하는 일과 사랑의 봉사에 힘쓸 때, 목숨을 걸고 충성을 하면 교회는 살아나게 되고 능력을 얻게 되고 기적이 이루어지게 되고 변화가 생겨나는 데 비해서 그것이 없으면 아무런 놀라운 역사가 이루어지지 않는다는 것입니다.

바울 사도의 전도여행이 데살로니가 같은 데서 3주간 있었습니다. 그런데 위대한 일이 나타났습니다.. 왜 그렇습니까? 목숨을 걸고 충성했기 때문입니다.

여기 사도 바울 선생이 소아시아에 들어와서 특별히 목숨을 아끼지 아니하였다고 했습니다. 그러면서 충성했는데 말씀 증거가 충성입니다. 사랑의 봉사가 충성인데 목숨 걸고 했기 때문에 놀라운 역사가 이루어졌습니다. 오늘 우리는 지금 그 소아시아 시대보다도 더 험한 시대를 만났습니다. 바로 이런 때에 우리 교회의 생활을 진정 충성스러운 생활로 해나갈 수 있게 되기를 소망합니다.

마지막으로 주와 및 은혜의 말씀에 굳건히 서서 시험을 이겨야 합니다.

"유대인의 간계를 인하여 당한 시험을 참았다, 결박과 환난이 기다린다, 흉악한 이때에 너희 가운데서도 제자들을 끌어 자기를 좇게 하려고 어그러진 말을 하는 사람들이 일어날 줄로 안다…." 여기에 여러 가지 우리 귀에 거슬리는 표현이 많이 있습니다.

이것은 교회에 반드시 핍박이 있겠다는 것을 예고해 주시는 말씀입니다. 우리가 신앙생활하면 개인에게도 그렇고 교회에도 반드시 시험이 있습니다. 시험을 두려워해서도 안 되고 시험을 회피하고자 해도 안 됩니다. 시험은 신앙생활에 반드시 있는 것입니다. 시험을 전제해야 합니다.

도리어 전에 어떤 신자는 "하나님이시여, 나에게 칠난팔고(七難八苦)를 주시옵소서. 일곱 가지 난관과 여덟 가지 고통을 주시옵소서"라고 기도했습니다. 왜 그런고 하면 겉보기에는 시험은 괴로운 것 같고 반갑지 않지만 시험을 통해서 회개하게 되고 신앙이 더 깊어지고 성격과 생활이 온전해지고 능력을 나타내게 되기 때문에 오히려 시험을 두려워하는 것이 아니라 시험을 달라고 기도한 이가 있다는 말입니다.

다만 이 시험을 이겨야 한다는 것이 중요합니다. “지금 내가 너희를 주와 및 그 은혜의 말씀에 부탁하노니 그 말씀이 능히 너희를 든든히 세우사 거룩하게 하심을 입은 모든 자 가운데 기업이 있게 하시리라”(32절). 주와 그 은혜의 말씀 속에 굳게 서면 모든 시험을 이길 수 있습니다.

이 시대에 앞으로 시험이 많이 올 것입니다. 개인에게도 교회에도 전보다 다르고 아주 큰 유혹과 시험이 많이 올 것입니다.

제가 노량진교회에 처음에 올 때는 정치적인 핍박이 있었습니다. 제가 총회 심부름을 했습니다만 감옥에 갇힌 목사들을 끄집어내는 일에 막대한 시간을 보냈습니다. 그때에는 무슨 말 좀 틀렸다고 해서 감옥에 넣고, 뭘 어떻게 했다고 해서 감옥에 넣었습니다. 이것은 외부적인 핍박입니다.

요즘은 목사들이 무슨 말을 했다고 가두는 일은 없습니다. 정치적 핍박은 없어졌습니다. 그러나 지금은 내부적인 유혹이 생겨납니다. 신앙적인 시험이 생겨날 수 있습니다. 교회에는 언제든지 시험이라는 게 있습니다.

그런데 이 시험을 이기는 방법은 다른 데 있지 않습니다. “주와 그 은혜의 말씀 속에 굳게 서는 것”입니다. 하나님의 말씀에 굳게 서면 외부시험도 이겨낼 수 있고 내부시험도 이겨낼 수 있습니다. 그리스도인들은 완전히 하나님 말씀 안에 굳건히 서도록 힘쓰는 것이 제일 중요합니다.

요한 웨슬리가 영국을 살렸습니다. 그가 결단을 내린 다음부터 위대한 일이 생겨났는데 매일 첫 시간을 하나님께 바치고 그 말씀대로 살기로 결심한 다음부터 영국이 살아났습니다. 링컨이 매일 아침 첫 시간을 바치고 하나님의 말씀대로 하겠다고 결심했는데 그는 정치인이지만 세계 역사상 인도주의적이면서 가장 위대한 신앙적인 사랑을 실천하는 데 승리한 사람이었습니다.

오늘 우리가 일평생 살아가는 동안 무엇보다도 시험을 이길 수 있는 위대한 신앙생활을 해야 되겠는데 이것은 다른 면보다도 완전히 주와 및 은혜의 말씀에 튼튼히 서서 나가는 데서 온다는 것을 확신할 수 있게 되시기를 바랍니다.

우리 가정이 시험에 흔들리는데 다른 방법을 찾지 마십시오. “주와 및 은혜의 말씀”에 굳건히 서는 데서, ‘웨슬리처럼 링컨처럼 첫 시간을 주께 바치고 말씀대로 살겠습니다'라고 하면 그 집안의 문제가 해결됩니다. 교회도 마찬가지입니다. 교육도 그렇고, 경제도 그렇고, 정치도 그렇고, 문화도 그렇고. 사업도 그렇습니다. 대인관계도 "주와 및 은혜의 말씀"에 굳건히 서면 해결됩니다.

앞으로 한국 교회는 주와 및 은혜의 말씀에 굳건히 서야 됩니다. 지난날보다 방향이 다른 더 어려운 시험이 닥쳐오는 이때에 첫 시간을 주께 바치면서 그 은혜의 말씀에 굳건히 서서 용감하게 전진해서 한국 교회가 전 세계 승리의 교회로 그 사명을 다할 수 있게 되기를 바랍니다. 또 우리 노량진교회가 그렇게 되기를 바랍니다.

바울 사도가 소아시아를 떠나면서 겸손한 생활을 하라는 것인데 어떠한 억울한 일을 당해도 원망하지 말고 받아들이고 또 하나님의 뜻에 온전히 순종하며 겸손하라는 것입니다. 또한 충성하라는 것인데, 말씀을 전하는 것에서부터 충성이 시작됩니다. 그 전에는 토지개량밖에는 안 됩니다. 아무리 오래 기도했어도 말씀 전하는 것 없는 사람은 아직 충성을 시작도 하지 않은 것입니다. 충성은 말씀을 전하는 것이고 사랑의 실천입니다. 내가 남에게 사랑을 실천하는 데서부터 충성이 시작되는 것인데 그 충성이 넘쳐야 됩니다.

개인이나 교회 전체에 반드시 시험이 오는데 아무리 시험이 강하게 온다고 하더라도 "주와 및 은혜의 말씀"에 든든히 서야 된다고 하는 것, 이것이 중요합니다. 앞으로 우리 교회가 모든 방면에 하나님께서 넘치는 은혜로 늘 함께 해 주실 것을 믿으면서 여기 바울이 소아시아를 떠날 때의 말씀을 명심할 수 있게 되시기를 바랍니다.

기도합시다.

사랑하시는 주님, 감사합니다. 오늘 저희들, 소아시아를 떠나면서 바울 사도께서 회고하고 전망을 하는 가운데서 겸손하라고 하는 말씀, 충성하라고 하는 말씀, 그리고 시험에서 승리해야 한다고 하는 말씀을 잠시 생각했습니다.

저희들로 하여금 이 시대를 살아갈 때 참으로 하나님의 뜻에 완전 순종하고, 겸손 속에서 충성하며, 말씀 증거하면서 시험을 이기게 하여 주시옵소서.

예수 그리스도의 이름으로 기도드리옵나이다. 아멘.

편/집/자 노트

1982년, 영락교회에서 열린 대한예수교장로회(PCK) 제67회 총회는 한국교회 선교 100주년이 되는 뜻깊은 1984년을 위한 68회기 총회장으로 우리의 림인식(林寅植) 목사님을 선출하였습니다. 목사님에게 그 중차대한 책임이 맡겨진 것입니다.

목사님은 총회의 총대를 비롯한 한국교회에 메시지를 전하고자 급히 방송설교집 《지금 알았더라면》(서울 良書閣, 1982)을 출판하셨습니다. 당시 노량진교회에서는 예배 실황을 기독교방송(837KHz)에 격월로 셋째 주일 오후 4시 〈교회순례〉 코너에, 극동방송(1188Khz)에는 매주 화요일 아침 6시 40분 〈생명의 빛〉 코너에 그리고 매 토요일의 〈소망의시간〉에 14,5년간 내 보냈습니다(그래서 그 책의 머리에 한경직 목사님과 기독교방송의 김관석 목사님, 극동방송의 김장환 목사님이 축사를 쓰셨습니다). 요즘처럼 매체도 다양하지 못하였고 무엇보다 재정적인 제약으로 몇몇 유수의 교회에서만 프로그램을 맡았습니다.

대개의 교회에서는 목사님들이 방송국에 가셔서 설교를 녹음하였지만 노량진교회는 교회 내에 당시로서는 첨단의 방송 설비를 갖추고 릴(reel) 테이프에 편집, 제작하여 방송국으로 보냈습니다. 처음에는 이 일을 강신원 전도사(훗날 노량진교회 담임, 원로목사), 홍경상 전도사(훗날 마석교회 담임, 원로목사)께서 맡아 하다가 양길영 집사가 이어받아 16년을 하였습니다. 이 설교집의 오리지널 소스를 이야기하다가 노량진교회의 음향선교의 발자취를 더듬게 되었습니다.

그렇게 하여, 목사님은 방송에 나간 설교 중에서 서른일곱을 추려 〈지금 알았더라면〉의 제목으로 1977년에 준공, 헌당한 새 성전 안팎 곳곳의 사진을 곁들여 보암직한 호화 양장본으로 내셨습니다 ; 당시의 노량진교회의 새 성전은 한강 나루에 떠 있는 구원선(救援船)과 같고, 대지를 박차고 힘차게 비상(飛翔)하는 제트 여객기와도 같은 독특한 외관에, 그때의 예배당들은 천편일률로 네모반듯한 장방형 일색이었는데, 반하여 마름모형 비정형의 독특한 앉음새로 어느 교회든 새로 예배당을 건축하려면 반드시 한번은 견학하는 명소로 국내외에 널리 알려졌거니와 우리 모두가 자랑스러워하였으니까 말입니다.

그러다가, 지난 5월, 목사님께서 그 책을 교정하시고는 개정판을 내보내라고 하시면서 책의 제목이라든지, 체제도 바꾸라는 말씀도 덧붙이셨습니다.

새로운 제목에 관해서는 이 책의 초판 출판에 간여하셨던 강신원 원로목사님과 몇 번이고 상의하였지만 〈지금 알았더라면〉 그 이상이 없었습니다. 그 제목에서, 회개를 촉구하시는 주님의 간절함과 종말론적 긴박성이 느껴져 제목을 바꾸라고 하신 목사님의 말씀을 "거역하고" 초판 그대로 개정증보판을 내게 된 것입니다.

동시에, 책의 짜임새도 새롭게 하여 기왕의 서른일곱 편의 설교에 다섯 편을 추가하여 마흔두 편의 설교로 편집하면서 맨 마지막에, 목사님께서 노량진교회 32년 목회를 마무리하고 은퇴하시면서 마지막 수요 강단(1993년 12월 27일)에서 하신 말씀을 실었습니다. 물론 이 말씀은 방송용도 아니고 방송에 나간 것도 아닙니다마는 1948년 평양 창동교회에서 시작하여 반세기에 가까운 목회 여정을 마무리하시는 목사님의 소회를 표명하신 것으로 역사적 가치가 있다고 여겼기 때문입니다.

성경에서의 대개의 숫자가 그러하듯 '42' 역시 여러 가지 면에서 계시적으로 생각됩니다.

우선, 라암셋을 떠나 출애굽한 이스라엘 백성이 모세의 손에 이끌려 요단강 동쪽의 모압 평지에 이르기까지의 여정을 마흔두 개 지명으로 알려주시는 것(민수기 33장) 하며, 가나안을 정복한 이스라엘 백성에게 여호수아가 땅을 배분하면서 레위 지파에게는 특정의 지역을 주는 대신 이스라엘의 각 지파에 속한 마흔두 개 성읍에 여섯 개의 도피성을 더하여 주었다는(여호수아 22장) 것에 더하여 무엇보다 마태복음 1장에 아브라함과 다윗의 자손 예수 그리스도의 족보를 말씀하는 가운데 아브라함에서 다윗까지 열 넷, 다윗에서 바벨론 포로까지 열 넷, 바벨론 포로에서 그리스도까지 열 넷의 세 단위로 마흔 두 대(代)를 계시하신 것은 대표적인 이미지로 한국교회에 끼치신 목사님의 사역에 특별한 의미가 될 줄 압니다.

1982년의 《지금 알았더라면》은 I, II, III으로 나뉘었을 뿐 세 단원의 제목을 붙이지 않았지만 개정판에서는 고린도후서 13장 13절에 보여주시는 바울 사도의 축도의 원형을 따라 '1부 주 예수 그리스도의 은혜와, 2부 하나님의 사랑과, 3부 성령의 교통하심이'로 구분했습니다.

목사님의 책을 더욱 가치 있게 만들고 싶은 것이 저의 욕심입니다.

근래 들어, 하나님의 말씀이 전파되는 미디어가 다양해졌다는 것과 말씀의 무게가 정비례하는 것은 아니라는 것 외에 목사님께서 목회하시던 때와는 달리 종이 책을 읽지 않는 경향입니다. 하지만 이렇게 책으로 내는 것은 후대에 한국교회의 절정기 1980년대의 설교 경향을 연구하면서 은혜받고자 하는 후학들에게 목사님의 "오직 하나님 사랑"의 자료와 증언이라는 편집 의도를 알아주시기 바랍니다.

이에 더하여, 하나님께서 "양식이 없어 주림이 아니며 물이 없어 갈함이 아니요 여호와의 말씀을 듣지 못한 기갈"(암 8:11)로 마른 뼈로 가득한 에스겔 골짜기와 같은 작금의 현실에 이 책으로 한국 교회의 강단이 소성되고 불쏘시개가 되었으면 하는 마음 간절합니다.

감사합니다.

편집자, 양길영 적었습니다.